Trajetórias do marxismo europeu

Universidade Estadual de Campinas

Reitor
Antonio José de Almeida Meirelles

Coordenadora Geral da Universidade
Maria Luiza Moretti

Conselho Editorial

Presidente
Edwiges Maria Morato

Alexandre da Silva Simões – Carlos Raul Etulain – Cicero Romão Resende de Araujo
Dirce Djanira Pacheco e Zan – Iara Beleli – Iara Lis – Marco Aurélio Cremasco
Pedro Cunha de Holanda – Sávio Machado Cavalcante

coleção marx 21

Comissão Editorial
Armando Boito Jr. (coordenador)
Alfredo Saad Filho – João Carlos Kfouri Quartim de Moraes
Luiz Eduardo Mota – Marco Vanzulli
Sávio Machado Cavalcante (representante do conselho)

RICARDO MUSSE

TRAJETÓRIAS DO MARXISMO EUROPEU

EDITORA UNICAMP

FICHA CATALOGRÁFICA ELABORADA PELO
SISTEMA DE BIBLIOTECAS DA UNICAMP
DIVISÃO DE TRATAMENTO DA INFORMAÇÃO
Bibliotecária: Maria Lúcia Nery Dutra de Castro – CRB-8ª / 1724

M975t	Musse, Ricardo Trajetórias do marxismo europeu / Ricardo Musse. – Campinas, SP : Editora da Unicamp, 2023.
	1. Marx, Karl, 1818-1883. 2. Filosofia marxista. 3. Comunismo 4. Socialismo – História. I. Título.
	CDD – 335.4 – 320.531
ISBN 978-85-268-1587-2	– 320.532

Copyright © by Ricardo Musse
Copyright © 2023 by Editora da Unicamp

As opiniões, hipóteses, conclusões e recomendações expressas
neste livro são de responsabilidade do autor e não
necessariamente refletem a visão da Editora da Unicamp.

Direitos reservados e protegidos pela lei 9.610 de 19.2.1998.
É proibida a reprodução total ou parcial sem autorização,
por escrito, dos detentores dos direitos.

Foi feito o depósito legal.

Direitos reservados à

Editora da Unicamp
Rua Sérgio Buarque de Holanda, 421 – 3º andar
Campus Unicamp
CEP 13083-859 – Campinas – SP – Brasil
Tel.: (19) 3521-7718 / 7728
www.editoraunicamp.com.br – vendas@editora.unicamp.br

SUMÁRIO

APRESENTAÇÃO 7

1. A DIALÉTICA COMO DISCURSO DO MÉTODO 11

2. CIÊNCIA OU FILOSOFIA? 35

3. DE FRIEDRICH ENGELS A ROSA LUXEMBURG 69

4. DE GYÖRGY LUKÁCS A MAX HORKHEIMER 139

EXCURSO – A CONSTRUÇÃO DO MARXISMO OCIDENTAL 187

REFERÊNCIAS BIBLIOGRÁFICAS 213

APRESENTAÇÃO

Há muitas, algumas excelentes, histórias do marxismo. A maioria delas concentra-se na descrição da incorporação da doutrina de Marx e Engels por organizações da classe trabalhadora e seu impacto na ação política de partidos, sindicatos e movimentos sociais.

O propósito deste livro é diverso. Trata-se de expor teorias que, por conta de sua originalidade e de sua disseminação, se consagraram como formulações paradigmáticas na constituição do marxismo como tradição intelectual.

O quadro referencial deste trabalho não destoa das listas que indicam os expoentes políticos e intelectuais do marxismo. Na intenção de diminuir a aleatoriedade e o arbítrio inerentes à escolha de alguns poucos, numa vastidão de nomes importantes, adotou-se como critério de seleção um ponto preciso: a relevância da contribuição de cada um em modificações na autocompreensão do marxismo.

As demarcações que possibilitam agrupar políticos e teóricos no movimento, temporalmente desdobrado e etiquetado como "marxismo", sempre estiveram e ainda se encontram sujeitas a intermináveis controvérsias. Uma delimitação menos polêmica, que talvez corra o risco de ser inócua, consiste em apresentá-lo como uma tradição formada pelo acréscimo, ao legado de Marx, da contribuição intelectual e política de seus seguidores, ou do arsenal prático-teórico desenvolvido por diversas organizações e partidos.

Uma determinação precisa desse conceito exige, no entanto, o esclarecimento de seus elementos característicos. Sem dúvida, no terreno da política, trata-se de uma tarefa hercúlea. Quando se considera apenas a vertente do marxismo como tradição intelectual, esse esforço torna-se menos árduo.

Marx afirmou o caráter histórico dos modos de produção, buscando tornar inteligível a transição entre as diversas formações sociais. Destacou também o percurso histórico interno ao capitalismo, cuja dinâmica altera velozmente as formas de produção e as relações sociais. Ante isso, seu legado, base incontestável do marxismo, carece periodicamente de atualizações que acompanhem as modificações cristalizadas em diagnósticos distintos do "presente histórico".

O repertório dessas "atualizações" do marxismo congrega muitas dimensões. Certamente, a principal delas concentra as formulações que acompanham e explicitam os desdobramentos na economia, na política e na cultura, fornecendo sustentação à determinação do presente histórico como inflexão relevante na trajetória do capitalismo.

Os procedimentos inerentes à satisfação da demanda por atualização periódica geram modificações significativas também na autorrepresentação do marxismo. A identificação da mudança histórica, com bastante frequência, é acompanhada de novas interpretações do pensamento de Marx que redimensionam seu legado e a própria sistematização do materialismo histórico. O mapeamento de uma nova situação histórica abre caminho para o preenchimento dos brancos e lacunas da obra de Marx ou para o desbravamento de áreas que permaneceram intocadas.

As coordenadas próprias à linhagem do marxismo, sobretudo aquelas que definem a autocompreensão que se tem (e se modifica) em momentos históricos distintos, foram determinadas, em larga medida, pela obra do "último" Engels. Pode-se discernir aí, retrospectivamente, em meio ao emaranhado de preocupações conjunturais e práticas, um princípio organizador: a sistematização das principais providências que possibilitaram ao marxismo constituir-se como uma tradição teórica e prática após a morte de seus fundadores. O conjunto de textos e livros produzidos por Engels, em seus últimos anos de vida, estabeleceu o modelo formal que, com maior ou menor variação, foi seguido pelos principais teóricos do marxismo no decorrer do século XX.

Neste livro, Engels é apresentado, pelos motivos expostos acima, como o primeiro marxista, e sua obra final, como a certidão de nascimento dessa linhagem. Uma análise de *Anti-Dühring* (1878) constitui o ponto de partida temporal da tarefa aqui esboçada: o acompanhamento da gênese e da consolidação do marxismo como tradição intelectual e das transformações em sua autocompreensão.

Ao longo do livro, procura-se desentranhar, em função desses propósitos, as concepções de marxismo como teoria (e, inevitavelmente, como prática), presentes em uma série de autores, aos quais se dedicaram espaços díspares: Eduard Bernstein, Karl Kautsky, Gueórgui Plekhánov, Rudolf Hilferding, Rosa Luxemburg, Vladimir Ilitch Lênin, Karl Korsch, György Lukács e Max Horkheimer.

Esse percurso encerra-se com a análise do artigo "Teoria tradicional e Teoria crítica" (1937), de Max Horkheimer. Nele, encontra-se o desenvolvimento de princípios teóricos – apresentados, sobretudo, em *História e consciência de classe* – que esclarecem por que cada modificação relevante na trajetória do capitalismo proporciona atualizações, pautadas por mudanças na tríade sujeito, teoria e objeto. Ali também foram expostos os elementos que possibilitam, para além de suas determinações gerais, a compreensão da história do marxismo como tradição intelectual. À maneira do último Engels, Horkheimer sistematizou as coordenadas formais seguidas doravante pela vertente denominada "marxismo ocidental".

O primeiro capítulo procura mostrar como a metodologia do marxismo tornou-se um tópico decisivo em sua determinação. Os contemporâneos solicitaram, com certa insistência, que Marx explicitasse seu método. Ele, no entanto, permaneceu reticente, talvez fiel à concepção de que o método constitui um tópico que não pode ser exposto separadamente da prática teórica. Os marxistas consideraram, porém, essa ausência como uma lacuna a ser preenchida. O capítulo contempla, com mais vagar, a controvérsia entre Bernstein e Lukács acerca do lugar da dialética no marxismo e o modo polêmico como se posicionaram ante a exposição do método apresentada por Engels.

O segundo capítulo debruça-se sobre as oscilações que fizeram com que o marxismo se autocompreendesse ora como ciência, ora como filosofia. Engels definiu peremptoriamente o marxismo como "socialismo científico". Alguns expoentes da primeira geração dessa linhagem, em especial Plekhánov e Labriola, encontraram elementos na obra de Engels que tornaram possível considerar o materialismo histórico como uma forma de filosofia. *Marxismo e filosofia*, de Karl Korsch, pode ser considerado como a justificação mais bem fundamentada dessa hipótese. Essa ambivalência marcou a autocompreensão do marxismo-leninismo – com a dualidade "materialismo histórico" e "materialismo dialético" – e a autorrepresentação dessa tradição pelos marxistas ocidentais.

O terceiro e o quarto capítulos, de maior extensão, apresentam a gênese do marxismo, seu enraizamento nos partidos de massa criados no último quartel do século XIX e seus desdobramentos até as vésperas da Segunda Guerra Mundial.

O primeiro bloco intitula-se "De Friedrich Engels a Rosa Luxemburg". Concentra-se no acompanhamento e no comentário de episódios marcantes da trajetória do marxismo, como a querela do revisionismo; a tripartição em correntes distintas do então poderoso partido da social-democracia alemã, cristalizada a partir de recepções díspares da Revolução Russa de 1905 na Alemanha; o fim da Segunda Internacional com a votação, em 1914, dos créditos de guerra; a polêmica acerca do significado da Revolução Russa de 1917; e o surgimento da Terceira Internacional.

O outro bloco, "De György Lukács a Max Horkheimer", começa mostrando como e por que *História e consciência de classe*, de György Lukács, e *Marxismo e filosofia*, de Karl Korsch, ambos de 1923, foram contestados em congressos da Segunda e da Terceira Internacional. Em um texto de 1929, "Estudo atual do problema (anticrítica)", Korsch delimita, pela primeira vez, as coordenadas de um emergente "marxismo ocidental". Por fim, aborda-se a constituição da Teoria crítica, destacando determinações que se tornaram paradigmáticas no desenvolvimento do marxismo ocidental.

As exposições do terceiro e do quarto capítulos, a seleção desses fatos e de uma gama de autores considerados representativos nas inflexões da trajetória do marxismo, adotam por eixo delimitações, a cada momento, de compreensões diferentes desse movimento. Em um curto espaço de tempo, a autorrepresentação do marxismo concebeu-o, entre outros, como "socialismo científico", "ideologia do partido", "teoria revolucionária" e "tradição intelectual".

Um excurso, inserido no final do livro, aborda o marxismo ocidental, uma das correntes mais importantes do marxismo no século XX, ao lado da Segunda e da Terceira Internacional. Seu arcabouço teórico e suas consequências políticas são apreendidos, de forma indireta, a partir de comentários que problematizam as análises de destacados historiadores dessa vertente.

1

A DIALÉTICA COMO DISCURSO DO MÉTODO

No "Prefácio" de *História e consciência de classe*, justificando o caráter ensaístico dos estudos que compõem o livro, em tudo distintos de um "desenvolvimento cientificamente completo e sistemático",[1] György Lukács, além da consideração formal de que se trata de uma reunião de escritos de circunstância realizados no âmbito do trabalho partidário, aduz uma explicação para a ordenação do conjunto. Visava-se ali, sobretudo, determinar o ponto de vista do "marxismo ortodoxo", por meio da "compreensão correta da essência do método de Marx".[2]

A defesa da "ortodoxia" adquire um sentido preciso no cenário de então, pautado pelo confronto entre concepções e práticas políticas bastante diferenciadas, um contraponto que ameaça instaurar a fragmentação e a dispersão na linhagem do marxismo. Ela delimita, de antemão, o campo em que Lukács se situa, isto é, o movimento comunista agrupado na recém-fundada Terceira Internacional, uma cisão no interior do marxismo que se inicia com divergências, no início do século XX, acerca do caráter da sociedade capitalista e do sentido da Revolução Russa de 1905, mas que se cristalizou apenas depois de 4 de agosto de 1914 e da Revolução Bolchevique, em outubro de 1917.

Lênin e Rosa Luxemburg já haviam estabelecido, no âmbito político, os princípios dessa corrente, em especial sua diferença perante as alas da social-democracia com as quais se convivia, antes da Primeira Guerra, de forma mais ou menos pacífica no interior da Segunda Internacional. Na medida em que resume o propósito de seu livro, de forma genérica, como a "resolução de determinadas questões teóricas do movimento revolucionário", Lukács apenas se propõe a complementar um *corpus* constituído a partir de críticas que adotaram como alvo prioritário as concepções de Karl Kautsky – segundo essa tendência, a melhor encarnação do espírito prevalecente no partido social-democrata alemão.[3]

No que concerne à discussão política propriamente dita, Lukács pouco se afasta de Rosa Luxemburg e de Lênin, ora aplainando as divergências entre eles, ora se orientando pendularmente em direções opostas. Sua ambição teórica, no entanto, vai além. Procura determinar a essência do método de Rosa Luxemburg e de Lênin. O que, convenhamos, não seria demasiado, pois se parte da premissa de que esses esforços intelectuais e práticos derivam em linha direta de uma adequada compreensão da metodologia de Marx. Mas por que tanta ênfase no método? Por que se concentrar em pressupostos e consequências metodológicas de textos que prescindem, de forma deliberada, do tom autorreflexivo?

História e consciência de classe não se propõe apenas a resgatar a relevância da estrutura teórica subjacente aos textos para apresentar, em outro registro, a trajetória política de Rosa Luxemburg e de Lênin. Lukács não cessa de reafirmar também, paradoxalmente, a pertinência prática do marxismo. A experiência histórica recente, com sua sequência inesperada de acontecimentos extraordinários – a guerra imperialista, a crise do capitalismo e a vaga revolucionária que então varria a Europa –, só podia ser compreendida, segundo ele, pela vertente materialista. É, portanto, como instrumento de conhecimento do presente histórico, como forma de acesso privilegiado à compreensão do passado e do futuro da sociedade burguesa, que o método de Marx – atualizado por Rosa Luxemburg e Lênin – constitui a base do marxismo ortodoxo.

A fidelidade à ortodoxia não reside mais, como ainda pensavam muitos adversários do revisionismo de Eduard Bernstein, na pretensão de preservar a "integridade estética" do sistema de Marx. Assenta-se na capacidade em destacar a essência de sua metodologia: a "dialética concreta e histórica".[4]

Lukács ressalta os êxitos dessa metodologia na resolução de questões, de outro modo insolúveis, exaltando sua fertilidade nos escritos de Rosa Luxemburg e de Lênin. Mas não hesita em alertar que "muitos aspectos absolutamente essenciais do método de Marx caíram indevidamente no esquecimento", dificultando e quase impossibilitando uma compreensão apropriada da dialética.[5]

Uma dimensão desse esquecimento tem nome próprio: Georg Wilhelm Friedrich Hegel. A omissão da dívida de Marx para com ele teria gerado três graves deturpações no marxismo da Segunda Internacional: (a) a consideração da dialética em Marx como um acréscimo estilístico a ser eliminado em nome do interesse científico; (b) o não reconhecimento de que categorias decisivas, utilizadas com frequência em *O capital*, foram desenvolvidas antes na *Ciência da lógica*; (c) a recusa da interpretação, estabelecida por Engels e reiterada por Plekhánov, que apresenta o movimento operário como "herdeiro da filosofia clássica alemã".[6]

A busca de conexões metodológicas entre Hegel e Marx e o propósito explícito de suscitar, por meio desse material e dessa orientação, o debate sobre a dialética – repondo-o na ordem do dia – inscrevem-se em um programa mais abrangente. Trata-se de compreender a "coesão efetiva e sistemática" do método de Marx.[7]

Na perseguição desse objetivo, Lukács parece afastar-se, como admite no "Prefácio", daquilo que seria a meta principal dessa linhagem: a interpretação de questões concretas da atualidade. As palavras de ordem em defesa do "marxismo ortodoxo" – uma vez posta assim a questão, em termos metodológicos – obrigam-no a um desvio (aparentemente fiel à sua essência histórica) que o leva a adotar como objeto de investigação ora a própria tradição, ora a interpretação da obra de Marx.

Pode-se dizer então que, a partir de *História e consciência de classe*, o marxismo sofre uma inflexão pela qual o critério de aferição da eficácia, da pertinência e inclusive da veracidade e da validade de qualquer obra que se pretenda herdeira do legado de Marx vincula-se à sua capacidade de dar conta, simultaneamente, de três objetos distintos: o mundo atual, a história do marxismo e a coerência, lógica ou histórica, da doutrina de Marx.

Lukács pretende trazer ao primeiro plano determinados pressupostos e consequências metodológicos que não foram explicitados devidamente nem nos escritos de Marx, nem nos recentes textos de Rosa Luxemburg ou de Lênin, todos eles dotados de uma assombrosa pertinência prática. Procura, assim, destacar que a compreensão da atualidade, ou melhor, a própria essência prática do marxismo depende de uma dimensão teórica, latente e nem sempre visível. Essa modesta pretensão constituiu apenas a pequena fresta de uma porta que posteriormente o marxismo dito "ocidental" nunca cessou de arrombar.[8]

Explicitação recorrente de premissas e determinações teóricas, latentes no conjunto da obra ou na doutrina de Marx, o marxismo ocidental conservou-se tributário de uma reiterada opção de conceder primazia ao método. Mas também cabe observar que, se essa linhagem, acompanhando a preocupação metodológica de *História e consciência de classe*, transformou o marxismo em um conjunto de "discursos do método", foi sob essa forma, hibernado em discussão teórica, que ele conseguiu preservar esse legado, quando as condições para levá-lo adiante tornaram-se adversas.

Visto retrospectivamente, *História e consciência de classe* aparece como a faísca detonadora de uma série logicamente previsível. No entanto, tal posição de forma alguma estava posta de antemão. Afinal, a sequência de autores e obras que configuram o marxismo ocidental estabeleceu-se sob circunstâncias bastante diversas da conjuntura teórica e prática na qual Lukács redigiu os artigos do livro.[9]

História e consciência de classe impactou os contemporâneos por motivos muito distintos de sua fortuna crítica posterior. Na Alemanha da década de 1920, a recepção destacou, sobretudo, o diagnóstico filosófico do presente histórico e sua tentativa de fornecer uma orientação para a ação. Com efeito, foram os autores do marxismo ocidental que deslocaram a ênfase, valorizando seu esforço de refinamento conceitual da metodologia marxista e da interpretação da obra de Marx.

Por fim, não há como ignorar que, ao contrário do que usualmente se propaga, o livro de György Lukács não foi a primeira obra da vertente marxista a destacar o método. Ele foi precedido por toda uma tradição, vigorosa sobretudo na geração de Labriola, Mehring, Kautsky e Plekhánov. No entanto, seu antecessor mais ilustre foi, sem dúvida, *Anti-Dühring* de Friedrich Engels.[10]

I

A ênfase no método, no caso de Engels, parece ter sido involuntária. No "Prefácio à primeira edição" do *Anti-Dühring*, em junho de 1878, ele explica que, instado por companheiros da social-democracia alemã a combater as ideias de Eugen Dühring, que se apresentava como o mais recente "adepto e reformador" do socialismo, aproveitou a ocasião para "desenvolver, em termos positivos, nas mais diversas áreas uma concepção referente a questões que hoje suscitam um interesse científico ou prático bem mais generalizado".[11]

O êxito do livro surpreendeu Engels. Afinal, tratava-se da reunião de artigos já publicados em um importante e amplamente difundido órgão da imprensa operária alemã, o jornal *Vorwärts*. Além da demanda, poucos anos depois, por uma segunda edição, um opúsculo agrupando alguns capítulos do *Anti-Dühring*, com o título *Do socialismo utópico ao socialismo científico*, tornou-se rapidamente a mais popular introdução ao materialismo histórico, suplantando inclusive o *Manifesto comunista*.

A ampliação do peso intelectual e político do marxismo no último quartel do século XIX, a expansão da atenção pública para tudo o que concernia a esse movimento, assim como a proibição do livro pelo Império alemão, ajudam a compreender, pelo menos parcialmente, esse sucesso editorial, como relata o próprio Engels. Ele, entretanto, ainda procuraria outras explicações para a permanência do interesse por esses artigos, posto que, por ocasião da segunda edição (1885), Eugen Dühring havia se tornado um ilustre desconhecido. O novo "Prefácio" acrescenta outra justificativa:

> [...] a crítica negativa se converteu em crítica positiva e a polêmica se transformou em uma exposição mais ou menos coerente do método dialético e da concepção de mundo comunista defendida por Marx e por mim, o que ocorreu numa série bastante abrangente de campos do conhecimento.[12]

Somente a cautela e o comedimento de Engels em se posicionar como cofundador do materialismo histórico explicam seu cuidado em evitar ressaltar aquilo que salta aos olhos: o *Anti-Dühring*, em sua "Introdução", reproduzida também em *Do socialismo utópico ao socialismo científico*, contém a apresentação sucinta de uma das lacunas da obra de Marx.[13] Afinal, uma vez que esse texto foi escrito quando Karl Marx ainda estava vivo, e a feitura do livro contou inclusive com sua colaboração (na redação de um dos capítulos da parte consagrada à economia política), não é de espantar que os contemporâneos, e mesmo a posteridade, tivessem enxergado aí a frequentemente exigida e ansiosamente aguardada exposição da metodologia marxista.

No "Prefácio à segunda edição", Engels apenas alude, modestamente, à necessidade de trazer a dialética "claramente à consciência em toda a sua simplicidade e validade universal",[14] sem arrolar a apresentação do método entre as causas do sucesso editorial. No entanto, não resta dúvida de que a chave desse êxito deriva, em grande parte, da recepção que tomou esse trecho, comum aos dois livros, como uma breve e autorizada exposição do método de Karl Marx. A maior novidade dessa apresentação – que certamente não passou despercebida aos contemporâneos, tendo adquirido com o passar dos anos ares de "naturalidade" – consiste no esforço de Engels, completamente ausente na obra de Marx, em descobrir e desenvolver as "leis da dialética" a partir da natureza.

Essa tentativa vincula-se à sua crença de que o incessante acúmulo de "descobertas" no âmbito das ciências naturais as conduz inevitavelmente a percorrer os trilhos da dialética. Haveria inclusive, segundo ele, uma completa homologia entre esse domínio, com suas inúmeras mutações, e o reino da história, no qual a trama aparentemente fortuita dos acontecimentos segue as mesmas leis, também presentes no desenrolar do pensamento humano. Nesse diapasão, Engels não hesita em afirmar que a concepção dialética e ao mesmo tempo materialista da natureza e da história exige o conhecimento das matemáticas e das ciências naturais.[15]

Transparece aí a aposta de um pensador que dedicou parte de seus últimos anos de vida a acompanhar o avanço, então "vertiginoso", do conhecimento da natureza. Outrossim, cabe também destacar o empenho de Engels em atualizar e complementar a doutrina de Marx, abordando assuntos pouco tratados por ele, que passaram a desempenhar um papel decisivo no debate intelectual da época. Importa mais aqui, porém, destacar os delineamentos sobre os quais se firmou essa primeira versão do método de Marx.

Em sua exposição da dialética, Engels, apesar de lhe conceder a primazia, não a põe em cena sozinha. Junto e incessantemente contraposto a ela, emerge outro método filosófico, rival e concorrente, a "especulação metafísica".[16] Para o adepto dessa metodologia, "as coisas e seus retratos ideais, os conceitos, constituem objetos de investigação isolados, a serem analisados um após o outro e um sem o outro – objetos sólidos, dados de uma vez para sempre".[17] A atribuição de rigidez ao objeto, a descrição precisa de seus contornos, a determinação do mundo como um conjunto de coisas acabadas e imutáveis, a observação estrita do princípio da não contradição, a conexão unilateral de causa e efeito devem muito de sua plausibilidade à proximidade com o senso comum. No entanto, adverte Engels, apesar de útil entre as quatro paredes de uma casa, o senso comum revela-se pouco apropriado quando se arvora em método científico.

Dispensa-se o esforço de aferir, pela via do confronto de resultados, a superioridade da dialética. Afinal, a própria metafísica, uma vez aplicada de forma consciente na investigação científica, abre caminho para a percepção de suas limitações. Parcial e abstrato, esse método enreda-se, segundo

Engels, em contradições insolúveis: atento a objetos determinados, não consegue enxergar os nexos; congelado no presente, não concebe a gênese e a caducidade; concentrado na estabilidade das condições, não percebe a dinâmica; obcecado pelas árvores, "não vê o bosque".[18]

No molde de uma apresentação dicotômica, a dialética surge, ponto a ponto, como o oposto simétrico da metafísica. Não delimita de modo isolado os objetos, nem os toma como algo sólido e petrificado. Ao contrário, investiga os processos, a origem e o desenvolvimento das coisas e as insere numa trama de concatenações e de mútuas influências, em que nada permanece como era nem como existia. Nela, os polos da antítese, apesar de todo o antagonismo, "interpenetram-se reciprocamente". A causa e o efeito, vigentes em um caso concreto, individual, "se fundem, se dissolvem na noção de interação universal, na qual causas e efeitos trocam continuamente sua posição, e o que agora e aqui é efeito depois e ali se transforma em causa, e vice-versa". Tampouco vigora o princípio da não contradição, pois, pelo menos no mundo orgânico, o ser, "a cada instante, é o mesmo, e não é o mesmo".[19]

Engels expõe brevemente essa dicotomia metodológica, à maneira do saber positivista predominante em sua época, como uma sequência evolutiva de etapas e resultados. Mas também como um eco do itinerário delineado por Hegel na *Fenomenologia do espírito*, ou seja, como "figuras" de uma progressão que é, simultaneamente, lógica e histórica.

A série inicia-se com uma intuição primitiva e simplista da dialética, presente na aurora da filosofia grega. O mundo seria concebido como uma trama infinita de concatenações, na qual nada permanece. A primeira formulação consistente dessa "figura" pode ser atribuída a Heráclito, cuja filosofia é resumida por Engels na frase "tudo é e também não é, pois tudo flui, encontra-se em constante mudança, em constante devir e fenecer".[20]

Semelhante visão, "por mais corretamente que capte o caráter universal da visão de conjunto dos fenômenos", teria se mostrado pouco apropriada à investigação dos componentes que constituem o mundo. Assim, teve de ceder lugar a uma concepção que, destacando os elementos de seu contexto histórico ou natural, "examina cada um deles quanto à sua constituição, suas causas e efeitos específicos, etc.".[21] Historicamente, essa metodologia só se teria afirmado por completo a partir da segunda metade do século XV, com o nascimento das modernas ciências da natureza.

Os procedimentos dessas ciências, em especial "a decomposição da natureza em suas partes individuais, a subdivisão dos diferentes processos e objetos naturais em classes bem determinadas, a investigação dos corpos orgânicos quanto às suas múltiplas configurações anatômicas",[22] migraram, com Bacon e Locke, para a filosofia. Com raras exceções, deslocadas do eixo principal da corrente filosófica predominante, a filosofia moderna, segundo Engels, incluindo os pensadores franceses do século XVIII, deixou-se contaminar pela "especulação metafísica".[23]

A filosofia do idealismo alemão e a trajetória das ciências naturais forneceram as premissas para a constituição de uma "nova etapa". O ritmo de desenvolvimento das ciências, marcado pelo acréscimo ininterrupto no estoque de dados, teria aguçado a consciência crescente – apesar da confusão que ainda vicejava entre os cientistas – de que, no método metafísico, os fenômenos da natureza não são "apreendidos em seu movimento, mas em sua estagnação, não como elementos essencialmente mutáveis, mas como elementos sólidos, não em sua vida, mas em sua morte".[24] Esse avanço das ciências naturais, conjugado com as novas tendências da filosofia, possibilitou a restauração da dialética em uma forma superior, sintética.

Na apresentação de Engels, a dialética marxista, descrita a partir de suas origens, assume um caráter bifronte. Por um lado, consiste em uma modalidade de apreensão do mundo, em uma concepção que "concebe as coisas e seus retratos conceituais essencialmente em seus nexos, em seu encadeamento, em seu movimento, em seu devir e fenecer".[25] Mas também se configura, por outro lado, como método experimental, derivado de um saber científico que adota a explicação da natureza como "pedra de toque".

A elevação da natureza à condição de objeto de estudo privilegiado para a compreensão da dialética não implica, porém, a desqualificação explícita de outros domínios. A ênfase decorre apenas da necessidade de demarcar uma posição e um terreno ainda pouco assentados. A história humana e a atividade espiritual dela decorrente também se apresentam, em Engels, como campos férteis para a investigação das "leis" da dialética.

Passíveis de apreensão sob a mesma metodologia, os territórios da natureza, da história e do pensamento já haviam sido alvos de uma explicação conjunta na obra de Hegel, primeiro "estágio" do moderno renascimento da dialética. Essa tentativa, cujo mérito maior, segundo Engels, residiria no fato de ter colocado o método dialético novamente em pauta, fracassou por uma série de motivos – no fundo, limitações inerentes ao homem e à sua época.

Em rápidas considerações sobre a dialética hegeliana, Engels destaca, sobretudo, dois pontos. Primeiro, o contágio do método pelo idealismo, marca distintiva dessa filosofia. Na medida em que não postula como fonte das ideias as coisas e os fenômenos, antes visualizando estes como projeções de uma ideia "que já existia em algum lugar antes do mundo", Hegel teria subvertido, revirando do avesso, a concatenação efetiva do mundo. Desse modo, foi impelido a adotar posições "remendadas, artificiais, arranjadas, em suma, erradas".[26]

Afora esse pendor idealista, pouco convincente para cérebros educados nas modernas ciências da natureza, a filosofia de Hegel encontrar-se-ia perpassada por uma contradição insolúvel entre o "método", que não aceita a afirmação de verdades absolutas, e o "sistema", que ele afirmava ser o suprassumo de uma verdade absoluta.

Tais observações configuram, no entanto, mais que uma interpretação própria da obra de Hegel, desenvolvida com detalhes posteriormente em *Ludwig Feuerbach e o fim da filosofia clássica alemã*, de 1888, e na qual ressoam algumas das determinações críticas estabelecidas na década de 1840 pelos jovens hegelianos. A ênfase de Engels em temas clássicos da recepção do pensamento de Hegel, mas nem por isso menos polêmicos, como o "platonismo" e o "modelo de sistema", indica as balizas mínimas a partir das quais teriam sido estabelecidas, segundo sua ótica, as premissas do marxismo.

Contra essa ideia "que já existia em algum lugar antes do mundo", Engels propõe o restabelecimento do materialismo. Mas não em sua versão racionalista, "metafísica", "mecânica", predominante na filosofia francesa do século XVIII, cujo conteúdo já havia se corporificado na sociedade burguesa. Postula um materialismo apto a compreender o dinamismo da história e da natureza; um materialismo consciente de que, no idealismo, "o nexo real do mundo foi completamente invertido";[27] em suma, um materialismo que tenha como qualificação mais apropriada o termo "dialético".

O materialismo, nessa nova versão, "essencialmente dialético", não considera mais a natureza, como fizeram os filósofos franceses e mesmo Hegel, como um todo permanente e inalterável. Resumo organizado dos novos progressos das ciências naturais – cujo cerne pode ser localizado na tese segundo a qual a natureza tem também sua história no tempo, o que significa que as espécies e os organismos, assim como os mundos que eles habitam, nascem e morrem –, o materialismo proposto por Engels prescinde do espírito sistemático: "um sistema de conhecimento da natureza e da história que abrange tudo e que finaliza tudo de uma vez por todas está em contradição com as leis básicas do pensamento dialético".[28]

Engels delimita como alvo algo mais que a crítica de Hegel à sistematização. Segundo ele, nos últimos anos, as ciências que cuidam especificamente dos dois objetos prioritários da dialética, a natureza e a história, teriam se desenvolvido o suficiente para atingir a maioridade. Uma vez incorporada a dialética, para essas ciências e para o novo materialismo que lhes é inerente, "não se necessita mais de nenhuma filosofia posicionada acima das ciências", ou seja, de um saber "dedicado a estudar o nexo global".[29]

No relato histórico das origens da dialética materialista, Engels acompanha de forma concomitante a trajetória de duas linhagens, a da filosofia e a da ciência. Essa bifurcação não deixa de repercutir em sua determinação do método, ora descrito com traços de concepção filosófica, ora como pura metodologia científica.

Friedrich Engels parece ignorar essa oscilação. O novo materialismo, na medida em que se qualifica a si próprio como ciência, não se propõe a ultrapassar apenas o pensamento de Hegel. É a própria filosofia, em sua totalidade, que se encontra sujeita à condenação, explicitada na famosa frase: "tudo o mais é absorvido pela ciência positiva da natureza e da história".[30]

II

História e consciência de classe, por sua vez, retoma deliberadamente a primazia do método. Antes de expor suas determinações, György Lukács, no propósito de recuperar a configuração original da dialética, estabelece uma premissa que reputa essencial, enunciada de forma breve no dístico: "A dialética materialista é uma dialética revolucionária".[31]

Lukács desdobra essa fórmula em diversas variantes – dialética como álgebra, dialética como veículo da revolução etc. Com isso, busca ressaltar a importância da metodologia no estabelecimento das condições de possibilidade da unidade entre teoria e prática, destacando o vínculo estreito que articula, no marxismo, o método com a transformação do mundo.[32]

Ao ressaltar esse nexo, Lukács indica sua preocupação em transpor os termos sob os quais a questão do método foi apresentada, sobretudo por Eduard Bernstein e Rudolf Hilferding, durante o período de proeminência política e teórica da Segunda Internacional. Ele adverte que tal discussão não pode ser travada nos parâmetros de um enfoque estritamente gnosiológico, nem ser restringida pelo esquadro de uma indagação puramente científica, na qual o "método pode ser rejeitado ou aceito, segundo o estado da ciência, sem que a atitude fundamental diante da realidade e do seu caráter modificável ou imutável sofra a menor mudança".[33]

Na origem desses equívocos estaria, segundo Lukács, nada mais nada menos que a versão engelsiana da dialética. No mínimo como parcela responsável, ainda que indiretamente, pela adoção posterior de um procedimento que se quer estritamente científico, embora, na verdade, permaneça aquém do método de Marx.

Caso interesse uma distinção que não deixa de redundar em uma classificação um tanto quanto compartimentada, a contestação da apresentação engelsiana da dialética, levada a cabo em *História e consciência de classe*, desdobra-se, de modo geral, em dois movimentos distintos. Lukács ora avalia a exposição concisa da dialética, ensaiada na "Introdução" do *Anti--Dühring*, pela aplicação que outros autores lhe deram, ora a julga por si mesma, tomando-a como um todo coerente, embora independente e apartada do conjunto da obra de Engels.

História e consciência de classe aproxima, até quase a indistinção, a dialética compendiada por Engels da apropriação cientificista do método, desdobrada pela geração subsequente. Tal associação permite inferir – conclusão compartilhada pelos dois lados que se enfrentaram por ocasião e em torno da publicação do livro de Lukács – que Engels, apesar de suas conhecidas divergências em relação à prática política reformista, não teria deixado de calçar o terreno para tais deturpações.[34]

Por outro lado, independentemente da questão da legitimidade da utilização, no mínimo polêmica, da obra do último Engels pelos mentores da Segunda Internacional (Eduard Bernstein em particular), alguns pontos precisos da exposição engelsiana (fortalecendo a veracidade da inferência acima citada) foram incluídos por Lukács diretamente no rol dos fatores que, jogando "indevidamente no esquecimento aspectos absolutamente essenciais", dificultaram uma adequada compreensão da dialética.

Entre eles, um ponto central sem dúvida consiste na observação de que Engels teria descurado da essência prática da teoria. A consequência maior de tal descuido – grave entre marxistas – reside em sua contribuição, mesmo que involuntária, para relegar a segundo plano ou pelo menos a uma esfera distinta a questão da transformação da realidade. Semelhante desatenção pode ser atribuída à ênfase concedida por Engels ao caráter científico da dialética ou pelo menos ao vínculo, que promoveu e intensificou, entre o método do marxismo e o desenvolvimento científico.

Lukács recapitula, uma a uma, as determinações da dialética engelsiana: dissolução da solidez dos conceitos e dos objetos que lhes correspondem, passagem contínua de uma determinação a outra, permanente superação dos contrários, substituição da causalidade unilateral e abstrata pela interpenetração recíproca. Maculadas pela subordinação do marxismo às ciências naturais ou pelo fato de não se levar em conta a dimensão prática da teoria, ou melhor, uma vez ausente a consideração metodológica da relação dialética do sujeito e do objeto no processo da história, Lukács avalia que tais determinações seriam insuficientes para suplantar a perspectiva meramente contemplativa, própria da ciência burguesa.

Nunca é demais lembrar o choque causado pela reivindicação de autenticidade – totalmente inusitada nas fileiras do marxismo –, manifestada nessa acusação e reafirmada com todas as letras no "Prefácio" de *História e consciência de classe*. Lukács se autoatribui representante, contra o próprio Engels, "do ponto de vista do marxismo ortodoxo".[35]

Desviando, entretanto, a atenção do escândalo ou mesmo das consequências políticas de semelhante crítica, torna-se possível discernir nos termos da acusação, na contraposição implícita, uma primeira determinação positiva da versão lukacsiana da dialética. A dualidade, enfatizada reiteradamente, entre os polos contemplativo e ativo (prático) recobre, mas também contribui para delimitar, uma distinção mais essencial que opõe, de um lado, a ciência burguesa e, de outro, a ação revolucionária. Tal diferença, por sua vez, permite esclarecer as diversas modalidades de âncoras que sustentam as versões, bastante distintas, da dialética conforme Engels ou segundo Lukács.

A interpretação elaborada em *História e consciência de classe* acusa Engels de ter deixado de "investigar, tanto na teoria como na maneira como ela penetra nas massas, esses momentos e essas determinações que fazem da teoria, do método dialético, o veículo da revolução".[36] A partir de um ponto de vista estritamente lógico, essa censura assenta-se sobretudo em uma discrepância conceitual, aqui reduzida ao mínimo: Lukács considera como condição prévia da dialética revolucionária, como seu momento indispensável, uma determinação totalmente ausente da exposição engelsiana do método – "a unidade de teoria e prática".

A importância dessa determinação, responsável, de certo modo, por um novo desenho da dialética, vai além de sua capacidade em configurar, à maneira de um polo magnético, uma reorganização geral das articulações metodológicas. Ela manifesta-se também na forma como Lukács articula teoria e método. Embebido nessa relação, o método dialético possibilita uma outra redefinição pela qual a teoria passa a ser concebida como "expressão pensada do próprio processo revolucionário".

Tudo isso não resulta apenas da ancoragem da dialética na relação entre teoria e prática. Deve ser atribuído sobretudo ao intermediário que Lukács posiciona como mediador entre esses dois termos. Como se sabe, os desdobramentos da "essência prática da teoria", consolidados no lema "unidade de teoria e prática", dependem, no arcabouço de *História e consciência de classe*, da elevação conceitual do proletariado à condição de sujeito e objeto do processo histórico, mediando, assim, a relação entre consciência e realidade:

> Somente quando for dada uma situação histórica na qual o conhecimento exato da sociedade tornar-se, para uma classe, a condição imediata de sua autoafirmação na luta; quando, para essa classe, seu autoconhecimento significar, ao mesmo tempo, o conhecimento correto de toda a sociedade; quando, por consequência, para tal conhecimento, essa classe for, ao mesmo tempo, sujeito e objeto do conhecimento e, portanto, a teoria interferir de modo imediato e adequado no processo de revolução social, somente então a unidade da teoria e da prática, enquanto condição prévia da função revolucionária da teoria, será possível.[37]

A indiferença em relação ao vínculo que une dialética e proletariado teria contribuído para a capitulação metodológica do marxismo às normas do saber burguês – ou até mesmo a provocado. Esse feito foi, em geral, computado sobretudo como resultado da apropriação da exposição esboçada no *Anti-Dühring* pelos teóricos da Segunda Internacional e quase nunca como uma responsabilidade do próprio Engels. Lukács, no entanto, como vimos, em sua reconstituição da questão, deliberadamente polêmica, atribui pesos idênticos à apropriação dos seguidores e à versão engelsiana do método dialético.

Além do descuido em relação à dimensão revolucionária ou, em termos mais brandos, à determinação prática da teoria, manifesto na despolitização do método, inerente à sua ancoragem nos progressos da ciência, Lukács acrescenta outra acusação. Tanto Engels como a geração subsequente teriam adotado de forma indiscriminada as ciências naturais como regra e modelo. *História e consciência de classe* atribui essa deturpação do método marxista a ditames (e desdobramentos) de uma tradição de conhecimento para a qual é indiferente a consideração da dimensão histórica. Mas também reitera que semelhante restrição resulta, paradoxalmente, de uma *hybris*: Engels teria se afastado do modelo do materialismo histórico – que concebe a teoria, atenta às relações que o saber estabelece com o objeto, como "expressão pensada do próprio processo revolucionário" – na medida em que não restringiu a aplicabilidade da dialética à realidade histórico-social:

> Os equívocos surgidos a partir da exposição de Engels sobre a dialética baseiam-se essencialmente no fato de que Engels – seguindo o mau exemplo de Hegel – estende o método dialético também para o conhecimento da natureza. No entanto, as determinações decisivas da dialética (interação entre sujeito e objeto, unidade de teoria e prática, modificação histórica do substrato das categorias como fundamento da sua modificação no pensamento etc.) não estão presentes no conhecimento da natureza.[38]

Ante tamanha insistência, impõe-se a ressalva: Lukács não estaria sendo demasiado drástico, aproximando indevidamente os dois patamares, o das determinações da versão da dialética formulada por Engels com o das apropriações perpetradas por seus seguidores no ambiente intelectual (e político) da Segunda Internacional?

Essa indagação parece adquirir maior pertinência quando se considera que Eduard Bernstein, por exemplo, inverteu completamente a estratégia de Engels. Em lugar de procurar oxigenar as ciências da natureza descobrindo em sua lógica própria afinidades que apontem no sentido de uma progressiva incorporação do método dialético, acaba por tomar o método corriqueiro (empírico e matematizante e, portanto, não dialético) das ciências naturais como um modelo adequado para o marxismo. Não seria, portanto, um equívoco associar coisas tão distintas como a idolatria do método das ciências naturais por parte dos teóricos da Segunda Internacional e a ilusória percepção engelsiana de que também a natureza estaria sujeita às leis da dialética?

As passagens de *História e consciência de classe* que procuram refutar a incorporação, por marxistas, do método das ciências naturais, apesar de assentarem sua bateria unicamente sobre os epígonos de Engels, não deixam de reforçar essa continuidade. Não dissociam, como seria de esperar, interpretações dialéticas ou não dialéticas dos métodos das ciências naturais. Antes, concedem o mesmo tratamento, embora nunca o mesmo espaço, às duas metodologias.

O primeiro ensaio de *História e consciência de classe* ("O que é marxismo ortodoxo"), por exemplo, interroga acerca do significado metodológico do empirismo. Lukács não se limita aí à observação de que a mera enumeração dos fatos relevantes para o conhecimento – que, como se sabe, varia conforme os objetivos do saber – já pressupõe uma interpretação e, com ela, um método e uma teoria, o que aliás se tornou lugar-comum após Hegel ou Max Weber. Atribui a adaptabilidade dos dados percebidos ao padrão de conhecimento imposto pelas regras das ciências naturais – a incorporação ao saber de fatos "puros" por meio de procedimentos tais como a observação, a abstração e a experimentação – a uma ilusão socialmente necessária, constitutiva da própria sociedade capitalista.

Recorre-se, assim, à teoria do fetichismo da mercadoria, delineada por Marx em *O capital*. A redução dos fenômenos à sua dimensão quantitativa, condição prévia de sua expressão "em números e em relações numéricas", decorre do próprio desenvolvimento histórico do capitalismo:

> O caráter fetichista da forma econômica, a reificação de todas as relações humanas, a extensão sempre crescente de uma divisão do trabalho, que atomiza abstratamente e racionalmente o processo de produção, sem se preocupar com as possibilidades e capacidades humanas dos produtores imediatos, transformam os fenômenos da sociedade e, com eles, sua apercepção.[39]

A teoria de Lukács, ao adotar como vetor explicativo o fenômeno do fetichismo, descola-se substancialmente das considerações de Engels. No entanto, sua descrição dos procedimentos correntes no saber tradicional, à primeira vista, mantém-se consoante com as delimitações do "método metafísico", estabelecidas em *Anti-Dühring*. *História e consciência de classe* apresenta o procedimento em que "um fenômeno da vida é transportado, realmente ou em pensamento, para um contexto que permite estudar as leis às quais ele obedece sem a intervenção perturbadora de outros fenômenos",[40] matriz dos "sistemas parciais isolados e isolantes", como resultado de uma determinação própria e histórica (isto é, nem natural nem perene) da sociedade burguesa.

Conclui, assim, que os equívocos resultantes da adoção dessa metodologia--padrão tornam-se evidentes quando se confronta a necessidade – inerente ao método das ciências naturais – de trabalhar com dados constantes e invariáveis com a realidade, permanentemente mutável, da evolução histórica. Por conseguinte, a simples consideração histórica dos fatos parece suficiente para pôr em dúvida a exatidão e a objetividade desse método.

Dessa forma, Lukács reitera, ainda que pontualmente, os ensinamentos de Engels, a quem aliás concede os créditos necessários. Mas não se trata de uma incorporação *tout court* do método apresentado no *Anti-Dühring*. A ênfase engelsiana na incessante mutabilidade dos fatos adquire, em Lukács, uma função terapêutica, na medida em que possibilita uma inicial apreensão dos erros inerentes a uma metodologia explicitamente não dialética.

Lukács só acompanha a exposição engelsiana até esse ponto. Quando se trata de restabelecer a objetividade do conhecimento, ou mesmo quando o diagnóstico se aprofunda, buscando esclarecer os fatores que concedem ao método das ciências naturais sua espantosa naturalidade, as determinações com que configura sua versão da dialética tomam uma direção oposta ao caminho ensaiado por Engels.

O vetor principal não consiste na consideração de que os fatos estão envolvidos num processo de contínua mudança, mas antes na observação de que "são, precisamente na estrutura de sua objetividade, produtos de uma época histórica determinada: a do capitalismo".[41] O tratamento histórico--dialético a que os dados devem ser submetidos depende, assim, da apreensão de seu condicionamento histórico, ou melhor, de suas mediações. Dessa forma, Lukács instaura uma diferença primordial entre "sua existência real e seu núcleo interior", entre representações e conceitos, premissa indispensável à compreensão do caráter necessário da "aparência fenomenal".[42]

A objetividade do conhecimento, por conseguinte, só se torna possível quando as determinações factuais, à primeira vista "simples, puras, imediatas e naturais" no âmbito do capitalismo, perdem sua condição de dados inquestionáveis e passam a ser compreendidas como momentos de uma "totalidade concreta como reprodução intelectual da realidade". Sem a apreensão dos condicionamentos históricos, bem como da necessidade inerente à forma que sua apreensão adquire na sociedade capitalista, permanece-se ainda no campo oposto:

> Aquela "ciência" que reconhece como fundamento do valor científico a maneira como os fatos são imediatamente dados, e como ponto de partida da conceitualização científica sua forma de objetividade, coloca-se simples e dogmaticamente no terreno da sociedade capitalista.[43]

Consuma-se, assim, o veredicto acerca da versão engelsiana da dialética. Esta se apresenta como insuficiente, uma vez que não vai além da simples constatação da mutabilidade dos fatos (que pode inclusive se dar dentro de uma mesma ordem social, desde que considerada temporalmente), ou de sua inclusão em um processo contínuo e ininterrupto. Lukács reivindica que a compreensão do caráter histórico de um dado factual qualquer esteja vinculada à apreensão dos condicionamentos que o configuram como momento determinado de uma totalidade social.

As determinações da dialética engelsiana (dissolução da solidez dos conceitos e dos objetos que lhes correspondem, passagem contínua de uma determinação a outra, permanente superação dos contrários, substituição da causalidade unilateral e abstrata pela interpenetração recíproca) nada significam, segundo Lukács, sem a consideração metodológica da "relação dialética do sujeito e do objeto no processo da história".

Os equívocos da exposição engelsiana da dialética, entretanto, não decorrem apenas de uma indevida incorporação do conhecimento da natureza e da cientificidade que lhe é própria. Segundo Lukács, assentam-se também em uma compreensão incorreta da relação entre Marx e Hegel.

A obra do último Engels apresenta a metodologia do marxismo como uma confluência na qual um dos troncos consiste na inversão materialista da dialética hegeliana – premissa indispensável para a superação do "platonismo" que lhe é característico. A possibilidade dessa metamorfose, de certo modo, seria fornecida pelo próprio caráter revolucionário do método hegeliano, em flagrante e permanente contradição com o espírito conservador do sistema. O descompasso entre a dialética – incompatível por definição com afirmações absolutas – e o empenho sistemático de Hegel em apresentar sua filosofia como "resumo e compêndio" de uma verdade absoluta impõe, na visão de Engels, o giro materialista como um desdobramento quase, diria, necessário desse pensamento.

Lukács não rejeita propriamente a tese que considera o materialismo histórico como "herdeiro do idealismo alemão". Antes, procura até mesmo aprofundá-la, e para tanto não hesita em alterar o qualificativo da relação entre Hegel e Marx de "desdobramento" para "prolongamento". Entretanto, ao contrário de Engels, Lukács concede pouca ênfase ao giro materialista. Segundo ele, a maneira como se praticou essa inversão (em Engels e em seus epígonos na Segunda Internacional) não deixou de provocar um enfraquecimento do empenho sistêmico, acarretando uma fragmentação que dispersou o conhecimento em esferas autônomas, à semelhança da teoria de Max Weber.

Em contraposição a esse diagnóstico, Lukács salienta que Marx conseguiu transmudar a dialética hegeliana em "álgebra da revolução" sobretudo porque se ateve à sua matriz principal (totalmente ignorada por Engels), à categoria, ou melhor, ao ponto de vista da totalidade.

O domínio do todo sobre as partes, configurado por meio da apreensão dos múltiplos fenômenos parciais como momentos do todo, como parcelas de um mesmo processo, torna-se, em *História e consciência de classe*, fator decisivo para a definição do campo marxista. Identificado com a essência do método de Marx, o ponto de vista da totalidade sobrepujaria inclusive outras determinações, consideradas até então suficientes para delimitar suas diferenças diante da ciência burguesa, como o predomínio de motivos econômicos na explicação da história ou mesmo a prática de contrapor à sociedade burguesa conteúdos revolucionários.

Segundo essa perspectiva, que ressalta a importância da categoria "totalidade" para a compreensão da metodologia do materialismo histórico, a aproximação entre Marx e Hegel seria maior que a proximidade entre Marx e a maioria dos teóricos, declaradamente marxistas, da social-democracia:

> Mesmo a polêmica materialista contra a concepção "ideológica" da história é dirigida bem mais contra os epígonos de Hegel do que contra o próprio mestre que, a esse respeito, estava muito mais próximo de Marx do que este pôde imaginar em sua luta contra a esclerose "idealista" do método dialético. O idealismo "absoluto" dos epígonos de Hegel chega, com efeito, a dissolver a totalidade primitiva do sistema, a separar a dialética da história viva [...]. Contudo, o materialismo dogmático dos epígonos de Marx repete a mesma dissolução da totalidade concreta da realidade histórica. Se o método dos epígonos de Marx não degenera, como o dos epígonos de Hegel, num esquematismo intelectual vazio, ele se atrofia numa ciência específica e mecanicista, em economia vulgar.[44]

Uma primeira consequência de considerar a dialética conforme a perspectiva da totalidade seria, portanto, a exigência de superar as distinções abstratas sobretudo no que tange à relação entre sujeito e objeto do conhecimento, premissa inicial da constituição de domínios autônomos de pesquisa, separados em decorrência da divisão intelectual do trabalho e da especialização científica. Trata-se de redirecionar o conhecimento para considerar a sociedade como totalidade, recomendação enfatizada na célebre passagem: "Para o marxismo, em última análise, não há, portanto, uma ciência jurídica, uma economia política e uma história etc. autônomas; mas somente uma ciência histórico-dialética, única e unitária, do desenvolvimento da sociedade como totalidade".[45]

Certamente, Lukács não ignora a necessidade, durante o processo de elaboração do conhecimento, de isolar e abstrair elementos de um amplo campo de investigação, de focalizar complexos de problemas ou ainda de condensar conceitos de um dado campo de estudos. Para ele, porém, o decisivo consiste em saber se esse isolamento é apenas um meio para o conhecimento do todo, inserido como momento determinado de uma conexão total, ou se o conhecimento abstrato de regiões parciais isoladas preserva sua autonomia, convertendo-se, à maneira da ciência burguesa, em finalidade própria.

No transplante da dialética de Hegel para Marx nem tudo, como seria de esperar, permanece idêntico. Na medida em que, para Lukács, o método de Marx apresenta-se "como a continuação consequente do que Hegel havia almejado, mas que não obtivera concretamente",[46] o "prolongamento" da dialética hegeliana inclui algumas correções. No que tange à perspectiva da totalidade, a modificação mais substancial diz respeito à necessidade de que essa categoria determine não só o objeto, mas também o sujeito do conhecimento.

A ciência burguesa, em especial a economia clássica, mantém-se presa à consideração dos fenômenos sociais a partir da perspectiva do indivíduo (o agente capitalista). Desprezam-se, assim, na perspectiva de Lukács, simultaneamente, duas características primordiais da dialética – "a exigência da totalidade tanto como objeto determinado como sujeito que determina". Hegel, por sua vez, embora encare o objeto como totalidade, só preenche metade dos requisitos, já que hesita entre o "ponto de vista do 'grande homem' e o do espírito abstrato do povo".[47]

Marx, porém, particularmente em *O capital*, na medida em que "considera os problemas de toda a sociedade capitalista como problemas das classes que a constituem, sendo a dos capitalistas e a dos proletários apreendidas como conjuntos", atinou para o papel-chave do conceito de classe. Descortina, assim, um sujeito que, na sociedade moderna, "para se pensar a si mesmo é obrigado a pensar o objeto como totalidade". Parte-se, portanto, da premissa de que "o ponto de vista do indivíduo não pode levar a nenhuma totalidade, quando muito pode levar a aspectos de um domínio parcial, mas na maioria das vezes somente a algo fragmentário: a 'fatos' desconexos ou a leis parciais abstratas". Nesse diapasão, "a totalidade só pode ser determinada se o sujeito que a determina é ele mesmo uma totalidade".[48] Lukács reconstitui, assim, o marxismo como uma forma de saber umbilicalmente vinculada ao proletariado.

Afinal, uma vez que a superioridade científica e metodológica do ponto de vista de classe sobre a perspectiva individual assenta-se no fato de que "somente a classe, por sua ação, pode penetrar a realidade social e transformá-la em sua totalidade",[49] a única classe capaz de promover a esperada modificação social, garantindo, ao mesmo tempo, a unidade de teoria e prática, seria o proletariado. Recuperando uma passagem célebre de Marx, no *Manifesto do partido comunista,* que identifica o proletariado como executor da sentença de morte da burguesia, Lukács conclui que o proletariado, "ao reconhecer sua situação, age, e ao combater o capitalismo, reconhece sua situação".[50]

O giro principal efetivado por Marx em relação ao método de Hegel, portanto, segundo Lukács, não consiste precisamente na passagem do idealismo para o materialismo – como às vezes sugere o próprio Marx, e Engels não cessava de reiterar. O mais decisivo foi a transição do ponto de vista do indivíduo para a perspectiva das classes sociais.[51]

História e consciência de classe ressalta ainda que, ao adotar a perspectiva da totalidade, Marx teria transplantado diretamente de Hegel não apenas a consideração de todos os fenômenos parciais como momentos do todo ou a identidade entre sujeito e objeto, mas também a compreensão do processo dialético como unidade de pensamento e experiência. Segundo Lukács, esse modo de conceber o vínculo entre lógica e história tornou-se um fator determinante no recente renascimento do marxismo, consagrado nas obras decisivas de Lênin e Rosa Luxemburg – respectivamente, *O Estado e a revolução* e *A acumulação do capital.*

Lukács detecta a manifestação dessa unidade de conceito e temporalidade em partes pouco valorizadas e mal compreendidas desses livros, em trechos dedicados a balanços históricos da literatura produzida sobre a questão em pauta, como é o caso do segundo e do terceiro capítulos do livro de Lênin, "A experiência de 1848-1851" e "A experiência da Comuna de Paris (1871)", e da segunda parte do de Rosa, "Exposição histórica do problema".

Diferentemente do ato de "tomar em consideração os precursores", típico da ciência burguesa (mas também dos teóricos da social-democracia), distante da enumeração infindável e despropositada do "especialista", Lênin e Rosa teriam conseguido desenvolver nesses capítulos a tão almejada unidade de teoria e história:

> Devido a essa relação com as tradições de método e de exposição referentes a Marx e a Hegel, Lênin fez da história do problema uma história interna das revoluções europeias do século XIX; a abordagem histórico-literária dos textos por Rosa Luxemburg se desenvolve numa história das lutas em torno da possibilidade e da expansão do sistema capitalista.[52]

Esse método, segundo Lukács, está presente em Marx já em "sua primeira obra acabada, completa e madura", *Miséria da filosofia*, por meio da crítica direta das verdadeiras fontes de Proudhon (Ricardo e Hegel). E estrutura também outros livros de Marx, como *O capital* e *Teorias sobre a mais-valia*, ainda que sob uma forma modificada e menos nítida.

Desse modo, o procedimento de reconstruir o processo histórico por meio de um exame dialético da literatura disponível acerca dos temas abordados atesta mais que a pertinência e a eficácia do predomínio da perspectiva da totalidade. Indica também que:

> O método filosófico de Hegel, que sempre foi – de maneira mais convincente na *Fenomenologia do espírito* – história da filosofia e filosofia da história ao mesmo tempo, jamais foi abandonado por Marx em relação a esse ponto essencial. Pois, a unificação hegeliana – dialética – do pensamento e do ser, a concepção de sua unidade como unidade e totalidade de um processo formam também a essência da filosofia da história do materialismo histórico.[53]

Lukács explicita, assim, o método inerente, ainda que inconsciente, de Lênin e Rosa Luxemburg como a realização efetiva do programa do idealismo alemão. Desse modo, não deixa de situar, pelo menos no que tange a essas obras específicas, esses dois autores como pontos inaugurais daquele movimento que a posteridade nomeou como "marxismo ocidental".

A junção, que teria sido promovida desde Marx, de história da filosofia e filosofia da história, do *a priori* e do *a posteriori*, da teoria e da experiência, do lógico e do histórico serve também de guia para quem queira evitar os dilemas em que se enredam as tentativas de, num trânsito de mão única, compreender as formações "ideológicas", típicas da superestrutura, unicamente a partir da base objetiva da sociedade.

> Seja qual for o tema em discussão, o método dialético trata sempre do mesmo problema: o conhecimento da totalidade do processo histórico. Sendo assim, os problemas "ideológicos" e "econômicos" perdem para ele sua estranheza mútua e inflexível e se confundem um com o outro. A história de um determinado problema torna-se efetivamente uma história dos problemas. A expressão literária ou científica de um problema aparece como expressão de uma totalidade social, como expressão de suas possibilidades, de seus limites e de seus dilemas. O estudo histórico-literário do problema acaba sendo o mais apto a exprimir a problemática do processo histórico. A história da filosofia torna-se filosofia da história.[54]

É, portanto, sob a égide da filosofia da identidade que a categoria da totalidade justifica, em Lukács, o trânsito de mão dupla entre fenômenos objetivos e subjetivos, economia e superestrutura, que se tornará, a partir de então, uma das marcas distintivas do marxismo europeu.

Notas

1 Lukács, 2003, p. 59.

2 *Idem*, p. 53.

3 Confira, por exemplo, Luxemburg, 1974, ou Lênin, 1979.

4 Nas palavras de Lukács: "Um marxista ortodoxo sério poderia [...] rejeitar todas as teses particulares de Marx, sem, no entanto, ser obrigado, por um único instante, a renunciar à sua ortodoxia marxista. O marxismo ortodoxo não significa, portanto, um reconhecimento sem crítica dos resultados da investigação de Marx, não significa uma 'fé' numa ou noutra tese, nem a exegese de um livro sagrado. Em matéria de marxismo, a ortodoxia se refere antes e exclusivamente ao *método*" (Lukács, 2003, p. 64).

5 *Idem*, p. 55.

6 *Idem*, pp. 55-57.

7 Marx, em *Miséria da filosofia*, um dos livros mais citados ao longo de *História e consciência de classe*, lembra que "a metafísica, a filosofia inteira, resume-se, segundo Hegel, ao método" (Marx, 2017, p. 120). Na sequência, no entanto, ele apenas critica a metodologia de Hegel e de Proudhon, sem expor de forma positiva sua versão da dialética.

8 "Marxismo ocidental" é a denominação consagrada das tentativas de atribuir *post hoc* unidade a um movimento que se desenvolveu de forma independente e sem plano preestabelecido. Na lista de Perry Anderson, selecionada apenas entre alemães, italianos e franceses, seus componentes seriam György Lukács, Karl Korsch, Herbert Marcuse, Walter Benjamin, Antonio Gramsci, Max Horkheimer, Galvano Della Volpe, Henri Lefebvre, Theodor Adorno, Jean-Paul Sartre, Lucien Goldmann, Louis Althusser e Lucio Colletti (Anderson, 2004a, p. 46).

9 José Paulo Netto (1996, pp. 14-15) salienta, com pertinácia, que a posterior incorporação de alguns dos conceitos-chave de *História e consciência de classe* em obras inseridas em quadros histórico-sociais distintos se deu junto com uma metamorfose de suas determinações originais.

10 Karl Kautsky, em polêmica com Eduard Bernstein, chega mesmo a dizer que "é o método que resulta da aplicação da concepção materialista da história à política: graças a ele, o socialismo tornou-se uma ciência [...]. No socialismo marxista, o essencial é o método, não os resultados" (*apud* Haupt, 1982, p. 369).

11 Engels, 2015b, p. 30.

12 *Idem*, p. 35.

13 Sempre que julgava necessário reconstituir a história da formação do materialismo histórico, Engels atribuía a si mesmo um papel secundário, como na seguinte passagem de *Ludwig Feuerbach e o fim da filosofia clássica alemã*: "Não posso negar que, antes e durante os quarenta anos de minha colaboração com Marx, tive certa participação autônoma, tanto na fundamentação como, nomeadamente, na elaboração da teoria. Mas a maior parte dos pensamentos fundamentais orientadores, particularmente no domínio econômico e histórico,

e especialmente a precisa apreensão definitiva desse domínio, pertencem a Marx. [...] Marx estava mais acima, via mais longe, abarcava mais e mais rapidamente do que o resto de nós. Marx era um gênio; nós, no máximo, talentosos" (Engels, 2020b, p. 87).

14 Engels, 2015b, p. 38.

15 *Idem*, p. 37.

16 Em *Ludwig Feuerbach e o fim da filosofia clássica alemã*, Engels atribui a origem dessa nomenclatura, hoje pouco usual, a Hegel (2020b, p. 93). Imagino que se trata de uma apropriação bastante livre de uma passagem da *Enciclopédia* na qual Hegel nomeia a primeira posição do pensamento relativo à objetividade como "metafísica" (parágrafos de 26 a 36). Com esse termo, Hegel designa tanto o saber filosófico constituído imediatamente antes da filosofia kantiana quanto um modo de "pensar diretamente os objetos" próprio da "filosofia incipiente, das ciências, do agir e da prática quotidiana".

17 Engels, 2015b, p. 50.

18 *Idem*, p. 51.

19 *Idem*, *ibidem*.

20 *Idem*, p. 49.

21 *Idem*, *ibidem*.

22 *Idem*, p. 50.

23 As exceções citadas por Engels são *O sobrinho de Rameau*, de Denis Diderot, e o *Discurso sobre a origem e os fundamentos da desigualdade entre os homens*, de Jean-Jacques Rousseau.

24 Engels, 2015b, p. 50.

25 *Idem*, p. 51.

26 *Idem*, p. 53.

27 *Idem*, *ibidem*.

28 *Idem*, *ibidem*.

29 *Idem*, p. 54. Assim, cabe observar que, ao contrário da percepção pela posteridade no interior do próprio campo marxista, o "socialismo científico", tal como proposto por Engels, não resulta de uma inversão da filosofia idealista de Hegel, pois não se autocompreende mais como filosofia.

30 Engels, 2015b, p. 54.

31 Lukács, 2003, p. 64.

32 *Idem*, pp. 64-65.

33 *Idem*, p. 68.

34 Essa interpretação, nunca expressa de modo direto ao longo de *História e consciência de classe*, é, no entanto, unanimidade entre os comentadores. Veja-se, por exemplo, Lichtheim, 1973, pp. 51-67, ou Fetscher, 1970, pp. 76-87.

35 Nas palavras de Lukács: "Se algumas páginas contêm uma polêmica contra certas declarações de Engels, como deve notar todo leitor compreensivo, é em nome do espírito de conjunto do sistema, partindo da concepção, correta ou não, de que a respeito desses pontos particulares o autor representa, contra Engels, o ponto de vista do marxismo ortodoxo" (Lukács, 2003, pp. 53-54).

36 *Idem*, p. 65.

37 *Idem*, p. 66.

38 *Idem*, p. 69, em nota.

39 *Idem*, p. 72.

40 *Idem*, p. 71.

41 *Idem*, p. 74.

42 Segundo Lukács, "essa dupla determinação, esse reconhecimento [do caráter necessário da aparência] e essa superação simultânea do ser imediato constituem justamente a relação dialética" (Lukács, 2003, p. 76).

43 *Idem*, p. 74. O alvo de Lukács aqui, como aliás em muitas partes de *História e consciência de classe*, é a revisão do marxismo levada a cabo por Bernstein em nome da experiência puramente empírica.

44 *Idem*, pp. 116-117.

45 *Idem*, p. 107.

46 *Idem*, p. 92.

47 *Idem*, p. 108.

48 *Idem*, p. 107. Lukács contesta a separação, própria da social-democracia alemã e levada ao extremo por Rudolf Hilferding, entre o marxismo como ciência objetiva e o socialismo como tendência latente na sociedade.

49 *Idem*, p. 125.

50 *Idem*, p. 127.

51 Segundo Lukács, ao hesitar entre o "ponto de vista do 'grande homem' e o do espírito abstrato do povo", Hegel, devido em parte às condições próprias da época em que viveu, acabou não encontrando esse sujeito que, de certo modo, ele mesmo antecipou na *Fenomenologia do espírito* ao exigir que "o verdadeiro deva ser considerado e expresso, não apenas como substância, mas igualmente como 'sujeito'".

52 Lukács, 2003, p. 118.

53 *Idem*, p. 116.

54 *Idem*, p. 117.

2

CIÊNCIA OU FILOSOFIA?

O novo materialismo preconizado por Engels, ancorado principalmente nos progressos das ciências da natureza e da história, tal como apresentado em 1878 no *Anti-Dühring*, dispensa o concurso de um saber superior, "especialmente consagrado a estudar as concatenações universais". Na medida em que esse estudo era considerado a tarefa prioritária da filosofia, o último Engels reatualiza, em nova chave, o *topos* jovem-hegeliano a que, junto com Marx, aderira na década de 1840: a superação (*aufheben*, isto é, ao mesmo tempo, negação e realização) da filosofia.[1]

Essa superação – tratada de passagem no *Anti-Dühring*, na parte dedicada à "exposição positiva" da dialética pela via da determinação de seus novos suportes – assume uma importância e uma dimensão maior em um texto dez anos posterior, *Ludwig Feuerbach e o fim da filosofia clássica alemã*, cujo assunto principal é um acerto de contas do materialismo com a filosofia. É ali que as posições de Engels acerca da ciência, da filosofia e de suas mútuas relações articulam-se como um conjunto mais coerente e ordenado, o que não deixa de salientar e cristalizar as ambiguidades e contradições de sua concepção.

I

Os quase 20 anos que decorrem entre a morte de Hegel (1831) e a fracassada revolução de 1848 são marcados, no pensamento alemão, pela convicção de que se vivia um período da história humana no qual a verdade só poderia ser encontrada e posta em prática no território delimitado pela "existência material concreta do homem". Os princípios abstratos do saber filosófico, rejeitados em sua transcendência, foram transformados em fundamentos da ação emancipadora, pois doravante cabia aos próprios homens determinar a marcha racional da história.[2] A promessa de efetivação temporal da razão e da liberdade individual, inscrita na filosofia hegeliana sob a égide de uma consumação que anunciava o fim da filosofia, torna-se então uma tarefa para o porvir. Enquanto possibilidades históricas concretas, diferentes modalidades e concepções dessa "realização" rivalizam a partir de um solo comum: a negação da filosofia.

Há muito abandonada, essa questão retorna de chofre, sob nova roupagem, ao *corpus* teórico do marxismo em 1888. Engels, no afã de produzir uma "exposição concisa e sistemática" das relações deste com a filosofia de Hegel, além de salientar a importância da influência de Ludwig Feuerbach na formação do materialismo histórico, apresenta o marxismo como um dos resultados da "decomposição" da escola hegeliana. Uma vez ressaltados esses vínculos, para evitar a interpretação que insere o marxismo como uma escola a mais na série dos sistemas filosóficos, Engels vê-se forçado a destacar a especificidade da filosofia dos jovens hegelianos e, por conseguinte, a do próprio Hegel.[3]

Na medida em que privilegia, na sua compreensão do jovem-hegelianismo, a filosofia de Ludwig Feuerbach,[4] apresentado como o elo conclusivo de uma cadeia que se inicia com David Strauss e passa por Bruno Bauer e Max Stirner – abandonando qualquer referência àqueles autores, como Moses Hess, Arnold Ruge ou Cieszkowski, cuja preocupação política é mais explícita[5] –, Engels desloca a questão da "realização prática" da filosofia para um segundo plano. A superação da filosofia passa a ser exposta como uma desintegração, isto é, como um processo que se desenrola no próprio campo desse saber.

Crítica retrospectiva, a análise de Friedrich Engels desqualifica o pensamento de Ludwig Feuerbach (a partir de suas premissas filosóficas, em particular do seu materialismo) pela via da comparação de suas realizações com os feitos do marxismo. Adota, porém, ao mesmo tempo, uma atitude condescendente, pois transforma o adversário de outrora, ferozmente combatido em *A ideologia alemã*, em momento necessário de um percurso intelectual e histórico.

Nessa versão, a restauração feuerbachiana do materialismo teria exercido, inicialmente, um papel produtivo. Ao ressaltar a independência da natureza em relação à filosofia, Feuerbach teria desatado o nó forjado pela mistura jovem-hegeliana de materialismo francês e hegelianismo, o que possibilitou, entre outras coisas, a crítica levada a cabo por Marx e Engels em *A sagrada família*.

Ludwig Feuerbach, entretanto, não teria desenvolvido plenamente as potencialidades abertas por sua filosofia. Sua trajetória, descrita por Friedrich Engels como a marcha de um hegeliano pouco ortodoxo para o materialismo, deteve-se diante da tarefa de superar ("destruindo criticamente sua forma, mas conservando o novo conteúdo adquirido por ela") a filosofia de Hegel.

Assim, uma vez quebrado o sistema, a rejeição integral do legado de Hegel conduziu Ludwig Feuerbach de volta às posições do materialismo francês do século XVIII. Prisioneiro de uma versão mecânica e anti-histórica, não conseguiu desenvolver seu materialismo, pois não o aplicou nem às ciências da natureza, nem ao conhecimento histórico, abrindo caminho para a reintrodução do idealismo em seu pensamento (principalmente nos campos da filosofia da religião e da ética). É essa mistura, a convivência de tendências materialistas e idealistas, que configura sua filosofia como um momento de transição, como um elo intermediário entre a filosofia idealista de Hegel e a concepção materialista da história.

A íntegra desse percurso desdobra-se, segundo Engels, por meio da convergência – pelo menos no que tange à superação da filosofia – de duas linhagens inicialmente antagônicas: a idealista, caracterizada pela afirmação do caráter predominante do espírito, e a materialista, que enfatiza a primazia da natureza. Os sistemas idealistas foram se impregnando (em decorrência do esforço, panteísta, para conciliar espírito e natureza) de um conteúdo cada vez mais material, até o ponto em que se tornaram, com o sistema de Hegel, um "materialismo posto de cabeça para baixo de forma idealista". O materialismo, por sua vez, percorreu uma série de fases, mudando sucessivamente de forma conforme as últimas descobertas no terreno das ciências naturais e, desde Karl Marx, no campo da história.

Para compreender o sentido dessa convergência, ou melhor, o modo como Friedrich Engels concilia tendências – por definição – opostas, torna-se necessário examinar alguns dos pressupostos dessa aproximação, à primeira vista desconcertante e paradoxal.

A confluência entre o giro em direção ao materialismo (efetivado por meio da transmutação do idealismo e de um refinamento conceitual do materialismo, bem como de um cruzamento, decorrente da incorporação, ainda que modificada, do método de Hegel pelo marxismo) e a negação da filosofia apoia-se, em última instância, na determinação do conceito de filosofia pelo idealismo alemão, ou melhor, na tese difundida por Schelling e Hegel de que "toda e qualquer filosofia é idealismo".[6]

A adesão de Engels à definição idealista de filosofia, além de lhe permitir associar o materialismo com o fim da filosofia, possibilita-lhe também levar a termo uma operação extremamente complicada: a justificação da incorporação, pela concepção materialista da história, do conteúdo material da filosofia hegeliana. Nesse sentido, sua primeira providência é minimizar o papel desempenhado pelo conceito de absoluto em Hegel. Assim, em lugar de ressaltar que tal associação, a unificação de filosofia e idealismo, só se sustenta a partir do pressuposto e do ponto de vista do absoluto, Engels mantém o resultado, a identidade que lhe convém, recusando a premissa, o momento conceitual cujo centro é o absoluto.[7]

Ao mesmo tempo que descarta essa interpretação convencional, Engels ressalta a contradição desvelada pelo debate intelectual alemão das décadas de 1830-1840 acerca da célebre passagem do "Prefácio" à *Filosofia do direito* – "o que é racional é efetivo; e o que é efetivo é racional".[8] Tanto conservadores quanto revolucionários reivindicaram (segundo Engels, não sem razão) essa frase como corroboração da validade de sua interpretação particular do pensamento de Hegel e como uma espécie de aval de sua postura religiosa e política.

Por um lado, quando se diferencia, com Hegel, "efetivo" de "existente", atendo-se também ao caráter histórico das formas sociais, a "efetividade" torna-se sujeita à corrosão em um processo incessante que a converte, no decorrer do tempo, em uma sucessão de resíduos irracionais, destituídos de necessidade e, portanto, do direito à existência. Intrínseco à dialética, predomina o aspecto revolucionário: "A proposição da racionalidade de todo o elemento efetivo real dissolve-se, segundo todas as regras do método de pensar de Hegel, nesta outra: tudo o que existe é digno de perecer".[9]

Mas também é possível, por outro lado, sem trair Hegel, privilegiar o vínculo interno de seu conceito de realidade com a noção de necessidade, o que legitimaria, pela atribuição de razão ao existente, determinadas formas sociais e de conhecimento, inclusive o Estado prussiano. Tal dualidade, inscrita no cerne da filosofia de Hegel, deriva da contradição entre o método (antidogmático, avesso a verdades absolutas) e as necessidades internas do sistema que possibilitaram a reintrodução do dogmatismo, isto é, a exigência (para Engels inerente a qualquer projeto sistemático) de completar a ordenação do material adotando como fecho uma espécie qualquer de verdade absoluta.[10]

Na intepretação de Engels, o papel de destaque atribuído por Hegel ao sistema decorre sobretudo de seu idealismo. Não propriamente no sentido de que se trata de uma forma determinada de articulação do material (isto é, de uma relação específica entre conceitos e dados, teoria e fatos, lógica e história, *a priori* e *a posteriori*) e, portanto, de uma opção entre outras, mas de um atributo essencial de todo e qualquer procedimento filosófico. Diz Engels:

> Para todos os filósofos é precisamente o "sistema" o elemento perecível, e isto justamente por decorrer de uma necessidade imperecível do espírito humano: a necessidade de superar todas as contradições. Mas, se todas as contradições são eliminadas de uma vez por todas, atracamos na assim chamada verdade absoluta: a história universal está no fim e, no entanto, deve continuar, embora não lhe reste mais nada para fazer – portanto, uma nova contradição insolúvel.[11]

O próprio método de Hegel (na medida em que concebe a natureza, a história e o mundo do espírito como um processo incessante de transformações e mudanças) coloca em xeque a pretensão de sua filosofia de se apresentar como resumo e compêndio de uma verdade absoluta, mesmo que sob a forma da totalidade de um processo lógico e histórico.[12] Hegel limita a aplicação da dialética ao autodesenvolvimento do conceito, isto é, a um movimento que, segundo Engels, existe e se "processa desde a eternidade, não se sabe onde, mas, em todo caso, independentemente de qualquer cérebro humano pensante".[13]

Para eliminar essa "distorção ideológica", para se livrar dessa "crosta idealista", resgatando o caráter revolucionário próprio do método, basta voltar "a apreender materialisticamente os conceitos da nossa cabeça como imagens derivadas de coisas efetivas, em vez de apreender as coisas efetivas como imagens derivadas deste ou daquele estágio do conceito absoluto".[14] Essa transcrição da dialética do conceito para a condição de "reflexo consciente do movimento dialético do mundo efetivo", ou seja, da natureza e da história, a consideração materialista da filosofia hegeliana, parece suficiente para repor a dialética "da cabeça sobre a qual estava, novamente sobre os pés".[15]

As condições dessa inversão seriam, por conseguinte, em um mesmo movimento, tanto o abandono do invólucro, "o sistema universal e compacto, definitivamente plasmado", no qual Hegel pretenderia enquadrar as ciências da natureza e da história, quanto a supressão da própria filosofia. Nas palavras de Friedrich Engels:

TRAJETÓRIAS DO MARXISMO EUROPEU

[...] estará também no fim toda a filosofia no sentido em que a palavra é conhecida até hoje. Abandona-se a "verdade absoluta" inalcançável por essa via e por cada um individualmente e, em troca, perseguimos as verdades relativas alcançáveis pela via das ciências positivas e da conexão dos seus resultados por meio do pensamento dialético. Com Hegel, encerra-se a filosofia em geral. Por um lado, porque ele reuniu em seu sistema, do modo mais grandioso, todo o desenvolvimento da filosofia; por outro, porque, ainda que inconscientemente, mostra-nos o caminho para fora desse labirinto de sistemas em direção ao conhecimento positivo e efetivo do mundo.[16]

A tarefa proposta por Engels engloba apenas a "destruição crítica da forma". Livrar-se da crosta filosófica, prescindir dessa "ciência das ciências que parece flutuar sobre as demais ciências particulares resumindo e sintetizando-as", não significa jogar fora o conteúdo, a riqueza enciclopédica da obra de Hegel. Apesar das construções às vezes arbitrárias, imposição do sistema, o "tesouro de erudição" que recheia seus livros deve ser incorporado ao conhecimento ordenado do mundo, agora organizado em novo patamar com a autonomia das disciplinas específicas.

Na linha evolutiva da outra vertente, a materialista (garantia antecipada da convergência pressuposta), uma outra herança da filosofia desempenha papel central, o método dialético. Tomada enquanto "ciência das leis gerais do movimento, tanto do mundo exterior como do pensamento humano", alçada à condição de um conjunto separado de leis, a dialética, transposta de método filosófico em científico, torna-se a metodologia própria do "conhecimento positivo e efetivo do mundo". No terreno das ciências naturais, ao longo do século XIX, o surgimento de novas especialidades, a fisiologia, a embriologia, a geologia, as descobertas decisivas da célula, da transformação da energia e da evolução das espécies teriam, segundo Engels, aberto caminho para uma nova concepção de natureza que a aproxima dos processos de desenvolvimento histórico. Isso acarretou uma profunda modificação desses saberes, que, ultrapassando o estágio de meras "ciências coletoras" – voltadas para o estudo dos objetos (vivos ou mortos) como coisas prontas –, se tornaram "ciências ordenadoras" – dedicadas ao estudo dos "processos, da origem e do desenvolvimento dessas coisas e da conexão que vincula esses processos naturais em um grande todo".[17]

A preocupação com a conexão dos fenômenos naturais dentro de um determinado domínio, mas também entre as diferentes especialidades, e a visão de conjunto daí decorrente impõem espontaneamente, mesmo a

40

cientistas formados na tradição "metafísica", a interpretação dialética da natureza. O encadeamento dos resultados desses diversos saberes já formaria, na avaliação de Engels, um sistema da natureza sólido o suficiente para liquidar a venerável filosofia da natureza.

O estudo histórico da sociedade, ou melhor, a investigação das atividades humanas, sob a influência das descobertas de Karl Marx, que põe fim à filosofia da história, também passou por um processo semelhante em que, apesar das diferenças entre os agentes (aqui, homens dotados de consciência que agem em busca de determinados fins sob o impulso da reflexão ou da paixão; lá, fatores cegos e inconscientes que atuam uns sobre os outros em conexão recíproca), se ressaltou a aplicabilidade das mesmas leis (dialéticas) gerais imanentes.[18]

A superação de tantos antagonismos lógicos e o gradualismo, sem descontinuidades, da passagem do idealismo ao materialismo, do método filosófico ao científico, do sistema filosófico ao conhecimento positivo e efetivo do mundo, a que chegam de forma independente tanto a série idealista quanto a materialista, ancoram-se, em larga medida, em uma faceta peculiar do desenvolvimento histórico:

> Os filósofos, porém, nesse longo período de Descartes a Hegel e de Hobbes a Feuerbach, de modo algum foram impelidos a avançar, como acreditavam, apenas pela força do puro pensamento. Pelo contrário. O que, na verdade, os impeliu a avançar foi, nomeadamente, o poderoso e sempre mais veloz progresso impetuoso das ciências naturais e da indústria.[19]

A ênfase otimista (inclusive no terreno das implicações sociais) no desenvolvimento das forças produtivas resulta de uma concepção de prática que privilegia, como fatores decisivos nesse processo, a "experimentação e a indústria". No plano teórico, o apelo a tal par seria suficiente não só para refutar o agnosticismo epistemológico de Kant (centrado na famigerada "coisa em si"), mas também para contestar "todas as outras manias filosóficas".[20]

Posto isso, não é de todo descabido dizer que o último Engels, apesar de ressaltar unicamente a negação da filosofia, mantém-se fiel ao lema jovem-hegeliano de realização da filosofia. Na verdade, o que se modificou substancialmente entre *A sagrada família* (1844) e *Ludwig Feuerbach e o fim da filosofia clássica alemã* (1888) foi a concepção de prática, que adquiriu contornos cada vez menos político-sociais (ou, caso se prefira, subjetivos), não o projeto de realizar a filosofia pela via da prática.

II

Gueórgui V. Plekhánov foi, sem dúvida, um dos teóricos marxistas que mais estiveram expostos, durante sua formação, à influência dos últimos escritos de Friedrich Engels. À maneira deste, concebe o materialismo como uma tentativa de realizar o propósito, previsto pelo idealismo hegeliano, de "conhecer o universo como uma totalidade orgânica e descobrir o processo de seu desenvolvimento" sem o apoio de seu suporte clássico, a ideia absoluta.[21]

Plekhánov concede às partes dessa totalidade – tripartida em natureza, história e pensamento humano – uma atenção desproporcional. As leis que presidem os processos da natureza – apontadas em uma frase – "devem ser buscadas nas propriedades da matéria". As leis imanentes do pensamento, por sua vez, têm seu conteúdo expresso, de forma abstrata, nas determinações do conceito.[22] Assim, embora rebatize a tradição do marxismo de "materialismo dialético",[23] a maior parte de sua obra teórica apresenta-se sob a forma de variações sobre um mesmo tema: a determinação da concepção materialista da história.

A teoria da história de Karl Marx, segundo ele, configura um autêntico giro copernicano, ao conferir a essa modalidade de conhecimento um rigor só encontrável até então nas ciências da natureza. Nas obras de Marx, o conhecimento histórico extrapola o campo da filosofia e alça-se à condição de saber científico:

> Depois de ter prestado, durante os séculos precedentes, imensos serviços às ciências da natureza, a filosofia deve agora arrancar o saber social do dédalo das suas contradições. Cumprida esta missão, teria o direito de dizer: "Fiz o meu dever, posso retirar-me". No futuro essas ciências devem tornar inúteis as hipóteses da filosofia.[24]

Plekhánov delimita, assim, o escopo de seu programa de estudos – uma reiterada tentativa de elucidação do teor exato das leis históricas descobertas por Karl Marx – como uma tarefa que prescinde do debate estritamente filosófico (na medida em que o supera).[25] A remissão à filosofia também é desnecessária para uma determinação precisa do materialismo moderno (outra de suas obsessões, como indicam os títulos de seus livros).

Embora superada, a filosofia, entretanto, ainda persiste, o que demanda explicação. Uma passagem de *A concepção materialista da história* – livro que apresenta e, ao mesmo tempo, contesta a definição de filosofia de Antonio Labriola – resume bem a posição de Plekhánov, apenas implícita nessas delimitações da moldura da teoria marxista da história. Antonio Labriola, seguindo estritamente a recomendação de Engels de considerar a filosofia como uma disciplina específica (acrescentando-lhe, porém, uma inflexão positivista), ressalta que a parcela desse saber que interessa, aquela que a distingue da teologia, dedica-se "aos mesmos problemas que a pesquisa científica", seja apresentando suas próprias hipóteses, seja elaborando, em uma sistematização lógica mais avançada, soluções já encontradas.

Plekhánov, por sua vez, embora concorde inteiramente com essa caracterização, destaca outra dimensão da filosofia. Para ele, uma parcela ponderável das questões ali abordadas, inclusive a posição individual de cada pensador perante aquilo que se denomina normalmente como problemas estritamente filosóficos, não se explica apenas pelo desenvolvimento das forças produtivas ou em função do estágio das ciências da natureza – exige uma compreensão da situação social em que o filósofo (ou a filosofia) se insere.

À primeira vista, Plekhánov parece preocupado apenas em resgatar a dimensão ideológica da filosofia, aspecto já destacado por Friedrich Engels na parte final de *Ludwig Feuerbach e o fim da filosofia clássica alemã*. Trata-se, no entanto, de um novo desdobramento, patente sobretudo em sua exposição de alguns aspectos da filosofia francesa moderna. A atitude de René Descartes diante da fé e da razão, delimitando-as como dois domínios distintos, em uma época que, "após as longas e sangrentas dissensões do século XVI, aspirava à ordem e à paz", e o materialismo francês do século XVIII, mais preocupado em suprimir as relações de produção do que em ampliar as forças produtivas, constituem exemplos de situações históricas nas quais a filosofia tem a possibilidade de se posicionar, historicamente, de forma progressista ou retrógrada.[26]

A partir dessa revalorização da função socialmente produtiva da filosofia (diga-se de passagem, já inscrita em sua condição de linha auxiliar na "tarefa de multiplicar os conhecimentos das ciências da natureza" ou até mesmo na definição de "materialismo"), Plekhánov amplia o escopo do marxismo. Em um artigo comemorativo do "Vigésimo quinto aniversário da morte de Karl Marx", defende a tese de que o marxismo não contém apenas uma teoria econômica e uma teoria histórica, ou melhor, uma teoria econômica e histórica. Embora ignorado mesmo por "muitos daqueles que desejariam se manter fiéis discípulos do marxismo",

[...] o "materialismo histórico" não representa senão uma parte da concepção de mundo materialista de Marx, como se convencerá facilmente quem quer que se dê ao trabalho – e ao prazer – de ler a célebre obra de Engels de polêmica com o Sr. Eugen Dühring. A primeira parte desse texto, redigido por assim dizer sob os olhos de Marx e até em parte com a sua colaboração, é consagrada, como se sabe, à filosofia no sentido próprio da palavra.[27]

Em contradição aberta com o seu projeto de reconstruir a transição, completada por Karl Marx, da filosofia da história à ciência da história, ao qual devota a maior parte dos esforços e dos conteúdos de sua obra teórica, Plekhánov, embora sem desenvolver um *corpus* doutrinário, concede ao marxismo – aí e em outros trechos de sua obra – um teor filosófico que a posteridade, Vladimir Ilitch Lênin em particular, não hesitará em tentar especificar.[28]

Materialismo e empirocriticismo, redigido por Lênin em 1908, durante e em função de um conflito interno da fração bolchevique, elege, desde seu "Prefácio", como alvo os empirocriticistas russos – alguns deles (Basárov, Lunacharski, Alexinski), não por acaso, membros da ala esquerda liderada por Aleksandr Bogdánov.[29] O combate político centrado na acusação de rompimento involuntário com a doutrina marxista de adversários que até então eram companheiros de campo e luta conduz Lênin a estabelecer uma definição precisa do que concebe então como "filosofia do marxismo".

A estratégia de Lênin, aqui, desdobra-se em dois momentos. Primeiro, destaca a filiação de Aleksandr Bogdánov e seguidores ao empirocriticismo de Ernst Mach e Richard Avenarius. Em seguida, procura identificar esse movimento filosófico com o idealismo por conta (i) de ele reivindicar o legado de Immanuel Kant, (ii) por sua aversão ao materialismo ou ainda (iii) por seu conteúdo programático, expresso, por exemplo, na frase "os objetos não existem fora da mente, os objetos resultam da combinação de sensações".

Lênin atém-se à distinção, esboçada por Friedrich Engels em *Ludwig Feuerbach e o fim da filosofia clássica alemã*, entre duas posições básicas e opostas diante da questão da relação entre o pensamento e o ser: materialista ou idealista, conforme se conceda a primazia, respectivamente, à natureza ou ao espírito. Ignorando os desdobramentos dessa dualidade no decorrer do livro de Engels, a anunciada convergência das duas linhagens antagônicas na "superação da filosofia", Lênin examina a relação entre natureza e espírito, ser e pensamento – descartando uma abordagem histórica – como uma questão estritamente gnosiológica.[30]

CIÊNCIA OU FILOSOFIA?

Uma vez posta a questão em termos de teoria do conhecimento, Lênin reduz a polêmica a um conflito entre argumentos, contrapondo aos tópicos que destaca no empirocriticismo os axiomas do "materialismo dialético". A defesa do conceito de matéria – isto é, a concessão da primazia, bem como da independência temporal e lógica, ao objeto exterior do conhecimento, tenha ele caráter natural ou social – é acompanhada pela ênfase, à maneira da mecânica newtoniana, na "realidade objetiva do espaço e do tempo". Confia-se, assim, na existência de uma "conexão natural entre os fenômenos do universo". Por fim, mas não por último, Lênin determina a concepção de verdade do marxismo como uma forma de adequação na qual "as ideias e sensações são cópias ou reflexos dos 'objetos em si', existentes fora da mente".[31]

Para afirmar tais premissas, Lênin recorre principalmente à autoridade de citações extraídas – fora do contexto – em sua maior parte do *Anti-Dühring* e do *Ludwig Feuerbach* de Engels. Dessa forma, executa o programa enunciado, embora nunca realizado, por Plekhánov: ler tais livros como uma exposição filosófica do marxismo.

Friedrich Engels recorre tanto à distinção entre materialismo e idealismo como aos desdobramentos da relação entre pensamento e ser para classificar as diversas posições acerca da possibilidade de compreender o mundo (ou de conhecê-lo de modo completo). Nessa direção, Lênin subscreve o combate travado por Engels contra a incognoscibilidade da "coisa em si" kantiana em nome da "experimentação e da indústria". A tese de Engels, ponto decisivo da crítica de Lênin ao empirocriticismo, é reforçada por uma operação que desvincula a prática (critério último e decisivo da verdade) da ação política, situando-a como um momento do processo de desenvolvimento das forças produtivas.

Lênin recorre à fabricação da "alizarina" como exemplo da conversão, pelos avanços da química orgânica, de coisas antes inacessíveis em novos produtos industriais. Lênin sintetiza suas ponderações sobre esse assunto em três conclusões:

(1) As coisas existem independentemente de nossa consciência, independentemente de nossa sensação, fora de nós, porque é evidente que a alizarina já existia no alcatrão da hulha, sendo também evidente que nós não o sabíamos, pois a alizarina não nos provocava qualquer sensação; (2) não há, nem pode haver, nenhuma diferença de princípio entre o fenômeno e a coisa em si. Não há diferença senão entre o que é conhecido e aquilo que não é ainda; (3) na teoria do conhecimento,

45

como em todos os outros domínios da ciência, é importante argumentar dialeticamente, isto é, não supor a nossa consciência imutável e completa, mas analisar como o conhecimento nasce da ignorância, como o conhecimento incompleto, impreciso se torna mais completo e mais preciso.[32]

Essas proposições – reiteradas à exaustão e aplicadas a torto e a direito – transformam-se, a partir de *Materialismo e empirocriticismo*, em ponto programático do marxismo russo.

Não é só pelo recurso a determinadas passagens do *Anti-Dühring* e do *Ludwig Feuerbach* (por meio de sua metamorfose de momentos de uma exposição complexa em declaração de princípios) que Lênin é tributário de Engels. A exposição metódica da dialética separada dos conteúdos concretos do conhecimento, presente nessas obras, e a ambivalência da redução da filosofia a regras do pensamento similares às "leis gerais do movimento e do desenvolvimento da natureza e da sociedade humana" constituem, por assim dizer, o solo a partir do qual Lênin erigiu o materialismo dialético como uma esfera independente.

Uma vez estabelecida a autonomia da filosofia do marxismo, Lênin justifica a reorientação de ênfase no materialismo dialético como uma exigência do presente. Segundo ele, enquanto Marx e Engels estavam mais preocupados em desenvolver a concepção materialista da história, a situação atual (1908) exige – diante do revisionismo revigorado no campo da economia, da sociologia e da filosofia, que introduz de contrabando concepções idealistas no campo do marxismo – uma defesa da "gnosiologia materialista".[33]

O debate que o último Engels empreendeu sobre as determinações da dialética transmuta-se, na polêmica de Lênin com os empiriocriticistas, em uma disputa – travada no âmbito da teoria do conhecimento – entre materialismo e idealismo. Promove-se assim, ainda que de forma pouco consciente, uma nova oscilação no marxismo: de "método científico" (voltado, desde o *Anti-Dühring*, para o conhecimento real e positivo do mundo) a "método filosófico". Abriu-se, assim, mesmo que involuntariamente, o caminho para a restauração, promovida (sobretudo após a morte de Lênin) pelo *diamat*, da filosofia como um saber superior "especialmente consagrado a estudar as concatenações universais".

Lênin instala, por conseguinte, uma ambiguidade no estatuto teórico do marxismo, assim resumida por Maurice Merleau-Ponty:

A gnosiologia de Lênin torna a dialética um fundamento absoluto no ser ou no objeto puro e retorna, assim, não somente para aquém do jovem Marx, mas para aquém de Hegel. Daí o ecletismo comunista, este pensamento sem franquia e que não se percebe bem, essa mistura instável de hegelianismo e cientificismo, que permite à ortodoxia rejeitar em nome de princípios "filosóficos" tudo aquilo que as ciências humanas tentaram dizer desde Engels e de, no entanto, responder "socialismo científico" quando se fala de filosofia.[34]

Embora essa determinação positiva dos princípios do materialismo tenha nascido da tentativa de refutar as premissas teórico-filosóficas de uma linha política que, apesar de se situar à esquerda de Lênin, repetia na Rússia a postura típica dos revisionistas alemães e austríacos, que visavam, nas palavras de Karl Korsch, "'completar' o sistema marxista com concepções gerais filosófico-culturais ou ideais tiradas da filosofia de Kant, Dietzgen, Mach ou qualquer outra", o resultado geral da refutação de Lênin não é muito diferente.

Lênin também pode ser acusado de estar, sob a capa de uma defesa da ortodoxia, imbuído da mesma "missão" de seus adversários: complementar a doutrina de Marx. Em seu esforço para atualizar o marxismo, seleciona, por exemplo, algumas indicações de Engels em *Ludwig Feuerbach*, que privilegia em detrimento de outras mais gerais inscritas no mesmo livro, como a tese engelsiana de que "a filosofia chega ao seu fim com Hegel" e que, portanto, o marxismo não é mais uma filosofia no sentido tradicional da palavra.[35]

Materialismo e empirocriticismo foi considerado, ao longo do marxismo ocidental (de Karl Korsch a Theodor Adorno),[36] como um contraexemplo de como deveria ser pensada a relação entre marxismo e filosofia. O livro de Lênin foi avaliado, quase consensualmente, como uma recaída numa teoria do conhecimento "ingênuo-realista" que empobreceu e até mesmo falsificou o pensamento de Marx.

Um ano após a publicação de *Materialismo e empirocriticismo*, outro expoente da Segunda Internacional, Rudolf Hilferding – austríaco de nascimento e formação,[37] mas desde 1906 engajado nas tarefas da social--democracia alemã –, expõe, no "Prefácio" ao livro *O capital financeiro*, uma série de determinações do estatuto do marxismo bastante diferentes daquelas apresentadas por Lênin. Sua ênfase no caráter científico do sistema de Marx atesta tanto a oscilação pendular característica da autocompreensão do marxismo como a amplitude segundo a qual a questão foi abordada, e desenvolvida, no âmbito da Segunda Internacional.

A título de esclarecimento, visando dirimir as "controvérsias metodológicas suscitadas pela sua abordagem da política econômica", Rudolf Hilferding contesta a concepção que sustenta que "a política é uma doutrina normativa determinada, em última instância, por juízos de valor. Como esses juízos não constituiriam objeto de ciência, o estudo da política estaria fora do âmbito das considerações de ordem científica".[38] Hilferding abre caminho, assim, para a possibilidade de considerar a teoria política marxista como dotada de cientificidade, mesmo que seguindo uma fundamentação própria.

O caráter científico da teoria econômica marxista, em contrapartida, em nenhum momento é colocado em discussão. Ao contrário, quando menciona que a questão em pauta no seu livro (a compreensão do capitalismo "moderno", cujo traço mais característico seria um processo de concentração que, além de favorecer a formação de cartéis e trustes, aproxima até a indistinção o capital bancário e o capital industrial), isto é, a determinação das "leis e da função do capital financeiro", tornou-se um ponto indispensável para qualquer espécie de ciência econômica, Hilferding insere Karl Marx e o marxismo na linhagem da ciência econômica, por alguns dita burguesa.[39]

Quando se examina mais detidamente o "Prefácio", é plausível observar que se trata de um combate em dois planos: *intramuros*, contra a visão economicista que reduz o marxismo a mera teoria econômica; no campo do adversário, contra aqueles que acusam o pensamento de Marx de ser uma teoria essencialmente política e, portanto, não científica. Nesse sentido, ao insistir no caráter científico da política, caracterizada como o estudo de relações causais, Hilferding concebe o marxismo como um saber segmentado em duas partes: uma, econômica (ou melhor, histórico-econômica), voltada para o conhecimento das "leis da sociedade baseada na produção mercantil", e a outra, política, orientada para a descoberta, "em termos de relações causais", da "vontade coletiva das diversas classes dessa sociedade".

Nesse mesmo "Prefácio", Hilferding sustenta outra tese, bastante polêmica. Afirma que, apesar de a identificação do marxismo com o socialismo ser facilmente compreensível por conta do interesse dos "representantes" do proletariado em aderir a conclusões científicas que "prometem" a vitória à sua classe, tal associação seria intrinsecamente falsa:

> Considerado sob o ponto de vista lógico, apenas como sistema científico e deixando de lado os seus efeitos históricos, o marxismo é apenas uma teoria das leis da dinâmica da sociedade, uma teoria geral da concepção marxista da história que aplica a economia marxista ao período da produção mercantil. O socialismo é

CIÊNCIA OU FILOSOFIA?

resultado das tendências que operam na sociedade baseada na produção mercantil. Aceitar a validade do marxismo e reconhecer, inclusive, a necessidade do socialismo não implica, de modo algum, a formulação de juízos de valor, nem constitui uma regra prática de conduta. Uma coisa é reconhecer a necessidade, e outra coisa é colocar-se a serviço dessa necessidade.[40]

Hilferding submete, por conseguinte, o marxismo a uma dupla significação. Do ponto de vista histórico, ele deve ser compreendido como um patrimônio do proletariado, o que explica inclusive a denominação "ciência proletária" – que Hilferding julga equivocada. De uma perspectiva estritamente lógica, porém, o marxismo, enquanto saber isento de juízos de valor, é uma ciência guiada pela aspiração à validade objetiva e universal.[41]

Desse modo, a ampliação do escopo científico do marxismo que Rudolf Hilferding promove, contra os economicistas, tem como contrapartida a redução da política – dimensão decisivamente característica do marxismo desde as lutas contra as concepções anarquistas no seio da Primeira Internacional – à condição de saber teórico. Nos procedimentos para conceder estatuto científico ao materialismo histórico, Hilferding isenta o marxismo de qualquer tipo de consideração acerca das "regras práticas de conduta", instaurando um abismo entre a teoria e a prática.

A separação do marxismo em esferas distintas, a convivência precária entre a cientificidade inerente às suas investigações no campo histórico- -econômico e a motivação por ideais, característica da ação política, já estavam presentes, embora sem a clareza, a concisão e a radicalidade dualista de Rudolf Hilferding, na obra – assumidamente revisionista – de Eduard Bernstein *Os pressupostos do socialismo e as tarefas da social-democracia* (1899). Procurava-se estabelecer ali, entre outras coisas, de forma pioneira no interior do campo do marxismo, uma distinção entre juízos de fato e juízos de valor – ressaltando uma diferenciação entre ciência e ideário político que redefinia, à sua maneira, a recomendação de Friedrich Engels para transitar do labirinto dos sistemas filosóficos para o conhecimento positivo e efetivo do mundo.

Os pressupostos do socialismo e as tarefas da social-democracia concentrava, alargava e reposicionava um conjunto de teses polêmicas apresentadas inicialmente em uma série de artigos publicados a partir de outubro de 1896 na revista *Die Neue Zeit*, posteriormente coligidos em livro com o título *Problemas do socialismo*. Além da condenação formal outorgada pelo Congresso (de Stuttgart) de 1898 do partido social-democrata alemão

49

(SPD), tais teses desencadearam uma controvérsia no âmbito da linhagem do marxismo que se estendeu pelas primeiras décadas do século XX.

Naquela ocasião, o debate se concentrou nas consequências práticas dessas teses, assinalando que se trata de uma inflexão que tende a subordinar a doutrina de Marx às tarefas imediatas, designadas então como "matérias de partido". Mais tarde, porém, superada a fase das contestações diretamente políticas com a cristalização de blocos antagônicos dentro do território marxista, concedeu-se maior destaque (i) à desconexão, que Eduard Bernstein não deixa de instigar, entre conhecimento e transformação do mundo e (ii) à redução metodológica implícita na hipótese de que o marxismo também devia, como qualquer outra ciência, extrair suas razões e confirmações exclusivamente da lógica (formal) e da experiência (definida apenas de modo factual, e não em termos históricos e sociais).

A especificidade do livro de Bernstein, no entanto, reside menos no conteúdo, seja político ou metodológico, dessas conjecturas, em si nada originais – como admite o próprio autor –, ou mesmo na sua combinação e oportunidade, do que no caráter heterodoxo da solução proposta para superar a evidente discrepância que distanciava (cada dia mais) a prática política reformista do SPD da doutrina de Marx e Engels. O traço marcante de sua posição – que lhe garantiu um lugar especial, embora destoante na tradição do marxismo – foi a sugestão bem como o esforço para reduzir a defasagem entre a teoria e a prática por meio de uma revisão da doutrina.

Preocupado em identificar as "lacunas e contradições" da teoria marxista, Eduard Bernstein a subdividiu, nos moldes da filosofia neokantiana, em duas partes. Uma, constante, a "doutrina pura" – constituída por princípios axiomáticos que aspiram à validez objetiva e universal, cuja catalogação seria fornecida pela "Introdução" de Marx a *Para a crítica da economia política* –, e outra, variável, dedicada à aplicação desses princípios aos diferentes fenômenos e aos diversos casos singulares. Com esse dispositivo, ou seja, distinguindo e mantendo separadas essas porções, Bernstein julga possível tanto evitar um erro corriqueiro no marxismo, a transformação de questões de ciência aplicada em princípios teóricos, como reformular, sem abdicar de sua filiação, tópicos essenciais da doutrina marxista.

Para tanto, debruça-se sobre os resultados da investigação marxista sobre o percurso histórico da sociedade moderna, mais precisamente sobre determinados prognósticos esboçados por Marx acerca dos rumos do desenvolvimento capitalista (denominados na época teorias do "colapso", da "polarização" e da "pauperização") que, naquele momento, eram questionados por alguns economistas não marxistas. Fazendo coro a esse grupo de economistas, adversários de outrora, Eduard Bernstein afirma que, ao contrário das previsões, houve um aumento numérico da quantidade de capitalistas, concomitante a uma menor concentração da produção (sobretudo na agricultura) e a uma relativa tenacidade da presença no espectro social das assim chamadas "camadas médias".[42]

A partir desse confronto da teoria com os dados empíricos, Eduard Bernstein propõe uma revisão crítica das pilastras do marxismo, contestando no programa do materialismo histórico as teorias da luta de classe e da mais--valia. Esse procedimento é reforçado por sua avaliação de que algumas das premissas do marxismo, especialmente aquelas que não estavam imunes ao impacto das modificações sociais e são, portanto, por via de regra, variáveis, acabaram se cristalizando em doutrinas fixas.

No processo de reabilitação da teoria subjetiva (marginalista) do valor, outra concessão aos economistas não marxistas,[43] Bernstein promove um combate incessante ao determinismo econômico – predominante no marxismo da Segunda Internacional –, cristalizado na fórmula que procura explicar os acontecimentos como consequências de uma "necessidade histórica imanente". O aumento, quantitativo e qualitativo, de mediações entre os desdobramentos da esfera técnico-econômica e a trajetória das instituições sociais permite a Bernstein questionar a subordinação da consciência e da vontade (no limite, do conjunto dos elementos não econômicos) aos fatores diretamente materiais. O andamento recente do mundo moderno abre o caminho também para novos padrões de práxis política: as "tarefas da social--democracia", centralizadas na luta pela ampliação dos direitos políticos e profissionais dos trabalhadores e em seus esforços de organização econômica – táticas bastante afins à prática cotidiana do partido.

Eduard Bernstein ensaia, por conseguinte, uma refutação do materialismo. Nesse sentido, concebe-o como uma vertente que sustenta a predeterminação total dos eventos – o que, diga-se de passagem, não deixa de corresponder a certas tendências do marxismo da época. Na sua versão, condensada num dístico que se tornou célebre – "o materialista é um calvinista sem Deus"[44] –, a concepção marxista da história seria tributária de uma causalidade estrita e mecânica, demandando uma retificação. Esta, no entanto, além de conceder primazia ao ideal, acabou colocando em xeque a própria necessidade de uma premissa materialista para o socialismo.

Os pontos principais dessa refutação já haviam sido adiantados no último artigo da série publicada na *Neue Zeit*, dedicado a estabelecer os pesos relativos "do fator realista e do fator ideológico no socialismo". Ali, minimizando a ruptura do "socialismo científico" em relação aos precursores ditos "utópicos", Bernstein enumera uma série de elementos ideais que Marx e Engels teriam admitido como "forças motrizes legítimas do movimento socialista": o interesse moral, o conhecimento histórico e a consciência do direito. O marxismo estaria, portanto, a despeito da avaliação difundida por seus fundadores, perpassado por postulados, em última instância, morais, como se pode comprovar, por exemplo, na teoria do valor-trabalho, ancorada na "ideia de igualdade e de justiça".

A distinção entre juízos de fato e juízos de valor vincula-se, aqui também, como logo depois Rudolf Hilferding explicita melhor, à separação entre ciência e ideário político. Bernstein, entretanto, não chega a destacar de forma tão nítida marxismo e socialismo como se faz no "Prefácio" a *O capital financeiro*. Por meio de um amálgama, à primeira vista embaralhado, ele destaca o caráter bifronte do socialismo, dependente, ao mesmo tempo, do conhecimento científico e da convicção moral (isto é, de uma meta ideal que o querer humano assinala livremente).

O livre jogo entre fatores reais e ideais desencadeado por Bernstein distingue e redescreve de forma peculiar – em franca oposição àquilo que se julgava solidamente estabelecido – o que é ciência e o que é valor no *corpus* do marxismo. Trata-se de uma reavaliação que visa mitigar, em defesa da força motriz dos princípios morais, a preponderância do materialismo. Mas também, num movimento de polaridade inversa, encontra-se a serviço do combate à dialética (redefinida como um enclave utopista), efetivado em nome da ciência.

Eduard Bernstein designa como desvios "utópicos" uma série de erros políticos que atribui ao legado de Marx: (i) os prognósticos acerca da rápida maturação de um desenvolvimento econômico e social propício ao socialismo; (ii) a teoria do colapso iminente; (iii) o que denomina de "culto da violência revolucionária". A convergência desses equívocos confirmaria a sua acusação de aproximação política do marxismo com o blanquismo – considerado não, como usual, como um movimento conspirativo, mas sobretudo como o programa de destituição revolucionária da ordem burguesa pelo proletariado. A permanência desses diagnósticos em uma conjuntura histórica que os desmente diuturnamente deveria ser computada exclusivamente, no âmbito teórico, a um defeito congênito do marxismo: à sua associação com a dialética hegeliana.

Segundo Bernstein, impõe-se uma revisão completa da teoria da luta de classes – uma redefinição do confronto entre burguesia e proletariado que demanda e decorre da supressão da dialética. Esta, à maneira de um câncer mal curado, tende sempre a reintroduzir sub-repticiamente a especulação idealista, mesmo quando se está convencido, como no caso de Marx e Engels, de que seu manejo se desenvolve em novas bases:

> [...] não é tão simples "colocar sobre os pés" a dialética. Qualquer que seja a relação que vigore entre as coisas na realidade, quando abandonamos o terreno dos fatos experimentais e os ultrapassamos no pensamento, somos introduzidos no mundo dos conceitos lógicos e sem nos darmos conta nos encontramos de novo, seguindo as leis da dialética hegeliana, aprisionados nas teias do desenvolvimento lógico do conceito.[45]

As oscilações por meio das quais Bernstein ora busca desentranhar, positivamente, os fatores ideais do marxismo, ora visa liberar a ciência de uma inclinação utópica, ora ensaia refutar o materialismo, ora acusa a dialética de contrabando idealista, à primeira vista, parecem exercícios de mera arbitrariedade. Seu projeto, entretanto, apesar de nunca exposto claramente, é bastante simples. Primeiro, Bernstein procura distinguir – na articulação conceitual do marxismo – a presença da matriz científica dos outros elementos, o que demanda o saneamento da mescla que compõe essa doutrina. Essa tarefa é dificultada pelo fato de o "socialismo científico" não demonstrar consciência dessa necessidade. Em seguida, uma vez apartados os valores (ou, no registro negativo, a utopia) da ciência, ele se propõe a reconstruir o marxismo como duas metades autônomas, à maneira da distinção kantiana entre razão teórica e razão prática.

Eduard Bernstein conclui *Os pressupostos do socialismo e as tarefas da social-democracia* com a convocação de um "retorno a Kant". O kantismo é recomendado como uma espécie de antídoto ao predomínio do materialismo na autodefinição do marxismo e ainda contra a influência nociva da dialética – não por acaso, os mesmos dois termos que Gueórgui Plekhánov justapõe e valoriza ao rebatizar o marxismo de "materialismo dialético". A presença da filosofia kantiana nesse livro de Bernstein não se limita, porém, à função terapêutica de combater uma "fraseologia" (ou "cantilena", conforme o dístico "Kant contra cant"). Bernstein tampouco se restringe à tarefa, via de regra meramente formal, de rearranjar a arquitetônica do marxismo segundo as demarcações do projeto kantiano.

A sua dependência em relação aos postulados da filosofia transcendental manifesta-se também em determinações mais fundamentais, como a definição dos critérios de cientificidade, vetores orientadores na ação de distinguir o vivo e o morto nas obras de Marx e Engels e nos textos dos seus seguidores. O substrato científico do marxismo (cuja contraprova, aliás, deve ser fornecida pela compatibilidade de seu arcabouço lógico com os dados empíricos) é estabelecido por meio de um desmembramento que isola – num duplo movimento de direções opostas – tanto os fatores ideais, revalorizados enquanto "valores" ou "ideais práticos", como o abscesso utópico, fruto das "ilusões da razão".

Desse modo, a redefinição do marxismo por Eduard Bernstein, a pretensão de construir um modelo alternativo à sua versão tradicional, procedimento derivado em última instância de posições políticas conjunturais, desembocou, como em outros casos, na integração simultânea de ambos os saberes (ciência e filosofia), atributo da oscilação pendular característica da autocompreensão do marxismo pela Segunda Internacional. Além disso, ao subordinar o ordenamento arquitetônico, as regras de cientificidade e, portanto, em certa medida, o próprio estatuto do marxismo a uma perspectiva filosófica anterior e alheia a essa tradição, Bernstein abriu uma vereda na qual o assim chamado "marxismo ocidental" cuidou de prosseguir.

III

O parágrafo inicial de *História e consciência de classe*, dedicado a explicitar a questão apresentada no título do artigo, "O que é o marxismo ortodoxo?", remete – ainda que sem o citar – a Eduard Bernstein. Ele é, sem sombra de dúvida, o responsável pela falsa dicotomia (rebatida por Lukács com um "sorriso complacente") entre (a) escolher quais teses de Marx permanecem e quais se tornaram obsoletas e (b) tomar como fonte de verdade, à maneira da exegese escolástica, o conteúdo textual da obra de Marx.

O desdobramento lógico desse contraponto, como pode ser verificado em *Os pressupostos do socialismo e as tarefas da social-democracia*, a necessidade de um mergulho sem preconceitos no estudo dos fatos, é recusado prontamente por György Lukács. Ele considera essa perspectiva como a mais distante do ponto de vista que seria próprio do marxismo:

Suponhamos, pois, mesmo sem admitir, que a investigação contemporânea tenha provado a inexatidão prática de cada afirmação de Marx. Um marxista "ortodoxo" sério poderia reconhecer incondicionalmente todos esses novos resultados, rejeitar todas as teses particulares de Marx, sem, no entanto, ser obrigado, por um único instante, a renunciar à sua ortodoxia marxista. [...] Em matéria de marxismo, a ortodoxia se refere antes e exclusivamente ao *método*.[46]

Lukács opera com uma polaridade bastante diferente – dados factuais *versus* método –, que considera como mais pertinente para a determinação dos critérios definidores do marxismo do que aquela constituída por Bernstein. Ao optar, incisivamente, por uma das alternativas, Lukács visa também, de certo modo, contestar o predomínio concedido em *Os pressupostos do socialismo e as tarefas da social-democracia* aos fatos e ao empirismo que lhe é subjacente. Entretanto, não há como não assentir que, mesmo parcialmente, *História e consciência de classe* retoma a discussão no novo patamar em que foi colocada por Bernstein. Isso pode ser comprovado tanto pela reiteração de que o marxismo ortodoxo se distingue da "interpretação de um livro sagrado" como pela primazia que concede ao método – dialogando com a exigência de Bernstein de que o marxismo também devia, como qualquer outra ciência, retirar suas razões e confirmações exclusivamente da experiência factual e da lógica.

Nesse registro, o conflito de concepções acerca do melhor modo de levar adiante a tradição do marxismo, no qual Lukács e Bernstein situam-se em campos opostos, pode também ser relatado como um confronto entre "métodos", ou melhor, como uma disputa entre o método das ciências naturais e o método dialético. Essa oposição, porém, nunca é considerada, em *História e consciência de classe*, como uma escolha possível e legítima no interior do campo do marxismo. Lukács insiste, desde o início do livro, na afirmação de que só há uma única distinção verdadeira que opõe à ciência burguesa a ciência revolucionária do proletariado.

Os pressupostos do socialismo e as tarefas da social-democracia, segundo Lukács, atingiu o ápice do processo de vulgarização do marxismo, por conta de sua aproximação, até a uma quase completa indistinção, com o saber corrente. Presencia-se ali a primeira expressão clara e aberta da inflexão do marxismo num sentido "científico" burguês. Embora nominalmente nem todos os partidários das teses de Bernstein tenham seguido sua recusa do método dialético, Lukács não se exime de uma condenação em bloco:

TRAJETÓRIAS DO MARXISMO EUROPEU

[...] o curso dialético da história, que os oportunistas buscavam antes de tudo expurgar do marxismo, impôs-lhes mesmo assim outras consequências inevitáveis. O desenvolvimento econômico da época imperialista tornou cada vez mais difícil acreditar nos simulacros de ataque contra o sistema capitalista e a análise "científica" dos seus fenômenos considerados isoladamente, no interesse da "ciência exata e objetiva". Seria preciso tomar partido, não apenas politicamente, a favor ou contra o capitalismo.[47]

A citação indica que Lukács associa o marxismo da social-democracia à ciência burguesa (em especial, seguindo a lição de Rosa Luxemburg, à economia vulgar) também por conta dos desdobramentos da conjuntura política. A intensificação do conflito imperialista e, com ele, o aumento da possibilidade (e da proximidade) da revolução socialista tendem a polarizar a situação, reposicionando os agentes sociais – não apenas politicamente, mas igualmente no terreno da teoria – em dois grandes grupos antagônicos.

O fenômeno da reificação impacta as modalidades de ação e de apreensão intelectual específicas da sociedade burguesa. *História e consciência de classe* destaca que as "leis naturais" da produção capitalista teriam se alastrado a ponto de cobrirem o conjunto das manifestações vitais da sociedade.[48] A principal característica do predomínio desse processo econômico unitário seria a "atitude contemplativa" inerente aos participantes do processo de produção, que abrange inclusive o empresário capitalista – a quem em princípio caberia comandar esse movimento. Contestando explicitamente a confiança depositada por Friedrich Engels no desenvolvimento tecnológico, Lukács adverte que "a 'indústria', isto é, o capitalista como portador do progresso econômico, técnico etc., não age, mas sofre a ação, e que sua 'atividade' se esgota na observação e no cálculo exato do efeito objetivo das leis sociais naturais".[49] A vigência dessa limitação atinge, portanto, todos os indivíduos – burgueses ou "marxistas" da social-democracia – que recusam o ponto de vista do proletariado (e do método dialético), ou dele prescindem.

À primeira vista, Lukács parece incorrer na mesma oscilação pendular que configura o marxismo ora como ciência, ora como filosofia, típica do marxismo da Segunda Internacional. Afinal de contas, seu propósito não é contrapor à ciência burguesa uma outra variante científica? Seu projeto não contempla também a substituição da metodologia científica modelada pelas ciências naturais por um método estritamente filosófico (expropriado de Hegel)?

No caso do método, essa dúvida é pertinente. Lukács não se cansa de repetir que, para explicar "a doutrina de Marx no sentido de Marx", é preciso (descartando a integridade estética do sistema) concentrar-se na decantação da metodologia adotada pelo fundador do materialismo histórico. Adverte ainda que "é impossível tratar o problema da dialética concreta e histórica sem estudar de perto o fundador desse método, Hegel, e suas relações com Marx".[50] Na reconstrução desse vínculo, Lukács destaca que Marx teria se apropriado fragmentariamente dos conceitos centrais da *Ciência da lógica* descartando o invólucro do sistema. Além disso, identifica nas categorias desmembradas da filosofia de Hegel o fio que permite um acesso privilegiado ao pensamento de Marx – desmantelando suas ambiguidades por meio de uma complementação filosófica de sua obra.

Nessa chave, a teoria de Marx surge como um "prolongamento decisivo" do sistema de Hegel. Em seus termos: "o método dialético de Marx nasceu como a continuação consequente do que Hegel havia almejado, mas não obtivera concretamente".[51] Seriam a tal ponto contíguos que Lukács não hesita, por vezes, em nomeá-lo como "método de Hegel-Marx". Mesmo quando se trata de compreender a ruptura de Marx com Hegel, *História e consciência de classe* não deixa de adotar como medida e padrão as categorias hegelianas.[52] Em diversos momentos, em vez de apresentar uma explicação histórica e materialista para a filosofia hegeliana, Lukács concebe a crítica de Marx a Hegel como uma modalidade da crítica hegeliana do entendimento aplicada aos vestígios da filosofia da reflexão ainda presentes no sistema de Hegel.

Embora muitas vezes Lukács não resista à tentação de se valer dos seus conhecimentos de filósofo profissional (afinal, não deixa de ter a sua graça retomar, por exemplo, a crítica de Hegel a Kant como uma outra frente de combate ao revisionismo de Bernstein), seria descabido reduzir seu projeto a uma tentativa de reconstrução filosófica do sistema de Marx. O método dialético, viga mestra desse renascimento do marxismo no qual ele procura se inserir, é o "núcleo vital" de uma perspectiva antagônica (e irreconciliável) com o saber predominante.

A burguesia, por conta das barreiras objetivas de sua consciência de classe, concebe os fenômenos da sociedade capitalista como essências supra-históricas. A ciência burguesa, incapaz de ultrapassar a prioridade metodológica dos fatos ou mesmo de perceber o seu caráter histórico, presa à significação imediata dos objetos, nunca apreende (como faz o proletariado organizado como classe) a totalidade concreta, a historicidade estrutural da sociedade capitalista. A concepção dialética da totalidade, por sua vez,

[...] permite romper o véu [da reificação] para se chegar ao conhecimento histórico. [...] O conhecimento da verdadeira objetividade de um fenômeno, o conhecimento do seu caráter histórico e o conhecimento de sua função real na totalidade social formam um ato indiviso do conhecimento.[53]

A exigência de uma permanente referência à totalidade, alçada por György Lukács à condição de premissa da dialética, instaura, portanto, uma diferença decisiva em relação ao conjunto das ciências burguesas. Torna possível identificar e discernir a perspectiva do proletariado e o ponto de vista burguês não só a partir da escolha do método e da forma de consideração do objeto, mas também pelo modo como cada saber agrupa e organiza o conhecimento. A ciência revolucionária do proletariado opõe-se à divisão corrente do trabalho científico, isto é, à separação do conhecimento em esferas isoladas: "Para o marxismo, em última análise, não há, portanto, uma ciência jurídica, uma economia política, uma história etc. autônomas, mas somente uma ciência histórico-dialética, única e unitária, do desenvolvimento da sociedade como totalidade".[54]

IV

Max Horkheimer, na trilha de György Lukács, também configura uma exceção à regra de conceber o marxismo ora como ciência, ora como filosofia, marca registrada do itinerário inicial dessa linhagem. À maneira de *História e consciência de classe*, evita sempre determiná-lo a partir de modalidades características do conhecimento corrente ou em função da divisão consagrada do trabalho intelectual. Instaura-o como um método e um sistema específico em (quase) tudo alheio ao conjunto dos saberes burgueses.

Em um texto de 1937 que (apesar do tom de carta-programa) pode ser lido como uma espécie de inventário e balanço das conquistas da "Teoria crítica" em sua fase inicial, Horkheimer – já desde o título "Teoria tradicional e Teoria crítica" – mantém a partição estabelecida por Lukács.

Note-se que a persistência em identificar o marxismo por meio de sua contraposição com o campo burguês subsiste em uma conjuntura política, econômica e social bastante distinta, em um cenário moldado pela derrota e pela desagregação da organização e do poder operários e pela intensificação do conflito interimperialista. Embora, então, a polarização política fosse mais atenuada do que em 1923 (prefigurando a frente ampla que derrotará o nazifascismo no decênio seguinte), Horkheimer ainda julga pertinente – e decisiva – a clivagem entre o território marxista e a ciência burguesa, renomeada doravante como o confronto entre a Teoria crítica e a Teoria tradicional.

O traço distintivo da apreensão burguesa do mundo, porém, não é configurado mais como a prioridade metodológica dos fatos ou a ilusão "objetiva" engendrada pelos dados da percepção – uma indicação de que o alvo prioritário deixou de ser o prestígio do método das ciências naturais na social-democracia, em especial, em Eduard Bernstein. Ele se manifesta melhor, segundo Horkheimer, na estrutura subjacente à ciência burguesa, isto é, na teoria.[55]

A distinção, banalizada nos meios científicos e filosóficos, entre correntes de pensamento que privilegiam a pesquisa empírica e tendências que se dedicam à elaboração de princípios torna-se, assim, irrelevante. Em ambas, a explicação teórica passa pelo estabelecimento de relações entre as percepções (os fatos) e o arcabouço conceitual. Independentemente do ponto de partida ou do objetivo perseguido, as modalidades metodológicas específicas da perspectiva burguesa estão inseridas na mesma concepção de teoria que – apoiada no dualismo entre pensar e ser, entendimento e sensibilidade – organiza, "sempre de um lado, o saber formulado intelectualmente e, de outro, um fato concreto que deve ser subsumido por esse saber".[56]

Nesse registro, o marxismo não se distingue propriamente do saber convencional, como apontava Lukács em *História e consciência de classe*, pela exigência de totalização. Horkheimer ressalta que, embora ainda esteja distante de tal realização, a meta da Teoria tradicional é a organização do conhecimento, englobando a totalidade dos objetos (se possível redefinidos em termos matemáticos), em um "sistema universal da ciência".

Tendo em vista os resultados alcançados, a concordância entre as proposições teóricas e os fatos ocorridos, Horkheimer não hesita em reconhecer a presença na Teoria tradicional de um determinado grau de objetividade. Isso significa que os procedimentos dessa modalidade de articulação entre percepções e categorias não podem ser descartados, pois possibilitam a obtenção de generalidades e até mesmo de proposições universalmente válidas. Segundo ele:

> [...] quando ocorre a classificação nos sistemas do entendimento, o julgamento dos dados da experiência, o que se dá, em geral, com grande evidência e em apreciável concordância entre os membros da sociedade dada, essa harmonia entre

a percepção e o pensamento tradicional como também entre as mônadas, isto é, entre os sujeitos cognoscentes individuais, não é um fato metafísico acidental.[57]

Horkheimer, portanto, não rejeita pura e simplesmente a "Teoria tradicional" – em desacordo com a avaliação da ciência burguesa desenvolvida em *História e consciência de classe*. Admite sua eficácia para satisfazer à demanda, inerente ao capitalismo, de reprodução das condições da vida social e direciona a investigação para a compreensão dos fundamentos de sua legitimidade. Nesse movimento, atribui a unidade e a validade geral do modo tradicional de conhecimento ao nexo que vincula, no mundo burguês, o trabalho teórico (mesmo aquele aparentemente mais abstrato) com o processo vital da sociedade.[58] Não se trata de assinalar, afirmando como uma tese prévia, o caráter social da teoria, mas antes de determinar as condições sob as quais a ciência funciona como um momento imanente ao processo de produção.

O entrelaçamento da ciência com as estruturas sociais não se manifesta unicamente em transformações teóricas profundas (na linguagem de hoje, pós-Kunh, nas mudanças de paradigmas) ou em concepções globais como o sistema copernicano, cuja implantação quase universal um século após sua elaboração não pode ser explicada apenas por suas qualidades lógicas. Essa relação

> [...] faz-se presente também nos problemas especiais da pesquisa quotidiana. Não se pode de forma alguma deduzir simplesmente da situação lógica se a descoberta de novas variedades em campos isolados da natureza orgânica ou inorgânica, seja em laboratório químico ou em pesquisas paleontológicas, implicará na alteração de antigas classificações ou no surgimento de novas. [...] Se e como novas ordenações são formuladas, sua conveniência não depende só da simplicidade e da coerência do sistema, mas também, entre outras coisas, da direção e dos objetivos da pesquisa que não explica e não pode tornar nada inteligível por si mesma. Tanto quanto a influência do material sobre a teoria, a aplicação da teoria ao material não é apenas um processo intracientífico, mas também um processo social. Afinal, a relação entre hipóteses e fatos não se realiza na cabeça dos cientistas, mas na indústria.[59]

A avaliação da ciência, um fator cada vez mais decisivo na produção de mercadorias, não independe, portanto, dos desdobramentos históricos da sociedade capitalista. Em situações de crise econômica, ela se transforma em um dos múltiplos elementos da riqueza social que não cumprem seu destino.[60]

A ciência, na descrição de Horkheimer, mimetiza (à maneira de um espelho da conjuntura), como um instantâneo, as contradições da atividade econômica: "altamente monopolística e mundialmente desorganizada e caótica, mais rica do que nunca e, ainda assim, incapaz de remediar a miséria".[61]

O potencial da ciência vai além de sua utilização pontual no aparato produtivo. Ela permite, por exemplo, planejar a reorganização da produção econômica reorientando-a para a satisfação das necessidades de todos. Mirando suas potencialidades obstruídas, Horkheimer reclama do estrangulamento da racionalidade científica no presente histórico, denunciando a substituição "do interesse por uma sociedade melhor, que ainda predominava no Iluminismo, pelo empenho em consolidar a eternidade do presente".

A Teoria tradicional – enredada no dualismo entre pensar e ser, conceitos e fenômenos – não consegue apreender a dimensão de seu papel no capitalismo. Presa nas malhas da reificação, direcionada para a autoconservação social, restrita à condição de função profissional socialmente útil, perdeu irremediavelmente a capacidade de autorreflexão. A percepção de seu vínculo com a sociedade, a apreensão de suas potencialidades e a determinação dos seus fins concernem ao modo de compreensão oposto – à Teoria crítica.

A Teoria crítica – explorando a gênese social das descobertas e dos problemas científicos, identificando as situações efetivas nas quais a ciência é empregada, destacando os objetivos encobertos em sua aplicação cotidiana – instala-se como uma espécie de autoconsciência da Teoria tradicional. Essa posição decorre de um quadro mais amplo e de uma ambição maior. A Teoria crítica se autocompreende como guardiã do interesse pela constituição de um Estado racional, de uma sociedade futura a ser construída como uma "coletividade de homens livres".

Horkheimer não ignora a acusação de que tal aspiração seja mera fantasia, uma ilusão do pensamento. Refuta essa suspeita reafirmando – em tom otimista, tendo em vista a situação do mundo à época – que o propósito de racionalização do mundo efetivo constitui uma tendência da dinâmica do processo de trabalho: "os pontos de vista que a Teoria crítica retira da análise histórica como metas da atividade humana, principalmente a ideia de uma organização social racional correspondente ao interesse de todos, são imanentes ao trabalho humano".[62]

Essa perspectiva não é, entretanto, imediatamente perceptível. Ao contrário. Os desdobramentos do sistema capitalista, além de determinarem o modo de conhecimento (instaurando a primazia da Teoria tradicional), condicionam também a apreensão sensível (o conteúdo da percepção):

Nas etapas mais elevadas da civilização, a práxis humana consciente determina inconscientemente não apenas o lado subjetivo da percepção, mas em maior medida também o objeto. O que o membro da sociedade capitalista vê diariamente à sua volta: conglomerados habitacionais, fábricas de algodão, gado de corte, seres humanos, e não só esses objetos como também os movimentos nos quais são percebidos de trens subterrâneos, elevadores, automóveis, aviões etc., tem esse mundo sensível os traços do trabalho consciente, não é mais possível distinguir entre o que pertence à natureza inconsciente e o que pertence à práxis social. Mesmo quando se trata da experiência com objetos naturais como tal, sua naturalidade é determinada pelo contraste com o mundo social, e nessa medida, dele depende.[63]

A sociedade capitalista surge, assim, como uma totalidade cindida. Emerge como uma organização social com a qual os indivíduos se identificam, como o seu próprio mundo, o resultado do trabalho humano, ou melhor, "a organização que a humanidade foi capaz e que impôs a si mesma na época atual". No polo oposto, porém, conjunto comparável a processos naturais extra-humanos, a mecanismos desprovidos de vontade autoconsciente e unitária, ressoa como o "mundo do capital".

Nessa direção, os fins e as tarefas da Teoria crítica podem ser delimitados como a "tentativa de superar efetivamente a tensão, de eliminar a oposição entre a consciência dos objetivos, espontaneidade e racionalidade, inerentes ao indivíduo, de um lado, e as relações do processo de trabalho, básicas para a sociedade, de outro".[64]

A Teoria crítica constitui uma modalidade de conhecimento e uma forma de ação orientadas para a emancipação, para a transformação da totalidade social. Destoando das determinações prevalecentes na linhagem do marxismo, não se apresenta como uma prerrogativa exclusiva de uma classe, de um partido ou mesmo de uma *intelligentsia* revolucionária. Na medida em que estabelece como meta a constituição de uma sociedade futura na qual "a humanidade deverá erigir-se pela primeira vez em sujeito consciente e determinar ativamente sua própria forma de vida",[65] a Teoria crítica – tal como concebida por Max Horkheimer – se declara "autoconsciência da sociedade".

Notas

1 O jovem Engels, em textos anteriores a *A situação da classe trabalhadora na Inglaterra* (1844), definia o comunismo, ao qual aderira antes de Marx, como uma "derivação, uma conclusão inevitável" da filosofia alemã (cf. Stedman Jones, 1982, pp. 396-402). Mesmo nesse livro, segundo o próprio Engels, ainda se podem encontrar, bem visíveis, "as marcas da filosofia clássica alemã" (Engels, 1986, p. 125).

2 Cf. Marcuse, 1978, pp. 242-243; Arantes, 1996, p. 372.

3 É possível, tendo em vista esse conjunto de questões, redimensionar o impacto sobre a tradição marxista da publicação em 1932, na *Marx-Engels Gesamtausgabe*, dos *Manuscritos econômico-filosóficos* (1844) de Karl Marx. Mais que a descoberta de um continente novo – como, às vezes, foram apresentados –, trata-se antes da recuperação de um material decisivo para a discussão de tópicos essenciais – "a origem", "o sentido da teoria do socialismo científico", a "relação entre Marx e Hegel" (cf. Marcuse, 1972, p. 9) – colocados em pauta pelo *Ludwig Feuerbach* de Engels e retomados, em chave mais ampla, por *História e consciência de classe*.

4 A presença de Feuerbach já no título do livro obviamente não decorre apenas do fato de o texto ter sido composto originalmente como um comentário, encomendado pela revista *Neue Zeit*, do livro *Ludwig Feuerbach* de C. N. Starcke.

5 O mais estranho é a ausência de qualquer menção a Moses Hess, de cujo comunismo Engels foi adepto na juventude. Sobre a relação de Marx e Engels com Hess, Ruge e Cieszkowski, cf. Cornu, 1955, pp. 132-287, e Cornu, 1958, pp. 1-105; ou então Hook, 1974, pp. 161-206 e 233-172.

6 Diz Schelling: "Se determinamos a filosofia em seu todo segundo aquilo no qual ela intui e expõe tudo, segundo o ato-de-conhecimento absoluto, do qual mesmo a natureza só é, por sua vez, um dos lados, segundo a ideia de todas as ideias, então ela é idealismo" (Schelling, 1980, p. 52). Já para Hegel, a "proposição de que o finito é ideal constitui o idealismo. O idealismo da filosofia consiste apenas nisso: não reconhecer o finito como o verdadeiro existente. Cada filosofia é essencialmente um idealismo, ou pelo menos o tem como seu princípio, e o problema consiste só [em reconhecer] em que medida este princípio se acha efetivamente realizado. [...] A oposição entre a filosofia idealista e a realista é destituída de significado. Uma filosofia que atribui à existência finita um ser verdadeiro, último e absoluto, não merece o nome filosofia" (Hegel, 1968, p. 136).

7 A singeleza dessa operação não evitou os riscos da má compreensão, pelo contrário. Colletti acusou Engels (e, com ele, toda uma tradição do marxismo ocidental) de se apoiar em uma filosofia (idealista) do absoluto (confira Colletti, 1976, pp. 99-111). Desdobramento disso, David McLellan acusa Engels de ter substituído o conceito de "espírito" pelo de "matéria" como absoluto (McLellan, 1979, p. 59).

8 Hegel, 2022, p. 138.

9 Engels, 2020b, p. 23.

10 É desnecessário lembrar que a questão do "absoluto", descartada tão facilmente em outros momentos, retorna aqui, mesmo que pelo porão (Engels trata mais extensamente do caráter dogmático das verdades absolutas em *Anti-Dühring* – cf. Engels, 2015b, pp. 116-126). Ao acusar Hegel de dogmatismo, Engels, mais uma vez, é tributário do vocabulário, e em parte também dos procedimentos, do idealismo alemão. Este, desde Kant, sempre aplicou o termo "dogmatismo" na identificação de "consensos" preestabelecidos, que toma como os alvos prediletos da tarefa crítica.

TRAJETÓRIAS DO MARXISMO EUROPEU

11 Engels, 2020b, p. 31. Para o esclarecimento de alguns dos fatores atuantes nessa identificação, eminentemente idealista, entre sistema e filosofia, cf. Adórno, 1982, pp. 31-39.

12 Engels, 2015b, p. 54.

13 Engels, 2020b, p. 89.

14 *Idem*, p. 91.

15 *Idem, ibidem.*

16 *Idem*, p. 33.

17 *Idem*, p. 95.

18 Arato (1982, pp. 90-2) salienta que a versão engelsiana da dialética, ao não conceber a "substância como sujeito", mostra-se despreparada para explicar a história. Essa limitação da dialética engelsiana, no entanto, não parece suficiente para sustentar uma outra afirmação sua – a de que esse marxismo restabeleceria "o triunfo da natureza sobre a história". Mais cauteloso, Fetscher acusa Engels de aproximar o processo histórico e o processo natural pela generalização, para ambos, de uma mesma dialética. Segundo ele, o "paralelismo entre natureza e sociedade leva a uma negligência do 'momento consciente' no processo histórico" (Fetscher, 1970, p. 164).

19 Engels, 2020b, p. 49.

20 Fetscher (1970, pp. 161-162) localiza aí, na ancoragem nas ciências naturais dessa tentativa de suplantar a filosofia, os germes do marxismo industrializante. O projeto do último Engels, totalmente distinto da transformação coletiva que Marx prenunciava na expressão "realização da filosofia", desembocaria em um "processo infinito de conhecimento nas ciências naturais e na produção material", cujas consequências políticas mais visíveis seriam o desvio da tarefa de "libertação da humanidade conscientizada no proletariado para a liberação das tendências de expansão das forças produtivas".

21 Getzler (1982a) procura mostrar que, apesar de sua dívida para com o *Anti-Dühring* e o *Ludwig Feuerbach* de Friedrich Engels, a ortodoxia intransigente e militante de Plekhánov deve em parte ser atribuída ao seu projeto de transição para a sociedade russa, que rechaça tanto os esquemas "maximalistas de uma tomada prematura do poder" quanto "as tentativas dos revisionistas, dos marxistas legais, dos economicistas e dos liquidacionistas para eliminar o caráter revolucionário do socialismo". Uma exposição dessa posição pode ser encontrada em Plekhánov, 1978a, pp. 65-80.

22 Confira especialmente o capítulo quinto do *Ensaio sobre o desenvolvimento da concepção monista da história* intitulado "O materialismo contemporâneo".

23 "A filosofia de Marx, e de Engels, não é somente uma filosofia materialista, ela é o materialismo dialético" (Plekhánov, 1978b, p. 91).

24 Plekhánov, 1987b, p. 242.

25 Esse processo é esmiuçado na conferência "Da filosofia da história".

26 Plekhánov, 2010a, pp. 80-82.

27 *Vigésimo quinto aniversário da morte de Karl Marx* (Plekhánov, 1987, p. 358).

28 Acerca das divergências políticas entre Plekhánov e Lênin, cf. Getzler, 1982a, pp. 116-126.

29 Para um histórico das relações de aproximação e afastamento, político e teórico, entre Vladimir Ilitch Lênin e Alexsandr Bogdánov, cf. Scherrer, 1982.

30 Num artigo de 1914 (encomenda de uma enciclopédia), dedicado a expor a vida e a obra de Karl Marx, Lênin não hesita em localizar a dialética como uma posição no campo da gnosiologia: "A parte da antiga filosofia que subsiste é 'a doutrina do pensamento e das suas leis: a lógica formal e a dialética'. Ora, na concepção de Marx como na de Hegel, a dialética compreende o que hoje se chama teoria do conhecimento" (Lênin, 1973, p. 24).

31 Um resumo mais extenso e desenvolvido dessas teses pode ser encontrado em Arato, 1982, pp. 98-100.

32 Lênin, 1971, p. 95.

33 *Idem*, p. 315. Na verdade, enquanto Engels estava preocupado em defender o marxismo em um cenário de preponderância das ciências da natureza ou, em uma versão menos favorável, apoiava-se no prestígio das ciências naturais para divulgar as doutrinas históricas e sociais de Marx, Lênin, acompanhando as modificações do debate intelectual, principalmente a especialização da filosofia burguesa em teoria do conhecimento, procura desenvolver as premissas gnosiológicas do marxismo ou pelo menos pegar uma carona no novo prestígio, recém-adquirido, da filosofia.

34 Merleau-Ponty, 1955, p. 89.

35 Luciano Gruppi, de modo geral, avalia positivamente *Materialismo e empirocriticismo*. Reconhece, porém, que "existe, nessa obra, um elemento que encoraja a tendência a transformá-la na 'filosofia' do marxismo. Nela, como em geral nas reflexões filosóficas de Lênin, o conceito de 'morte da filosofia', enquanto filosofia especulativa – enquanto pretensão de fundar conceitualmente a concepção de mundo, operando uma cisão entre o pensamento e o ser social e atribuindo valor universal às suas conclusões –, não reaparece. A concepção geral, dialético-materialista é proposta predominantemente como uma nova e superior filosofia, que supera os limites tanto do materialismo tradicional quanto da dialética idealista, mas que de qualquer modo se insere na história do pensamento enquanto filosofia e não enquanto crítica de toda filosofia (especulativa)" (Gruppi, 1979, p.104).

36 Confira, por exemplo, Korsch, 2008, pp. 38-54; Marcuse, 1969, pp. 34-45; Merleau-Ponty, 1955, pp. 71-74, ou então Adorno, 1974, pp. 41-42.

37 Hilferding, logo depois de sua réplica à crítica de Böhm-Bawerk à obra de Marx – que serviu como uma espécie de cartão de apresentação internacional –, foi convidado a ser professor de economia na escola do partido social-democrata alemão (SPD), iniciando uma c olaboração que culminou, após ter adquirido a cidadania alemã, na sua participação como ministro das Finanças em dois gabinetes da República de Weimar (cf. Bottomore, 1985, pp. 10-11 e 18-19).

38 Hilferding, 1985, p. 28.

39 Hilferding apresenta o livro como uma tentativa de "compreensão científica dos fenômenos econômicos referentes ao desenvolvimento capitalista mais recente. Isso significa tentar incorporar esses fenômenos ao sistema teórico da economia política clássica que começa com W. Petty e encontra a sua expressão máxima em Karl Marx" (Hilferding, 1985, p. 27).

40 Hilferding, 1985, p. 29. Assim, Hilferding aceita e, por conseguinte, introduz sub-repticiamente no interior do marxismo a distinção de Max Weber entre ciência e juízos de valor, ou melhor, entre ciência e política (cf., por exemplo, Weber, 1972, pp. 30-45). Comentando esse "Prefácio" de *O capital financeiro*, Iring Fetscher sustenta que a dissociação entre ciência e juízos de valor, ausentes em Hegel e em Marx, abre seu caminho no marxismo a partir da concepção engelsiana de "socialismo científico", "orientada segundo o ideal das ciências naturais" e, portanto, desprovida de qualquer conotação axiológica. Mais adiante, buscando maior exatidão, Fetscher conclui que "em Friedrich Engels encontramos as duas noções de ciência (a de Hegel e a positiva) mescladas num amálgama impuro e inconsciente até para o autor. Mas, nos seus epígonos, mais tarde, desaparece totalmente a componente hegeliana" (Fetscher, 1970, p. 66-67).

41 Não há como deixar de relacionar essa ótica dual com a dupla significação a que Kant, no "Prefácio à segunda edição da *Crítica da razão pura*", submete os objetos, "a saber, como fenômeno e como coisa em si mesma", matriz indiscutível de uma série de dualismos: entre o transcendental e o empírico, a teoria e a prática etc. Outro tópico abordado por Kant nesse

"Prefácio" consiste na definição da ciência como um saber dotado de validade universal e objetiva.

42 Fetscher, 1982, pp. 267-275. Para uma análise minuciosa da revisão empreendida por Bernstein acerca desses tópicos, cf. Gustafsson, 1975, pp. 141-171, e Colletti, 1975, pp. 76-159.

43 Parte da ressonância e do sucesso da defesa de *O capital* realizada por Rudolf Hilferding contra as críticas de Böhm-Bawerk deve ser atribuída à sua refutação da teoria do valor subjetivo, o que não deixou de fornecer elementos para os adversários de Bernstein dentro da social-democracia alemã.

44 Eis a íntegra da passagem: "O problema acerca da validade da concepção materialista da história se reduz ao problema da necessidade histórica e de suas causas. Ser materialista significa, antes de tudo, reduzir todo acontecimento aos movimentos necessários da matéria. O movimento da matéria se efetiva, segundo a doutrina materialista, com a necessidade de um processo mecânico. E já que unicamente o movimento da matéria determina a formação das ideias e a orientação da vontade, tanto esses como qualquer outro evento da realidade humana são necessários. O materialista é um calvinista sem Deus. Embora não creia na predestinação por decreto divino, crê que, a partir de um momento qualquer, todo evento esteja predeterminado pela totalidade da matéria dada e pelas relações dinâmicas de suas partes" (Bernstein, 1982a, p. 114).

45 *Idem*, p. 128.

46 Lukács, 2003, p. 64.

47 *Idem*, pp. 109-110. Já em 1899, em *Reforma social ou revolução?*, Rosa Luxemburg advertia que a insistência de Bernstein em falar em nome de "uma ciência geral, abstrata, humana, um liberalismo abstrato, uma moral abstrata" revelava sua recaída "na ciência, na democracia e na moral reinantes, isto é, na ciência burguesa, na democracia burguesa e na moral burguesa. [...] Enfim, dirigindo contra a dialética suas setas mais afiadas nada mais faz do que combater o modo de pensar específico do proletariado" (Luxemburg, 1975, pp. 72-74).

48 "O caráter fetichista da forma econômica, a reificação de todas as relações humanas, a extensão sempre crescente de uma divisão do trabalho que atomiza abstratamente e racionalmente o processo de produção sem se preocupar com as possibilidades e capacidades humanas dos produtores imediatos transformam os fenômenos da sociedade, e, com eles, sua apercepção" (Lukács, 2003, p. 72).

49 *Idem*, p. 280.

50 *Idem*, p. 55.

51 *Idem*, pp. 91-92.

52 Lukács condena, por exemplo, aquilo que chama de "mitologia conceitual" de Hegel (isto é, o fato de este conceber a história unicamente na representação filosófica, ou melhor, na imaginação especulativa) como uma fracassada tentativa de superar a dualidade contemplativa de pensamento e ser.

53 Lukács, 2003, p. 86.

54 *Idem*, p. 107. Lukács atribuía a divisão do saber em esferas autônomas não só à especialização, mas também à ilusão social engendrada pelo processo capitalista de "abstração da vida" (sobre isso, cf. Musse, 1993, pp. 137-142). Separados em contextos específicos, reduzidos à expressão numérica, os próprios fatos parecem corroborar o seu agrupamento em "sistemas parciais isolados e isoladores". Porém, adverte Lukács, extrair uma ciência dessa tendência inerente aos fatos seria antes uma forma de compartilhar o modo burguês de apreensão.

55 Não deixa de ter interesse observar que assim Horkheimer identifica uma primeira constante que poucos anos depois (durante o período de colaboração com Theodor Adorno) o levará,

CIÊNCIA OU FILOSOFIA?

em *Dialética do esclarecimento*, a estender os limites do mundo burguês até os primórdios da civilização ocidental.

56 Horkheimer, 1980, p. 120. Nem sempre Horkheimer julgou que a obediência a uma mesma teoria tornava irrelevante a distinção entre modalidades de elaborações metodológicas divergentes. Em seu discurso de posse na direção do Instituto de Pesquisas Sociais em 1931, ele ainda acreditava que a combinação desses procedimentos indicava um caminho a ser seguido. Disse então: "A relação entre as disciplinas filosóficas e cada disciplina científica individual correspondente não pode ser entendida no sentido de que a filosofia trata os problemas decisivos e constrói teorias não contestáveis pelas ciências experimentais, sendo seus próprios conceitos de realidade sistemas que abarcam a totalidade, enquanto, ao contrário, a pesquisa empírica recolhe os seus dados particulares por meio de um trabalho longo e tedioso que se fragmenta em milhares de problemas parciais, para não chegar senão ao caos da especialização. Essa concepção, segundo a qual o pesquisador deve considerar a filosofia talvez como um belo exercício, mas cientificamente infrutífero, porque inverificável, enquanto o filósofo deve se emancipar da pesquisa particular, acreditando que mesmo as mais importantes decisões não podem esperar os seus resultados, está superada atualmente pela ideia de uma contínua interpenetração e desenvolvimento dialéticos entre a teoria filosófica e a prática da ciência particular" (Horkheimer, 1999, p. 128).

57 Horkheimer, 1980, p. 126.

58 Embora destaque o papel da ciência como fator de produção da mais-valia relativa, Horkheimer não adere à concepção pragmática do conhecimento. Insiste, por exemplo, na distinção entre verdade e aplicabilidade. Diz ele: "na medida em que a fecundidade de um conhecimento desempenha um papel no tocante à sua enunciação da verdade, cabe entender, no caso uma fecundidade imanente da ciência, e não uma conformidade a considerações extrínsecas. O exame da veracidade de um juízo é diferente do exame de sua importância vital" (Horkheimer, 1990a, p. 7).

59 Horkheimer, 1980, p. 122.

60 "As descobertas científicas compartilham o destino das forças produtivas e dos outros meios de produção. A medida de sua aplicação está em grave discrepância com seu alto grau de desenvolvimento e com as necessidades reais da humanidade; isso impede também seu futuro desenvolvimento quantitativo e qualitativo. Como demonstram crises anteriores, o equilíbrio econômico só se restabelecerá após a destruição, em escala considerável, de valores humanos e materiais" (Horkheimer, 1990a, p. 9).

61 *Idem*, p. 11.

62 Horkheimer, 1980, p. 134.

63 *Idem*, p. 126.

64 *Idem*, p. 132.

65 *Idem*, p. 148.

3

DE FRIEDRICH ENGELS A
ROSA LUXEMBURG

Na história da ação e das teorias socialistas, o termo "marxismo" mantém-se como uma espécie de sinal de identificação. Trata-se de um índice suficientemente amplo e flexível tanto por abrigar o largo espectro de modificações a que esse vocábulo foi submetido ao longo do tempo (e de acordo com a geografia), como por efetivar a passagem sem ruptura de um singular bem delimitado e determinado a uma pluralidade em permanente expansão.

Durante a segunda metade do século XIX, o vocábulo "marxismo" difunde-se e afirma-se como decorrência da adoção e da generalização do rótulo "marxista" para designar partidários de certas formas de prática política, vinculadas, diretamente ou não, às posições de Karl Marx e Friedrich Engels, na maioria dos casos utilizado em contraposição à nomeação de agrupamentos ou de adeptos avulsos de rivais demarcados também pela encarnação de princípios em um homem, aos quais se aplicava a etiqueta blanquistas, bakuninistas, proudhonianos, lassalleanos etc.

Desde o início, Marx e Engels foram contra essa denominação. Engels divulgou em larga escala a frase de Marx – "se o marxismo é isto, eu não sou marxista" – a cada vez referida a pessoas e contextos distintos. As razões que os levaram a rejeitar o termo "marxismo" não se devem, porém, como dá a entender a fortuna dessa frase, à preocupação com possíveis tentativas de usurpação de seu legado, mas antes a um ambiente intelectual e político no qual a etiqueta onomástica carregava uma significação caricatural e acusatória.

Apesar das restrições dos fundadores do materialismo histórico, o nome, entretanto, consagrou-se.[1] Designando tendências internas ou mesmo como subtítulo de movimentos que o reivindicavam explicitamente, "marxismo" e seu par "marxista" tornaram-se inseparáveis de uma série de organizações cuja denominação se modificou ao sabor das idiossincrasias de cada época: Liga dos Comunistas, Associação Internacional dos Trabalhadores, partidos social-democratas, Internacional Socialista, Internacional Comunista etc.

Em determinado momento desse itinerário, esse termo adquiriu – principalmente para Karl Kautsty e seus colegas de redação da revista *Die Neue Zeit* (os principais defensores e divulgadores dessa terminologia, já positivada) – um teor programático a assinalar as diretivas da luta teórica e política. Com o tempo, cristalizaram-se acepções menos valorizativas. Marxismo passa então a designar seja, numa versão restrita, a teoria (os escritos e os princípios) de Marx bem como a adesão a essa doutrina, seja, de maneira ampla, a tradição constituída pela adição ao legado de Marx da contribuição intelectual de seus seguidores e/ou do arsenal prático-teórico desenvolvido por diversos movimentos e pelos partidos operários.

George Haupt comenta que o reconhecimento oficial do termo corresponde a um momento histórico preciso, de ascensão do marxismo, caracterizado pela

> [...] separação e ruptura definitiva entre social-democracia e anarquismo, pela sistematização e corporificação das teorias de Marx, pela delimitação da escola marxista face a todas as outras correntes socialistas, e pela afirmação da sua hegemonia política na Segunda Internacional.[2]

Cabe ressaltar, entretanto, que isso não seria possível sem a contribuição decisiva da obra e da ação política do último Engels.

Mediação incontornável entre a teoria de Karl Marx e os desenvolvimentos posteriores da linhagem marxista, deve-se a Friedrich Engels, no mínimo, as premissas que possibilitaram compreender o marxismo como uma totalidade homogênea e "orgânica", como um "sistema" apto a abarcar em uma só palavra um método, uma visão de mundo e um programa de ação.

Nas últimas obras de Engels, pode-se discernir, retrospectivamente, em meio ao emaranhado de preocupações conjunturais e práticas, um princípio organizador: a sistematização das principais providências que possibilitaram ao marxismo constituir-se como uma tradição teórica e prática após a morte de seus fundadores. Seus textos serviram de modelo para procedimentos que, embora ausentes ou secundários nos textos canônicos do materialismo histórico, se cristalizaram como característicos do marxismo.

Desde então, a tarefa, renovada a cada geração, de atualizar o marxismo (demanda inerente a uma doutrina assumidamente histórica) dispõe de um modelo formal ao qual, ao longo de mais de um século, pouco se acrescentou. A exigência, solidificada por uma sucessão de teóricos, de que cada autor que se pretenda marxista deve, junto com um diagnóstico do presente histórico, complementar o legado de Marx em conexão com uma interpretação própria de sua obra (e de seus seguidores) nada mais é que um desdobramento do projeto de sistematização e ampliação do marxismo posto em prática nas últimas obras de Engels.

A versão legada por Engels, primeira estação de uma série cujas diferentes etapas sempre reivindicaram o nome e a tradição do marxismo (mesmo quando se tratava de redefini-la), foi denominada por ele mesmo, em contraposição ao "socialismo utópico", por meio de uma autoafirmação que procura dissociar-se das demais correntes socialistas, como "socialismo científico".[3]

I

Não é indiferente para a história e para os rumos da linhagem do marxismo que Friedrich Engels (1820-1895) tenha permanecido atuando intelectual e politicamente por mais de uma década depois da morte de Karl Marx (1818-1883). A facilidade com que se podia recorrer diretamente a um dos cofundadores do materialismo histórico no período decisivo de consolidação do marxismo como doutrina unitária e corrente hegemônica no movimento operário, somada à divisão de trabalho que atribuíra a Engels, durante o último período da vida de Marx, a tarefa de orientação e acompanhamento dos partidos operários então em processo de formação[4] – tudo isso contribuiu para que, nos últimos 15 anos do século XIX, sua influência intelectual e sua importância teórica rivalizassem e até mesmo, em certos casos, sobrepujassem as do próprio Marx.

Ancorado no reconhecimento de sua contribuição para a gênese e a fundamentação teórica da concepção materialista, ressaltada por Marx em inúmeras oportunidades,[5] Engels se esforçou por atualizar a teoria de acordo com as exigências oriundas das mudanças conjunturais. Satisfazia, assim, a uma demanda inerente à autoconcepção do marxismo, assumidamente histórica. Mas também se permitiu avançar, como um desbravador audaz, sobre áreas e fronteiras bastante distantes da configuração delimitada pelos textos responsáveis até então pela determinação dos contornos do materialismo histórico.

A ascendência de Engels nesse período deve muito a esse trabalho de expansão dos limites do marxismo, desenvolvido mais em função do ambiente intelectual da época (marcado pelos avanços da ciência e pelo anseio cientificista de ordená-los de maneira enciclopédica) do que como decorrência de necessidades internas da teoria. Mas também derivou, em certa medida, da sua posição incontestável – numa época em que a difusão do marxismo processou-se principalmente por meio de textos de divulgação e só esporadicamente pelo contato com os textos do próprio Marx – como o principal sistematizador e intérprete do marxismo.

Essa duplicidade de papéis, em vez de ser percebida como um problema, contribuiu antes para reforçar a legitimidade da autoridade de Engels. No quadro peculiar da época, o ato de ordenar em um conjunto sistemático as descobertas do marxismo, o empenho em esquematizar e sumariar um pensamento prenhe de nuanças (contrariando exigências imprescindíveis da dialética), em suma, a tarefa de divulgação – hoje vista como atividade menor, associada à ideia de empobrecimento – contribuiu para corroborar e ratificar o esforço de Engels no sentido de ampliar e complementar a teoria do materialismo histórico.

A primeira obra estruturada segundo esse amálgama foi *Anti-Dühring*. Inicialmente um escrito de circunstância, redigido a contragosto para satisfazer a um pedido da social-democracia alemã, esse livro, publicado ainda durante a vida de Marx, em 1878, acabou constituindo-se como o primeiro trabalho teórico importante desenvolvido por Engels depois de um interregno de quase duas décadas (1850-1869) dedicado a atividades comerciais em Manchester.

O saldo desse exercício crítico, a refutação científica e política do sistema de Eugen Dühring, mescla, em doses desiguais, momentos de mera divulgação – ou melhor, de simples interpretação e de sistematização – com capítulos dedicados a incursões em terrenos até então inexplorados, contribuindo, assim, para a expansão da teoria marxista. Nessa medida, *Anti-Dühring* marca, pela forma e pelo conteúdo, um importante ponto de viragem na trajetória intelectual de Engels, inaugurando a última fase de seu pensamento.

No "Prefácio à primeira edição", Friedrich Engels justifica a ampla extensão dos assuntos ali tratados – uma lista que abarca desde filosofia da natureza, política e economia, passando por temas de moral e direito – como uma necessidade ora inerente à coisa, ou seja, à crítica pontual ao pensamento de Eugen Dühring, ora exterior, moldada pelo interesse do autor em se posicionar em relação às questões controvertidas da época.

Mesmo que se admita uma interseção entre esses dois conjuntos, convém observar uma persistente ambiguidade, presente nas justificativas de Engels. Num extremo, após se desculpar por ter sido forçado a acompanhar Eugen Dühring em regiões em que reconhece que seu conhecimento não supera o de um diletante – "naquela extensa área em que Dühring trata de todas as coisas possíveis e de outras mais" –,[6] atribui isso a uma imposição da crítica imanente. No polo oposto do pêndulo, no entanto, situa o livro como resultado de um esforço para evitar a disseminação de ideias confusas no âmbito do então recém-unificado partido operário alemão – em cujo jornal foram publicados originalmente os textos que compõem o livro –, ou então, em chave positiva, como uma ocasião para expor as posições do marxismo acerca de temas atuais de interesse científico e prático.

Mais reveladora que essa ambiguidade detectável no "Prefácio de 1878" é a explicação para a demanda por uma segunda edição, incluída no "Prefácio de 1885". Nessa versão, Engels afirma que, ao seguir Dühring por domínios tão amplos, opondo-se ponto a ponto às suas concepções,

> [...] a crítica negativa se converteu em positiva e a polêmica se transformou numa exposição mais ou menos coerente do método dialético e da concepção de mundo comunista defendida por Marx e por mim, o que ocorreu numa série bastante abrangente de campos do conhecimento.[7]

Torna-se evidente aí o desejo de romper com os procedimentos e a forma expositiva do passado, corporificados principalmente nos textos anteriores a 1848. O tom polêmico, a negatividade e a crítica imanente que os caracterizam, e que ainda estão, de certo modo, presentes em *Anti-Dühring*, serão, doravante, substituídos cada vez mais pela apresentação positiva, sistemática e ordenada das ideias, de preferência em uma linguagem mais acessível.

O primeiro passo nesse sentido foi a organização por Engels, a pedido de Paul Lafargue, já em 1880, de uma versão condensada de *Anti-Dühring* congregando três capítulos não estruturados em forma de crítica pontual a

Eugen Dühring.[8] A edição francesa, publicada também em alemão e traduzida em seguida para várias línguas, ganhou mundo com o título de *Do socialismo utópico ao socialismo científico*.[9] Ao lado da preocupação em facilitar a leitura para um público que desconhecia ou que se desinteressava das ideias de Dühring, desdobra-se o esforço, reiterado em escritos posteriores, para apresentar o marxismo de forma direta e não polêmica.

O esforço mimético inerente ao projeto de contestar ponto a ponto o "sistema filosófico integral" de Eugen Dühring, mesmo que sua obra não passasse, no fundo, como afirma Friedrich Engels, de uma "atrevida pseudociência", e a necessidade de se defrontar e de opinar sobre quase tudo – no inventário de Engels, "desde as ideias sobre o espaço e o tempo até o bimetalismo; desde a eternidade da matéria e do movimento até a natureza perecível das ideias morais; desde a seleção natural de Darwin até a educação da juventude numa sociedade futura"[10] – foram fatores que contribuíram decisivamente para que, à revelia da intenção do autor, *Anti-Dühring* e, por extensão, o próprio marxismo – então em processo de delimitação enquanto escola distinta das demais correntes socialistas – fossem interpretados, no mesmo registro das disciplinas burguesas rivais e conforme a acepção própria da época, como um sistema, como uma teoria unitária do ser humano e da natureza.

Uma preocupação teórica e metodológica recorrente no último Engels refere-se à forma de apropriação da dialética hegeliana pelo marxismo.[11] A acusação de idealismo e de espírito sistemático atribuída à filosofia de Hegel, por exemplo, não deixa de ser uma espécie de reconhecimento das dificuldades inerentes a qualquer tentativa de transplante dessa obra e do seu método para modalidades de saberes que se declaram desde o nome como "materialistas".

O resgate da dialética hegeliana depende, portanto, da sua conversão de procedimento próprio ao idealismo em método do materialismo. Engels julga que o movimento, segundo ele revolucionário, de supressão da filosofia é suficiente para desencadear e completar essa transposição – já facilitada pela descrição que ressalta, principalmente em *Ludwig Feuerbach e o fim da filosofia clássica alemã*, o caráter antidogmático do método.

Para que o "fim da filosofia" – apontado pelo próprio Hegel e interpretado por Engels como o "caminho para fora desse labirinto de sistemas em direção ao conhecimento positivo e efetivo do mundo" – mantenha a capacidade de conservar a dialética intacta, é preciso conceder a factibilidade de uma transposição que se desembarace das amarras do sistema mantendo incólume o método, o que certamente implica a admissão, explícita ou não, da existência de uma separação constitutiva entre método e sistema.[12]

Engels, porém, não chega a tanto. Apoiando-se na dissociação, desvelada pelo debate alemão nas décadas de 1830 e 1840, entre método e sistema no pensamento de Hegel, apresenta o programa de destruir criticamente a forma, conservando, entretanto, o conteúdo da filosofia hegeliana – incorporando, assim, não apenas a dialética, mas também a riqueza enciclopédica do sistema.

A tarefa de superar a contradição, inscrita no núcleo da filosofia de Hegel, entre o método que não aceita a afirmação de verdades absolutas e o sistema que se apresenta como resumo e compêndio do conhecimento absoluto, o esforço para compatibilizar sistema e método em uma perspectiva materialista, Engels incumbe às disciplinas específicas voltadas para a compreensão da natureza e da história, doravante, envoltas por uma aura de cientificidade. É, portanto, no quadro instaurado por essas novas ciências, alicerce principal do "socialismo científico", que cabe examinar as consequências da transformação engelsiana do marxismo em um "sistema" orientado para a compreensão geral do ser humano e da natureza.

A abordagem de temas ausentes na delimitação inicial do materialismo histórico, seja por conta da necessidade política de refutar Eugen Dühring ou pela exigência própria ao espírito do tempo de organizar o saber em chave enciclopédica, concedeu a Engels uma inesperada liberdade de movimentos. A apresentação sucinta e formalista do método dialético, por exemplo, que certamente poderia ser interpretada como uma tentativa de fundamentação filosófica do marxismo, deriva, em alguma medida, desse contexto de relaxamento das amarras e de ampliação indeterminada do marxismo. Tudo isso encadeia-se em uma lógica precisa, no entanto, quando se considera o projeto engelsiano de congregar em outro patamar sistema e método, prescindindo por completo de uma "filosofia superior" dedicada especialmente ao estabelecimento de concatenações universais.

A exposição da dialética, desencarnada de todo e qualquer vínculo com conteúdos determinados, decorre, assim, da necessidade de destacar um conjunto de "leis", ou melhor, uma certa ordenação categorial que, independentemente das conexões específicas de um ramo particular do conhecimento, possa ser aplicada e utilizada igualmente nos domínios distintamente circunscritos da natureza, da história e do mundo intelectual.

Nesse desdobramento, as ciências particulares parecem reduzidas, no limite, à condição de mero estoque de exemplos demonstrativos. Essa mediação, numa descrição mais adequada, surge, porém, como o resultado

TRAJETÓRIAS DO MARXISMO EUROPEU

de um processo de intercâmbio, de um movimento incessante entre a generalidade do método e o detalhamento do sistema, que – na ânsia de superar a contradição – causou um aplanamento de arestas, instalando uma relação de "mútua dependência".

A adoção, por Engels, de uma mesma dialética uniforme, abrangente o suficiente para compreender igualmente, no mesmo *corpus* de leis, o andamento histórico e o processo natural, não chamou tanto a atenção como a novidade decorrente da atribuição da natureza como "pedra de toque" da dialética – em torno da qual se concentrou o debate na geração de Karl Korsch e György Lukács.

A prioridade que a posteridade concedeu à questão de uma dialética do mundo natural, amplificada pela publicação, em 1925, dos fragmentos de um manuscrito inédito de Engels, intitulado *Dialética da natureza*,[13] por mais parcial e anacrônica que possa parecer hoje, justifica-se ainda em pelo menos um ponto: o enfoque que Engels concedeu às ciências da natureza tornou essa questão imprescindível para o esclarecimento de sua versão da dialética (logo, do modo como articulou o nexo entre método e sistema).

Em 1870, Engels conclui suas atividades na fábrica têxtil Ermen & Engels na cidade de Manchester e instala-se definitivamente em Londres. Mesmo envolvido diuturnamente na vida política – sobretudo depois da fundação do partido operário social-democrata da Alemanha ocorrida em Eisenach, em agosto de 1869 –, ele encontra tempo para retomar a sua produção intelectual. Seu primeiro trabalho de fôlego, o livro *Sobre a questão da moradia*, publicado em junho de 1872, retoma questões e reflexões pouco desenvolvidas em sua obra inicial *A situação da classe trabalhadora na Inglaterra* (1845).

O seu projeto intelectual, entretanto, caminhava em outra direção. Ele foi exposto pela primeira vez, em maio de 1873, numa carta a Marx, sob a forma de esboço de uma obra de dimensões monumentais a ser intitulada *Dialética da natureza*. Engels escolhia, assim, como campo prioritário de suas investigações, duas áreas de conhecimento imbricadas na época do idealismo alemão, em particular na obra de G. W. F. Hegel, a "filosofia" e as "ciências naturais", mas já havia muito, na prática, dissociadas.

Gustav Mayer, o principal biógrafo de Friedrich Engels, conta que ele iniciou seus estudos sistemáticos sobre as ciências naturais em 1858, ainda no período da estada em Manchester.

No início da década de 1840, Engels dedicara-se à filosofia. Nos anos de 1841 e 1842, cumprindo serviço militar em Berlim, frequentou aulas dessa disciplina na universidade local e se aproximou do círculo dos jovens hegelianos, tendo inclusive publicado artigos contra o então catedrático Friedrich Schelling.[14] A sua colaboração com Marx no período de Bruxelas se deu sobretudo nesse campo. Publicaram, em 1845, *A sagrada família: ou a crítica da crítica crítica: contra Bruno Bauer e consortes* e em seguida redigiram os manuscritos – só publicados em 1926 – de *A ideologia alemã*, considerado por muitos como o marco de fundação do materialismo histórico. Marx, num texto célebre de 1859, descreveu o empreendimento como um "acerto de contas com nossa antiga consciência filosófica".

Os assuntos envolvidos na planejada *Dialética da natureza* passavam longe dos tópicos postos na pauta pelos jovens hegelianos: crítica da religião, da política e do Estado, supressão da filosofia, lugar e papel da consciência etc. O propósito do livro, como o título indica, era examinar a questão do método de investigação e de exposição e sua relação – de mão dupla – com as recentes descobertas das ciências naturais.

O próprio Engels irá justificar, anos depois, esse novo direcionamento como resultante da "transformação da filosofia". Segundo ele, depois de 1848, o idealismo alemão saiu de cena, ofuscado pelo impressionante desenvolvimento das ciências naturais, movimento este impulsionado (mas também fator determinante nesse processo) pelo vertiginoso crescimento da produção industrial na Alemanha. O que se lia e discutia então não eram mais as obras de Kant e Hegel, mas a vertente do materialismo – que Engels qualificava como "vulgar" – cujos expoentes eram Ludwig Büchner e Karl Vogt.[15]

A relação entre a filosofia e as ciências naturais foi abordada no decorrer do século XIX, entre outros, por Hegel e por Auguste Comte. Engels rechaça em Hegel a tese de que a natureza, eterna repetição, não era suscetível de um desdobramento histórico, atributo exclusivo, no sistema idealista, da Ideia ou da vida do espírito. Discorda, por sua vez, do propósito essencialmente classificatório da filosofia positiva de Comte, na qual identifica também a consideração das ciências e da própria natureza como estáticas.

A ocupação de Engels com as ciências naturais – um programa de estudos cumprido à risca por longos anos, ainda que de forma intermitente, durante o período da redação inconclusa da *Dialética da natureza* (1873-1882) –[16] constitui um enfrentamento hoje insólito para um marxista. Seu propósito era estabelecer uma alternativa à influência exercida sobre o movimento operário por parte de concepções que se apresentavam como ecos da última novidade científica, numa conjuntura em que a importância das ciências naturais para o desenvolvimento do aparato produtivo se tornava cada vez mais patente. O prestígio, crescente e incontestado, dessas ciências prestava-se tanto a reativações da insepulta filosofia da natureza, à maneira do sistema filosófico de Eugen Dühring, como à disseminação de variantes do materialismo francês do século XVIII, tarefa empreendida na Alemanha por Ludwig Büchner, Karl Vogt, Jacob Moleschott & Cia.

Paralelamente a isso, nos quadros da divisão do trabalho intelectual, sucedia-se uma modificação de vulto: as ciências naturais emancipavam-se da filosofia. Os textos de Friedrich Engels, dirigidos simultaneamente ao operário culto que acompanhava de longe o debate intelectual e ao cientista ainda indeciso acerca do teor do resultado do seu afazer, procuravam destacar, ao mesmo tempo – contra o "filósofo natural" – o novo arcabouço científico do conhecimento da natureza e – contra os "materialistas vulgares" – o caráter dialético das leis recém-descobertas.

A condição para essa junção de cientificidade e dialética, no vocabulário de Engels, para a transformação das ciências metafísicas em ciências dialéticas – ausente tanto no materialismo francês do século XVIII quanto na filosofia da natureza alemã –, foi o desenvolvimento, no decorrer do século XIX, de uma concepção histórica da natureza. A capacidade de pensar a natureza como um processo, atestada pelo exemplo de ciências de ponta, então recém-fundadas, como a fisiologia, a embriologia e a geologia, por si só, indicaria a pertinência de um programa que visava ressaltar o peso ou até mesmo a preponderância da dialética na constituição de uma perspectiva materialista acerca da natureza.

Posto isso, o método dialético torna-se decisivo para a compreensão e a fixação das "leis" gerais do movimento,[17] premissa essencial para o esclarecimento do teor objetivamente dialético da natureza. Para demonstrar a veracidade e a universalidade de tais "leis", Engels, dado o caráter indutivo-dedutivo do seu empreendimento, optou pela via de um acompanhamento exaustivo, isto é, pelo procedimento infindável de decifração caso a caso das mais importantes descobertas da ciência em seu tempo.

Engels também apresenta a dialética como indispensável na tarefa de ordenar o caos das novas descobertas científicas, que se sucedem atropeladamente. O esforço para estabelecer uma concatenação entre descobertas contingentes (em geral empíricas), além de evidenciar o caráter dialético dos fenômenos particulares, ao impulsionar a dissolução da rigidez das linhas nítidas de demarcação que contribuíram para conceder às ciências naturais "o seu acanhado caráter metafísico", insere-se em um projeto de substituição das ciências colecionadoras ("ciências de objetos acabados") pelas ciências coordenadoras ("ciências que estudam os processos, a origem e o desenvolvimento das coisas").

O avanço resultante do estudo sistemático das modificações da natureza não esgota, entretanto, segundo Engels, o inventário das consequências resultantes desse encadeamento dos fatos científicos. A síntese dialética permite ainda, eis o decisivo, a articulação de um "sistema da natureza".

Não se trata, obviamente, de retomar o sistema universal e compacto no qual Hegel pretendia enquadrar as ciências da natureza e da história, plasmado de acordo com o postulado idealista de "soluções definitivas" e "verdades eternas". Engels busca, porém, ainda assim um encadeamento que, apesar de aberto, não deixa de fornecer uma visão de conjunto semelhante àquela anteriormente a cargo da filosofia da natureza. A concatenação dialética resgata, por meio de uma articulação interna, a perspectiva que expõe o conjunto dos processos naturais como uma totalidade:

> Graças a estas três grandes descobertas [a da célula, a da transformação de energia e a da teoria da evolução] e aos restantes progressos das ciências da natureza, chegamos agora ao ponto de poder demonstrar a conexão entre os processos no interior da natureza, não apenas nos domínios isolados, mas também dos domínios isolados entre si e, assim, poder apresentar uma imagem nítida da conexão da natureza, em uma forma aproximadamente sistemática, por meio dos fatos fornecidos pela própria ciência empírica da natureza.[18]

Em suma, a recorrência ao longo de todo o espectro das ciências naturais às mesmas determinações da dialética permite, de modo geral, (a) dar conta de casos específicos, reveladores ou submissos a uma série de "leis" gerais do movimento; (b) organizar o acúmulo incessante de descobertas empíricas, fortalecendo a passagem das ciências de colecionadoras a coordenadoras; (c) restabelecer um sistema da natureza congruente com a emancipação dessas ciências diante da filosofia. Essa hipertrofia da validade do método assinala, no entanto, os impasses e antinomias da conciliação, visada por Engels, entre dialética e ciências naturais.

O descompasso não reside propriamente numa suposta indecisão de Engels que ora prioriza o descobrimento das leis da dialética a partir da natureza evitando a imposição de regras predeterminadas, ora ressalta a economia que uma compreensão anterior das leis do pensamento dialético acarreta. Na verdade, a adoção conjunta desses dois procedimentos, a decantação da dialética a partir da acumulação de fatos nas ciências da natureza e a incorporação de seus desenvolvimentos na história da filosofia e no materialismo histórico, antes contribuiu para tornar verossímil o projeto de Engels de uma interação recíproca entre método e sistema.[19] Uma contraprova disso pode ser localizada nas críticas que o acusam de atrelar excessivamente a dialética ao movimento das ciências naturais ou o incriminam, no polo oposto, pela determinação antecipada de suas leis.

A dificuldade localiza-se sobretudo no modo como Engels procurou constituir um sistema compatível com o seu método. Para tanto, propôs apenas fornecer uma nova coordenação, orientada dialeticamente, para os resultados disponíveis da investigação empírica. Tal solução ficou muito aquém do esperado, pois, apesar de organizar uma vinculação sem solução de continuidade dos fenômenos naturais, ensejando uma almejada impressão de inacabamento, esse sistema não ultrapassa a condição de um mero reordenamento de conhecimentos já fixados em seus territórios próprios. A configuração de um sistema aberto permanece à mercê de uma assumida dependência dos fluxos das descobertas científicas. Trata-se, por conseguinte, antes de uma arriscada aposta no caráter dialético dos incessantes e imprevisíveis desdobramentos das ciências do que propriamente de uma resolução teórica original.

Nesse ponto, não há como deixar de ressaltar o afastamento de Engels em relação aos caminhos desbravados por Marx. Enquanto este submetia a economia política à crítica, Engels, ao mesmo tempo que preparava a publicação dos esboços do segundo e do terceiro volumes de *O capital*, contentava-se – no diapasão da ciência unitária positivista – em preconizar uma organização sistemática e orgânica para os fenômenos naturais.[20]

A primazia concedida ao encadeamento enciclopédico em detrimento da crítica, acrescida dos resultados obtidos nos domínios da história e da tradição intelectual, consolida o esforço do último Engels para conceber o marxismo como um sistema orientado por um conhecimento unificado do ser humano e da natureza. Essa positividade, marca registrada do "socialismo científico", é tributária tanto de uma desconsideração acerca do modo de funcionamento interno das diferentes ciências como em relação aos resultados da ação humana diante da natureza – a famigerada práxis social – e de suas implicações no processo científico.

Como, em sua época, ninguém sabia disso tão bem como Engels, tal despreocupação, que não deriva propriamente de um desconhecimento do andamento das ciências, atesta uma quase ilimitada confiança no potencial libertador da expansão das forças produtivas. Engels não desconfiou de que a convicção generalizada de que o avanço do conhecimento nas ciências naturais e o subsequente desenvolvimento das condições materiais apontavam para a emancipação do proletariado não era mais que uma crença.[21]

É evidente o teor político inerente a qualquer avaliação da contribuição de Engels para o desdobramento, teórico e prático, do marxismo – pomo de discórdia ora central, ora secundário, responsável pela gestação de uma recepção que tomou a forma de uma controvérsia infindável.[22] Entretanto, consolida-se cada vez mais a tese de que a compreensão da inflexão de seu pensamento a partir de 1878, condensada no emblema "último Engels", demanda a determinação dos vínculos que a entrelaçam com as transformações históricas do período, com os desdobramentos do capitalismo que configuram uma nova fase de desenvolvimento para o proletariado europeu.[23]

Afinal, o papel decisivo das últimas obras de Engels é corroborado pela sua importância para a prática política do marxismo. Elas contêm um modelo de interpretação do presente histórico e da conjuntura política que foi adotado como padrão e medida pelas gerações subsequentes.

Uma contraprova da pertinência desses argumentos pode ser obtida por meio de um exame do famoso "Prefácio de 1895" redigido por Friedrich Engels para a reedição alemã do livro de Karl Marx *As lutas de classes na França*. O primeiro passo, aqui, consiste em ignorar a discussão acerca do programa de transição ali defendido, a via pacífica ou a revolução violenta, pauta por demasiado tempo da sua recepção. Afinal, essa questão foi dirimida com a publicação, por David Riazanov, da versão integral do texto em 1925-1926.[24]

A leitura, não inteiramente desinteressada, permite identificar nesse "Prefácio" indícios suficientes para atestar que Engels tinha plena consciência de que a nova configuração que o marxismo adquirira como "socialismo científico" não era infensa às modificações nas condições sob as quais o proletariado ensaiava a luta de classes e o caminho para o poder.

O "Prefácio de 1895", recepcionado pela social-democracia alemã como uma espécie de "testamento político" de Engels, não é uma peça isolada. A parcela mais conhecida da produção intelectual do último Engels abrange desde livros como o *Anti-Dühring* (e a sua versão condensada *Do socialismo utópico ao socialismo científico*), *A origem da família, da propriedade privada e do Estado* ou *Ludwig Feuerbach e o fim da filosofia clássica alemã*, passando por alguns artigos da póstuma e inacabada *Dialética da natureza*, até extratos de uma volumosa correspondência (que contém, entre outras coisas, uma tentativa de refinamento conceitual das premissas do materialismo histórico).[25] O *corpus* de sua obra, entretanto, permanece incompleto se não se considera a longa série de prefácios, da qual o "Prefácio" de *As lutas de classes na França* constitui, de certo modo, o ápice, por meio da qual Engels pretendeu cumprir, em fragmentos desiguais, o programa de organizar o conhecimento nos domínios da história, das ciências naturais e da tradição intelectual nos moldes de uma enciclopédia lacunar e fragmentária.[26]

Os temas abordados nesses prefácios, em geral, procuram introduzir ou complementar assuntos discutidos extensamente nos livros que Engels redigiu nesse período. Assim, por exemplo, o "Prefácio à edição inglesa" de *Do socialismo utópico ao socialismo científico* contém uma longa digressão sobre a história intelectual da Inglaterra, detendo-se particularmente em sua tradição materialista. Trata-se de um empreendimento muito semelhante, guardadas as proporções, ao painel histórico da vida mental alemã apresentado em *Ludwig Feuerbach e o fim da filosofia clássica alemã*.

O objetivo principal desses prefácios, porém, parece ser o de completar o esboço de história universal delineado no *Manifesto do partido comunista* e atualizado em vida por Marx apenas no que tange à história francesa – acompanhada passo a passo da insurreição de 1848 à derrocada da Comuna de Paris em 1871.[27] Além de sumariar, em rápidas e breves pinceladas, as histórias correspondentes da Alemanha e da Inglaterra, Engels se propõe a avançar até a década de 1890, destacando a "transformação em realidade daquilo que até então existira apenas em germe: o mercado mundial".[28]

Engels destaca, inaugurando uma datação depois banalizada pela história econômica, duas fases nesse intervalo. Primeira, o surto de prosperidade industrial, iniciado após a crise de 1847 (causa primária, segundo ele, das revoluções de 1848) e que se estende até meados da década de 1870 – uma era de expansão do capitalismo promovida, em larga medida, pelo incremento e pela utilização generalizada de novos meios de comunicação (estradas de ferro e navio a vapor). Em seguida, um período de estagnação, marcado por uma ampliação gigantesca da concentração de capital e pela quebra do monopólio industrial mantido pela Inglaterra durante um século. O que mais lhe interessa nesse quadro, entretanto, é a situação da classe operária, ou melhor, as modificações das condições de enfrentamento entre as classes.

Entre os sinais mais evidentes de uma mudança no panorama estão, sem dúvida, as alterações na avaliação, levada periodicamente a cabo por Engels, da capacidade organizativa e insurrecional da classe trabalhadora na França, na Alemanha e na Inglaterra. Enquanto em 1886, no "Prefácio à edição inglesa" de *O capital*, a confiança no potencial da classe operária inglesa ainda lhe permite endossar a afirmação de Marx de que a Inglaterra é "o único país onde a revolução social poderia realizar-se inteiramente por meios pacíficos e legais", nos anos 1890 a esperança de triunfo desloca-se inteiramente para o proletariado alemão.

Essa transferência do centro de gravidade do movimento operário europeu é atribuída, no painel constituído pelos prefácios de Engels, a uma conjunção de fatores: (i) a gestação, na Inglaterra, de um agrupamento privilegiado – nomeado pelo rótulo "aristocracia operária" –, composto basicamente de operários fabris e "tradeunionistas",[29] que preservaram durante a depressão a "melhoria" relativa conquistada por meio de pequenas reformas na fase de expansão; (ii) as dificuldades do proletariado francês para se recuperar da derrota da Comuna de Paris; e, (c) por fim, o novo cenário desencadeado pelo acelerado desenvolvimento industrial alemão (estimulado pelas transferências monetárias pagas pela França como reparações da guerra de 1870-1871) no qual o partido social-democrata não cessava de acumular votos e adesões.

Um dos méritos do "Prefácio de 1895" foi ter cristalizado em um todo coerente, sob a forma de uma espécie de balanço *fin de siècle*, linhas de forças apenas entremostradas em textos anteriores. O saldo revolucionário do século que estava se encerrando indica o fim do ciclo histórico influenciado pelo modelo de 1789 – uma sequência (1830, 1848, 1871) de derrotas inevitáveis, segundo Engels, por se tratar de sublevações que se efetivaram ainda no registro, ultrapassado e, sobretudo, inadequado para o proletariado, de "revoluções de minorias". No último quartel desse século, porém, consolidaram-se novas formas de lutas. O fortalecimento dos partidos operários, por meio de um uso inteligente do sufrágio universal, torna possível, agora sim, a verdadeira insurreição (cuja legitimidade, diga-se de passagem, é garantida, mesmo nos quadros estritos da legalidade, pelo inalienável "direito histórico à rebelião") preconizada pelo marxismo desde o *Manifesto do partido comunista* – a "revolução da maioria".

Desse modo, ao colocar novamente na ordem do dia a questão da passagem do capitalismo ao socialismo – pouco mencionada desde os escritos de balanço do desbaratamento da Comuna –, o "Posfácio de 1895" ensejou um revivescimento da teoria revolucionária. O procedimento de ancorar a determinação da estratégia e da tática proletária tanto, retrospectivamente, em uma compreensão unitária e abrangente da história das lutas do movimento operário como, prospectivamente, na determinação de novas dinâmicas e formas de atuação estabeleceu um padrão incorporado pela linhagem do marxismo.[30]

Deixando de lado, por enquanto, a recepção que a posteridade concedeu ao "testamento político" de Engels, importa aqui observar que o "Prefácio de 1895" – cuja finalidade inicial consistia em apresentar uma coletânea de textos sobre a revolução de 1848 na França, escritos por Marx durante o decorrer dos acontecimentos – desenvolve-se, sem uma obediência estrita às normas do gênero, como uma reiterada comparação entre as duas épocas, adotando como diretriz as mudanças nas condições e nos métodos de luta do proletariado.

Na interpretação de Engels, o declínio do fascínio exercido pelas experiências históricas anteriores, especialmente pela Revolução Francesa de 1789, decorre de transformações que subverteram o padrão assentado em domínios díspares como os da técnica militar, da urbanização e da tática de enfrentamento entre as classes. A perseverança no trabalho a longo prazo e a primazia do combate prolongado sinalizam, assim, uma substancial alteração na marcha da revolução social.

A obsolescência da insurreição no estilo antigo, concentrada no combate de barricadas, é apenas a ponta visível do novo cenário, transfigurado pela crescente complexidade do Estado burguês, fator atestado tanto pelo aprimoramento do aparato de repressão e coerção como pela emergência de instituições que possibilitam ao proletariado levar adiante, dentro da legalidade, o confronto com a burguesia.

Na avaliação de Engels, as condições contemporâneas da atividade política são bastante favoráveis ao proletariado.[31] As possibilidades abertas pela utilização do sufrágio universal, redimensionada pelos êxitos do partido social-democrata alemão, vão além de aplicações indiretas como a aferição da força do proletariado pelo recenseamento periódico da sua base de apoio. As eleições periódicas facilitam o acesso às camadas mais apartadas das massas populares, e a vida parlamentar amplifica pela ressonância da tribuna a voz dos operários. Esse conjunto de opções tende a transformar a atuação legal dos partidos socialistas em instrumentos efetivos da emancipação.

O diagnóstico do presente histórico desenvolvido por Engels completa-se com a exposição de outros pontos que realçam ainda mais a vantagem comparativa do proletariado de então.

A derrota de 1848 não deve ser atribuída apenas ao modelo insurrecional predominante, à "revolução de minorias", uma vez que "o nível do desenvolvimento econômico no continente naquela época nem de longe estava maduro para a eliminação da produção capitalista".[32] Em 1895, a situação altera-se com as modificações das condições objetivas, com a disseminação por toda a Europa da revolução industrial, do predomínio da grande indústria, e o subsequente esgotamento de sua capacidade de crescimento, comprovado por uma persistente recessão econômica.

Na época da insurreição comentada por Marx, prevaleciam "os muitos evangelhos sectários obscuros com as suas respectivas panaceias". No momento da redação do "Prefácio de 1895", Engels ressalta a mutação da situação política, salientando que, pela primeira vez, os marxistas não são fustigados por facções concorrentes à esquerda:

> [...] hoje temos uma só teoria, a de Marx, reconhecida universalmente, dotada de uma clareza cristalina, que formula as finalidades últimas da luta de modo preciso, [...] hoje temos um só grande exército de socialistas, avançando incessantemente, crescendo diariamente em número, organização, disciplina, clarividência e certeza da vitória.[33]

Comedido e reservado como sempre, Engels sequer insinua, mas é lícito inferir que parte ponderável do êxito da unificação do proletariado sob a bandeira do marxismo deve ser atribuído à sua exposição dessa doutrina como uma concepção dialética e materialista da natureza e da história.[34] Afinal, foi sob a égide dessa imagem uniformizada do conteúdo e da história do marxismo que se conquistou a tão almejada unidade política da classe operária.

Com o triunfo extraordinário da versão engelsiana do marxismo,[35] tudo parecia corroborar a compreensão que credenciava o "socialismo científico" como a doutrina mais afeita às transformações históricas que apontavam uma nova fase de desenvolvimento para o proletariado europeu. A pretensão de Engels, entretanto, motivo talvez de sua cautela, era verdadeira apenas em parte. Entre a imagem que construíra do marxismo e as massas proletárias havia ainda uma correia de transmissão encarregada da tarefa de transformar a teoria em força material: o aparato organizacional da classe operária, cuja instância superior eram os partidos social-democratas. A ação dessas agremiações, mesmo quando programadas para operar apenas como anteparo, contribuiu para cristalizar uma determinação própria da doutrina, posteriormente denominada "marxismo da Segunda Internacional".

TRAJETÓRIAS DO MARXISMO EUROPEU

II

A adesão explícita desses partidos à autocompreensão do marxismo como "socialismo científico", destacada reiteradamente pelos teóricos da social--democracia, acarretou durante muitos anos a impressão de identidade e mesmo de inextrincabilidade entre a teoria de Engels e a da Segunda Internacional. Nunca é demais ressaltar que o sucesso do *Anti-Dühring*, indício de uma difusão mundial do marxismo, deriva em grande medida de seu uso educativo, indicado pelas principais lideranças políticas dessa linhagem.[36] A ordenação da teoria em súmula enciclopédica, ali empreendida, mostrou-se proveitosa, nas circunstâncias, para a preparação de quadros qualificados, nos moldes de uma "escola". Nessa direção, o livro foi disseminado pelo alto comando do partido social-democrata alemão (August Bebel, Wilhelm Liebknecht, Karl Kautsky, Eduard Bernstein etc.) e por outros importantes intelectuais socialistas de distintas nacionalidades (Antonio Labriola, Gueórgui Plekhánov, Axel Akselrod etc.) como uma espécie de curso elementar de educação política, apto a converter, como fizera com eles, o militante comum, ainda embebido de ecletismo, em um marxista convicto.

A sistematização do materialismo histórico por Engels serviu apenas como uma referência inicial. A expansão em escala planetária do marxismo, o choque e a inevitável combinação dessa doutrina com outras ideias (socialistas ou não) e, principalmente, a necessidade de legitimar a prática política das crescentes estruturas organizacionais da classe operária – associações, sindicatos, cooperativas e sobretudo partidos de massa – produziram um amálgama particular sobre o qual Friedrich Engels teve pouca responsabilidade e escasso controle.

Desse modo, apesar da propensão dos teóricos da social-democracia a dar andamento à matriz delineada pelos últimos escritos de Engels,[37] articulou-se em torno da Segunda Internacional uma concepção diferenciada do marxismo, como se pode comprovar pelas considerações bastante críticas que Marx e o próprio Engels dirigiram, respectivamente, aos programas de Gotha e Erfurt.[38] Entre as deturpações da teoria – um repertório que não cessa de crescer desde o inventário apresentado por Karl Korsch em sua *Anticrítica* – destacam-se infiltrações positivistas, mecanicistas, deterministas, historicistas etc.

O uso corriqueiro da expressão consagrada "marxismo da Segunda Internacional", enquanto síntese dessas determinações, tende, não obstante, a obscurecer diferenciações importantes. Não contempla, por exemplo, a heterogeneidade decorrente de um processo de propagação que atingiu os confins do Alasca e da Sibéria, bem como o Japão e a China. Não ressalta tampouco a natureza multiforme de suas manifestações, que variam da tese acadêmica às tarefas práticas de agitação e propaganda. Num caso como no outro, a confluência do marxismo com o movimento social e a sua divulgação, em todos os continentes, por meio de manuais, jornais, panfletos, comícios, conferências, debates etc., a par de sua utilização fragmentária enquanto corpo de doutrina, programa político, linha partidária e orientação cultural, acabaram por reduzi-lo (seja por tripartir a teoria em concepção materialista da história, teoria do valor e luta de classes, seja por associar Marx a Spencer, Darwin e Haeckel) a fórmulas banalizadoras.[39]

As determinações designadas por essa expressão frequentemente ignoram a dificuldade em conciliar as estratégias para o futuro e a prática cotidiana do partido. Minimizam a tensão entre a determinação, implícita no marxismo, da teoria enquanto diretriz geral e força impulsionadora do movimento socialista e a necessidade de constituir uma doutrina maleável o suficiente para congregar e organizar politicamente diversas e heterogêneas frações de trabalhadores.

Cabe ainda acrescentar a essa linha argumentativa a convivência, nem sempre pacífica, mas nem por isso inteiramente desagregadora, de uma variedade de movimentos e tendências.[40] A dimensão da autonomia dos partidos filiados pode ser aferida nas discussões dos congressos da Segunda Internacional, de caráter apenas consultivo. Nesse cenário, a etiqueta "marxismo da Segunda Internacional" só se sustenta se, deixando de lado o seu significado literal, for utilizada em sentido metonímico para nomear a concepção de marxismo peculiar à social-democracia alemã – exemplo e guia do movimento socialista internacional.

É inegável que os partidos socialistas da França e da Inglaterra – e aqueles que vicejaram em suas áreas de influência, nos países latinos e na área abrangida pela comunidade britânica, respectivamente – seguiram caminhos próprios, muitas vezes avessos ou críticos em relação à orientação implementada pelo partido social-democrata alemão (SPD).[41] Entretanto, para além de sua influência direta sobre as formas de organização do proletariado nos Países Baixos, no Império Austro-húngaro, nos Países Escandinavos e mesmo na Rússia, não há como deixar de reconhecer o fascínio que a social-democracia alemã exerceu em todo o mundo.[42] Essa admiração deriva em parte da ausência de uma tradição socialista autóctone que lhe permitiu se apresentar como guardiã da pureza do marxismo; mas também de seus êxitos, deveras impressionantes.

Por sua magnitude, por estar sempre um passo adiante de seus congêneres, a trajetória do partido social-democrata alemão concentrava a formação dos partidos socialistas de massa, um percurso marcado pela progressiva incorporação do marxismo. Coube a ele, ainda, enquanto fiador principal dessa orientação, a responsabilidade por uma cota ponderável dos sucessos e das vicissitudes de tal direcionamento.

Os alemães foram pioneiros no processo de estruturação do movimento operário em organizações políticas. Ferdinand Lassalle em 1863, por um lado, e August Bebel e Wilhelm Liebknecht, no congresso de Eisenach em 1869, por sua vez, fundaram partidos socialistas, inaugurando um padrão que se disseminará pela Europa somente no final da década de 1870. Além da precocidade por ocasião da fundação, também saíram na frente no movimento pela unificação, obtida em 1875 no congresso de Gotha.

Paradoxalmente, foi no período em que esteve sujeito às restrições da legislação antissocialista (1878-1890) imposta pela aliança da burguesia alemã com os *Junkers* sob a chancela de Otto von Bismarck que o SPD moldou uma identidade definida. Esta se deve principalmente à mútua interpenetração de alguns fatores concomitantes. Primeiro, a concentração dos esforços na organização dos trabalhadores em partidos de massa, atestado de confiança na ação política como fonte de emancipação. Segundo, a crescente influência do marxismo, diante das demais correntes proletárias, em especial sobre o anarquismo, o que viabilizou a adoção da atuação política como elemento constitutivo de sua própria autoconsciência.[43] Essa hegemonia, por sua vez, engendrou a delimitação de uma tendência específica, no decorrer de um processo de sistematização e recapitulação da herança teórica de Marx do qual o SPD foi ao mesmo tempo alvo e agente.

No primeiro momento, a social-democracia alemã serviu apenas como modelo organizacional para a formação ou a unificação dos partidos de massa socialistas europeus, um procedimento multiplicado a partir de 1875.[44] A forte presença das ideias de Ferdinand Lassalle no programa da unificação – objeto de uma crítica feroz de Marx, mantida inédita, entretanto, até o início das discussões acerca do conteúdo de um novo programa em 1890[45] – chamou menos a atenção do que o propósito de conduzir a luta política de forma unitária.

Na época, no período em que ainda ressoavam com intensidade as polêmicas e divisões que acompanharam o fim da Primeira Internacional, foi sobretudo a convergência entre as alas rivais (eisenachiana e lassalleana) que catalisou influência e atração. O ápice do prestígio do SPD, porém, situa-se nos anos 1890. Nessa década, os crescentes êxitos eleitorais, garantia efetiva da praticidade da opção que privilegiava a ação política, foram acompanhados pela paulatina constituição de um pensamento marxista endógeno. Resultado de uma lenta assimilação do socialismo científico, essa versão (denominada, por extrapolação, "marxismo da Segunda Internacional") completa o processo de transição dos pais-fundadores para uma nova geração de teóricos e políticos.

Desde então, a força do exemplo da social-democracia alemã encontra-se assentada tanto em sua preponderância política, na solidez de seu poderio institucional, como em uma indiscutível hegemonia intelectual. Muitos partidos social-democratas, além de acompanharem a filiação do SPD ao marxismo, assumida explicitamente no congresso de Halle em 1890, também incorporaram sua sistematização dessa doutrina, corporificada principalmente no programa definido em Erfurt em 1891, que circulou pelo mundo como um modelo de documento político, mas igualmente como uma espécie de sinopse da teoria marxista.

É nesse contexto que a expressão "marxismo da Segunda Internacional" adquire uma determinação mais precisa. Como vimos, o papel de "exemplo e guia" do partido social-democrata alemão na construção da Segunda Internacional não se limita ao desenvolvimento precoce de um padrão organizacional exaustivamente imitado. As suas concepções programáticas e doutrinárias, cada vez mais próximas do marxismo, também contribuíram decisivamente, enquanto cimento ideológico, para a estruturação da Internacional como um campo homogêneo. Assim, a hegemonia do marxismo no socialismo internacional se consolida ao mesmo tempo que se identifica com a doutrina elaborada pelos teóricos do SPD, particularmente por Karl Kautsky e Eduard Bernstein.

O austríaco Karl Kautsky aderiu ao movimento socialista por volta de 1875, quando o sucesso da unificação dos partidos operários alemães começava a ecoar mundo afora. A sua trajetória manteve-se, durante quase toda a sua existência (1854-1938), ligada indissociavelmente ao andamento e aos percalços da vida partidária – experiência até então inédita na história do socialismo, embora generalizada na sua geração. Esse vínculo contribuiu para que a sua obra teórica se tornasse, na sua época e ainda hoje, uma das marcas distintivas da imagem da social-democracia alemã.[46]

A partir de 1880 – em Zurique, quartel-general da cúpula do SPD durante a vigência da legislação antissocialista e ponto de concentração de revolucionários exilados de diversos países –, Karl Kautsky associa-se ao partido social-democrata alemão em decorrência de uma frequente colaboração e de uma amizade fraternal com Eduard Bernstein. Em seguida, projeta uma revista, *Die Neue Zeit* – cujo primeiro número saiu em janeiro de 1883 –, inicialmente editada em Stuttgart, depois em Zurique e desde 1885 em Londres, sob o olhar benevolente de Friedrich Engels.

A *Neue Zeit*, na década de 1880, engaja-se no combate ao ecletismo, então predominante nas fileiras do SPD, iniciado por Engels com o *Anti-Dühring*. Assumindo, pela primeira vez, o uso do termo marxismo em chave positiva, adotam-no como linha programática e como instrumento na luta política e ideológica.[47] Empenhado na tentativa de implementar uma "escola" marxista, Kautsky aproxima-se de Engels, com quem já compartilhava interesses intelectuais comuns – especialmente o estudo das ciências naturais e da pré-história –, não só por meio de manifestações públicas que o consagram como um "discípulo dileto", mas principalmente por definir, nesse convívio, o seu perfil intelectual como intérprete da obra de Marx e sistematizador do marxismo.[48]

Como reconhecimento de seu trabalho à frente da *Neue Zeit* e em parte também graças à reputação adquirida com um resumo dos dois primeiros livros de *O capital* (*A doutrina econômica de Karl Marx*, 1887), Karl Kautsky foi escolhido, junto com Eduard Bernstein, logo após a adesão oficial do SPD ao marxismo, para redigir o novo programa do partido. Coube a ele a parte teórica e a Bernstein o trecho mais diretamente político. Além disso, a versão mais difundida desse texto, conhecido como *Programa de Erfurt*, era acompanhada de um comentário seu.[49]

Assim, não é de estranhar que, nos anos 1890, a *Neue Zeit* e Kautsky com ela tenham adquirido uma autoridade incontestável acerca dos tópicos e da prática do socialismo científico. Com o fortalecimento da Segunda Internacional, a revista torna-se o órgão privilegiado de uma recente, mas nem por isso menos vigorosa, opinião pública marxista. Além de contar com a colaboração regular dos principais teóricos da época – Paul Lafargue, Victor Adler, Franz Mehring, Gueórgui Plekhánov, Rosa Luxemburg etc. –, foi lá que Eduard Bernstein publicou os textos, depois coligidos no livro *Problemas do socialismo*, que deflagraram a polêmica do revisionismo e dividiram os marxistas em dois campos distintos.

A obra teórica de Karl Kautsky desenvolveu-se também, à maneira de Marx e Engels, a partir de um acerto de contas com a sua formação juvenil, no caso, com o darwinismo. Enquanto Marx e Engels dedicaram-se à superação da filosofia, Kautsky, porém, se contentou em integrar parcelas do legado de

Charles Darwin ao marxismo.[50] Destacando os aspectos comuns a ambos – a base materialista, a vocação científica, o *telos* evolucionista –, propôs uma síntese que, no domínio do saber, assumiu a forma de uma convergência entre ciências da natureza e ciências do espírito e, no terreno político, adotou a "vontade de viver" como força motriz do conflito econômico e da luta de classes.[51]

A mescla de ciências até então apartadas por conta de diferenças metodológicas ou por abarcarem esferas distintas do saber subordina-se, na teoria de Kautsky, à primazia do conhecimento histórico. Sua valorização do marxismo decorre não só do veredicto que essa doutrina desdobra acerca do estatuto transitório do capitalismo, mas sobretudo de seu potencial para implementar e desenvolver a investigação histórica (à qual, diga-se de passagem, Kautsky se dedicava antes de sua adesão à linhagem de Marx).[52]

Imbuído desse pendor historicista – já visível em sua leitura de *O capital*, na qual a teoria do valor e a luta de classes aparecem como resultados de pesquisas históricas –, não causa espanto que Kautsky determine como uma das tarefas prioritárias da teoria marxista a investigação do processo histórico. Esse projeto justifica-se pela consideração da memória histórica (no extremo, pela descoberta das leis de um processo evolutivo por meio do qual a humanidade caminha rumo à igualdade social) como fundamento da consciência política.

O fatalismo subjacente a essa perspectiva, consequência de um determinismo de cariz biológico que aspira conhecer "a lei geral à qual estão submetidos tanto o desenvolvimento do homem como o desenvolvimento do animal e da planta",[53] é complementado por uma dose de voluntarismo, ainda que orientado. O combate do proletariado, primordialmente uma luta contra o propósito dos empresários capitalistas de ampliar os lucros pelo incremento da exploração, enquanto "fenômeno inconsciente", promove apenas um "dispêndio inútil de energia" quando não é direcionado pelo "conhecimento das tendências do processo social", ou seja, em última instância, pela teoria socialista.[54]

Karl Kautsky aparta, assim – na contramão do que foi assentado por Marx no *Manifesto do partido comunista* –, movimento operário e socialismo. Segundo ele, são diversos pela origem: um nasceu como resistência prática ao capitalismo industrial, sob a forma de uma luta exclusivamente econômica; o outro surgiu, nos meios burgueses, em parte graças ao conhecimento científico. A sua unidade, no entanto, é inevitável. Sem o movimento operário, o socialismo é impotente, e este, sem a teoria socialista, debate-se em vão.

Deixadas em si mesmas, as associações profissionais (corporações) limitam-se a salvaguardar as conquistas imediatas, sem atinar para a comunidade de seus interesses, o que dificulta a passagem do conflito puramente econômico para a luta política. Por sua vez, quando desconectada das lutas dos trabalhadores, a doutrina socialista não vai além do detalhamento de projetos utópicos destituídos de viabilidade prática.

O veículo ideal dessa união é o partido socialista de massas. O proletariado militante

> [...] encontra sua principal arma no agrupamento em massa em organizações livres, poderosas, autônomas, independentes de quaisquer influências burguesas. Só pode, porém, chegar a isso com uma teoria socialista, única capaz de discernir o interesse comum dos proletários na variedade infinita das diversas camadas proletárias e de estabelecer uma demarcação precisa e duradoura entre essas camadas e o mundo burguês.[55]

Nessa chave, o teor científico concorre tanto para apontar (como teoria geral da história) as tendências do futuro como para unificar (enquanto argamassa ideológica), sob a bandeira de um mesmo partido, os múltiplos extratos do proletariado.[56]

O pensamento de Kautsky organiza-se, assim, com uma rigidez memorável, seja no que tange à definição da linha partidária, seja nos delineamentos de princípios gerais aos quais, de certo modo, devem ser enquadradas as descobertas científicas específicas da tríade – história, economia e política – em que se subdividia então o marxismo. Essa inflexibilidade, no entanto, só vale efetivamente para as tendências a longo prazo.[57] A descrição histórica do presente, a investigação acerca do estágio da economia e da sociedade contemporâneas, a determinação da tática política do dia a dia, em suma, a maior parte das suas intervenções enquanto teórico semioficial do partido pauta-se por uma espantosa versatilidade.

A convivência desses dois registros e a inesperada maleabilidade decorrem, em grande medida, da cisão que promove separando, como domínios distintos, socialismo e movimento operário. Esse movimento tende a dissociar a meta a longo prazo das ações cotidianas. A sua anunciada convergência é planejada por Kautsky como uma síntese a ser forjada no interior do partido entre intelectuais e proletários – na qual os primeiros entram com o saber, à maneira do técnico responsável pelos avanços das ciências naturais no mundo burguês, e os últimos entram com o poder. A porta assim entreaberta, a adaptação da teoria ao propósito de compatibilizar interesses e setores diferenciados, configura, entretanto, no máximo, uma solução de compromisso.

Nesse sentido, as oscilações recorrentes na obra teórica de Kautsky (para muitos, apenas sinal de ambiguidade e incoerência) explicam-se sobretudo por sua estreita associação com a trajetória política do partido social-democrata alemão. Se é verdade, como querem os seus críticos,[58] que ele não concedeu, apesar de sua ênfase no assunto, a importância devida à unidade de teoria e prática, isso não se deve propriamente à acusação generalizada de uma defasagem entre a teoria e a prática, mas antes a uma subordinação (nunca assumida explicitamente, mas nem por isso menos insidiosa) da teoria à prática. Só nesse sentido é que cabe propriamente falar que a perspectiva desdobrada por Karl Kautsky transmuta o marxismo em "ideologia de partido".

Eduard Bernstein também concede, à sua maneira, pleno aval aos encaminhamentos práticos da social-democracia alemã. Suas divergências com Kautsky e também, por outro lado, da maioria do partido em relação a suas teses não podem ser atribuídas a discordâncias importantes acerca da correção das tarefas encampadas pelo partido.[59] Ao contrário, um dos poucos pontos pacíficos na controvérsia, o sucesso da prática política do SPD tornou-se padrão de medida, aceito e utilizado por ambos os lados para aferir a veracidade e a efetividade das propostas em confronto, o que (antecipando os ensinamentos da física quântica) acabou por afetar o próprio instrumento de medição.

O que estava em jogo propriamente na "querela do revisionismo" era a avaliação do papel desempenhado pela doutrina marxista na determinação dos rumos da social-democracia. Para Karl Kautsky e a direção do partido, a referência constante aos princípios da teoria de Marx e Engels tornara-se imprescindível. Mesmo quando admitiam que a prática cotidiana dificilmente combinava com algumas das teses dos fundadores do materialismo histórico, contra-argumentavam que, sem tais indicações, a ação política tenderia a perder completamente o seu horizonte.

Eduard Bernstein, por sua vez, considerava esses princípios como um estorvo ao livre desenvolvimento do partido, ou então ao esforço em consolidar e ampliar as conquistas do movimento operário. Assim, recusa peremptoriamente a solução de compromisso ensaiada por Kautsky, a convivência (que julgava fruto de prestidigitação), em uma mesma doutrina, de regras rígidas extraídas da "teoria geral da história" (em tese, válidas apenas a longo prazo) e de preceitos flexíveis o suficiente para unificar e compatibilizar interesses no dia a dia partidário. Com isso, Bernstein não propõe o abandono do marxismo, mas antes a sua revisão.

Os itinerários de Bernstein e de Kautsky guardam muitas semelhanças, decorrentes da colaboração em comum ou complementar em tarefas partidárias (do jornalismo socialista à redação do *Programa de Erfurt*), responsável pela elevação da justaposição de seus nomes à condição de símbolo da cooperação social-democrata. Seus perfis intelectuais, no entanto, desdobraram-se – sobretudo a partir dos últimos cinco anos do século XIX – em direções bastante divergentes.

Bernstein não compartilhava com Kautsky (e com Engels) o afã de expandir as fronteiras do marxismo. Demonstrou escasso interesse pelo esforço de seus contemporâneos em complementar o legado de Marx por meio do acompanhamento, e pela subsequente incorporação ao "socialismo científico", das últimas novidades no campo da física, da química, da biologia ou então da pré-história e da antropologia. Tampouco dedicou-se a pensar a história em termos de uma evolução geral da espécie humana. O caráter restrito de seus estudos, concentrados basicamente nas áreas da história, da política e da economia contemporâneas, sólido o bastante para lhe granjear fama enquanto intérprete de Marx, permitiu-lhe, porém, quando a situação exigiu, delinear (na vereda aberta por Engels no "Prefácio" a *As lutas de classes na França*) uma reorientação consistente da teoria à luz do presente histórico.

Por conta dessa tentativa de atualização da doutrina, primeiro ato de uma série que acabou por se tornar a espinha dorsal da tradição marxista no século XX, coube a Bernstein uma posição singular na história do marxismo: a de ponto de passagem entre a geração (à qual pertence pela cronologia) de Antonio Labriola, Franz Mehring, Karl Kautsky e Gueórgui Plekhánov e a geração de Vladimir Lênin, Rosa Luxemburg, Rudolf Hilferding e Leon Trotsky (com a qual se vincula pela semelhança dos estudos e preocupações).[60]

O revisionismo de Bernstein deriva e assenta-se, sem dúvida, em uma mudança no padrão de desenvolvimento do capitalismo, ao mesmo tempo, motivo e ponto de partida de seu empenho em retificar o marxismo a partir da compreensão do presente. A fase iniciada com a depressão econômica, em 1873, caracterizada por uma concorrência desenfreada, pela queda tendencial da taxa de lucro (ocasionada em parte pela saturação do campo de investimentos) e por uma persistente deflação, encerra-se em 1896. A partir de então, o capitalismo – reorganizado por meio de restrições protecionistas e de uma crescente monopolização dos mercados – inaugura uma nova etapa de prosperidade, que sepultou as expectativas (e a crença na tese) de um "colapso iminente".[61]

O seu programa de renovação do marxismo também foi impactado pela revogação, em 1890, da legislação antissocialista que restringia as atividades do partido social-democrata alemão à propaganda eleitoral e à vida parlamentar. Sem poder mais contar com a palavra de ordem de defesa intransigente da legalização, estratégia responsável pela impecável unidade partidária e pela radicalização da consciência política (cuja contraprova evidente foi a paulatina assimilação do marxismo), o SPD reabriu o debate acerca da tática mais adequada a essa nova situação, uma discussão oxigenada pelas tentativas (à esquerda e à direita) de constituição de tendências no interior do partido.[62]

À incerteza diante dos novos desdobramentos do capitalismo, à retomada do debate interno no SPD, ao reconhecimento generalizado do poder social do proletariado organizado, à melhoria concreta de suas condições de vida (fruto, em parte, de uma incipiente reforma social) soma-se outro fator cujo peso só pôde ser definido *a posteriori*. A controvérsia desencadeada pela revisão da teoria proposta por Bernstein mostrou que a sistematização da doutrina de Marx levada a cabo sob o rótulo de "socialismo científico" não estava imune a polêmicas nem tampouco a desdobramentos imprevistos. Muito pelo contrário, uma vez morto Friedrich Engels, o *tertius* a quem se recorrera até então para a solução de dúvidas ou de pendências, as contradições inscritas nessa concepção de marxismo vieram rapidamente à tona.

A exposição pública das teses "revisionistas" inicia-se com a publicação intermitente de sete artigos na revista *Die Neue Zeit* entre 1896 e 1998.[63] Nessa série, Bernstein não contesta diretamente a definição de marxismo corrente, mas ataca frontalmente um grupo de teses, na maioria econômicas e políticas, que circulava como uma espécie de sucedâneo autorizado da doutrina. Além disso, a ausência de um encadeamento lógico ou de um fio condutor nítido, amplificada pela diversidade quase desconexa dos temas abordados (sintomas do caráter circunstancial e pouco planificado do empreendimento), em suma, as dificuldades para uma compreensão sistemática desse conjunto de artigos (agrupados posteriormente no livro *Problemas do socialismo*) também contribuíram para que a discussão se tenha concentrado quase exclusivamente em torno da validade de teses específicas.

O debate sobre a relação entre a prática da social-democracia e a doutrina marxista ou sobre o modo mais conveniente de levar adiante essa linhagem só teve ocasião, propriamente, quando as suspeitas levantadas acerca da verdadeira posição de Bernstein diante dos princípios do marxismo foram dirimidas pela redação, por sugestão da direção do partido, em 1899, de *Os pressupostos do socialismo e as tarefas da social-democracia.*

Nos artigos coligidos em *Problemas do socialismo*, Bernstein salienta – recorrendo a dados estatísticos recentes acerca das dimensões do parque industrial alemão e da composição social dos proprietários agrários ingleses[64] – que o andamento recente do capitalismo apontava antes para um crescimento da diferenciação do que para a polarização social (prevista por Marx e Engels no *Manifesto do partido comunista* e depois transformada em ponto fundamental da doutrina por Kautsky no *Programa de Erfurt*). Nem o ritmo de desenvolvimento das forças produtivas – marcado por uma lenta concentração no comércio e na indústria, insuficiente, porém, para ameaçar de extinção as pequenas empresas, e pelo aumento da quantidade de estabelecimentos agrícolas –, nem tampouco a configuração das classes sociais – na qual se destaca a ampliação do número de proprietários em todas as faixas, inclusive nas camadas médias – convalidam o prognóstico de uma incessante simplificação (e o subsequente aguçamento) dos antagonismos ao conflito entre burguesia e proletariado.

A tendência a uma maior diferenciação social, resultado da coexistência (e não de uma luta de vida e morte) entre pequenas, médias e grandes empresas, além de invalidar a perspectiva de uma progressiva proletarização das camadas médias, indica também o aumento da flexibilidade do atual sistema de produção, comprovada pelo espaçamento cada vez maior entre as crises econômicas. Na interpretação de Bernstein, a mudança de padrão do capitalismo (resultante da adoção de medidas protecionistas e de favorecimento dos monopólios) proporcionou a criação de um ambiente mais propício à emergência de uma série de fatores – sistema creditício, formação de trustes e cartéis, melhoria do sistema de comunicação – que passaram a operar como instrumentos de autorregulação da sociedade burguesa. A estabilização do capitalismo completa-se, segundo ele, com a ação organizada dos trabalhadores – em sindicatos, cooperativas e em partidos socialistas de massa –, que contribuiu para reverter a pauperização do proletariado.

A crítica de Bernstein se dirigia efetivamente ao modelo teórico predominante no "marxismo da Segunda Internacional". Este, transmutando o que em Marx era "tendência histórica" em "desenvolvimento necessário", concebia o advento do socialismo como decorrência de uma crise generalizada – suposta como um desdobramento inevitável da evolução da produção capitalista. Previa-se que a expansão do empobrecimento, na situação de caos econômico, iria desencadear o desmoronamento do sistema.[65]

A descrição do capitalismo contemporâneo delineada por Bernstein nesses artigos desmente a expectativa de uma iminente "catástrofe social" contestando separadamente as três teses aí imbricadas em um *constructo* único: (i) o diagnóstico de uma tendência à polarização (pela redução do conflito social ao enfrentamento de duas classes extremas); (ii) o prognóstico de uma pauperização (como resultado do empobrecimento gradativo do proletariado); e (iii) a confiança na inevitabilidade de um colapso do capitalismo (provocado pelo aguçamento incontrolável das crises econômicas).

Com o ataque a esse tripé, por muito tempo sustentáculo incontestado das expectativas revolucionárias dos socialistas agrupados na Segunda Internacional, Bernstein procura abrir caminho para uma reformulação da teoria política da social-democracia. Em lugar de se deixar guiar pelo "utopismo" – encarnado, segundo ele, na confiança inabalável na "resolução milagrosa dos problemas" através de um salto brusco da sociedade capitalista à socialista –, propõe a observância de um programa de "reformas positivas" que levasse em conta tanto o avanço do movimento operário como o fato de que não cabia mais esperar ou apostar em grandes catástrofes políticas.

Não se trata da elaboração de uma nova plataforma para a ação política, mas simplesmente de alçar ao primeiro plano "as tarefas imediatas" até então consideradas apenas meios para alcançar o objetivo final. A recomendação de intensificar (i) a luta pelos direitos políticos dos trabalhadores, sintetizada na demanda por um sufrágio efetivamente universal; (ii) o combate, levado a cabo pelos sindicatos, em defesa de direitos trabalhistas; e (iii) a cooperação econômica, pela via da implantação de cooperativas de consumo, não configuravam um programa diferente do que estava sendo posto em prática pelos trabalhadores alemães agrupados no SPD. A eficácia dessa estratégia, corroborada factualmente pelo fortalecimento progressivo da social--democracia alemã, justifica-se também, em *Problemas do socialismo*, pela assunção de determinados pressupostos, o que acabou por delinear uma teoria política e econômica do socialismo reformista.

Primeiro, atribui-se à democracia (por meio de um alargamento de seu âmbito de atuação) um potencial de transformação bastante distinto da avaliação corrente na tradição marxista. Como se sabe, o marxismo impôs-se como força hegemônica no movimento operário em parte graças à importância que concede à ação política. Para Bernstein, no entanto, essa postura ainda era insuficiente. Ele não se contenta em destacar a importância da luta política como meio de organização da classe operária; considera também primordial o aperfeiçoamento das instituições democráticas. Segundo ele, a expansão da democracia, além de possibilitar a supressão dos "privilégios" da burguesia (estreitamente vinculados ao caráter de classe do Estado), intensifica a tendência econômica anticapitalista latente na vida social.

Bernstein, em chave otimista, percebe nos fatores responsáveis pelo amortecimento das crises (sociedades por ações, cartéis e trustes etc.) indícios de socialização da produção e da distribuição. De igual modo, concebe os organismos econômicos estatais e paraestatais (sobre os quais a social-democracia exerce certa influência, ainda que indireta) não como manifestações de um capitalismo de Estado, mas como exemplos de uma modalidade de produção oposta à "apropriação privada dos meios e dos excedentes de produção".[66]

Com esse movimento, Bernstein inverte completamente a perspectiva marxista acerca do Estado: de órgão da dominação de classe, passa a ser uma alavanca da reforma social. O quadro completa-se com a descrição de um Estado socialista, diferente do atual apenas no que tange ao grau, dada a exigência de manutenção, entre outras coisas, de um corpo administrativo (representando o interesse social), de formas de regulação jurídica e até mesmo das unidades administrativas corporificadas pelas nações.[67]

Bernstein destaca, nas justificativas da sua concepção de Estado socialista, junto com considerações de ordem política – que, no fundo, traduzem uma indisfarçável confiança na evolução democrática do Estado e na atenuação da supremacia burguesa, pressupostos da possibilidade da tomada de poder legal e pacífica pelos partidos socialistas –,[68] uma modificação decisiva na esfera econômica. A demanda por objetos de consumo de massa (seja de índole material ou espiritual), transformados em necessidades comuns, remodela o aparato produtivo pela generalização de procedimentos mecânicos e estandardizados – o que não deixa de facilitar a adoção de formas coletivistas e, no limite, públicas de produção.[69] Altera também a escala e o espaço econômico das atividades produtivas viabilizadas pelo acesso ao mercado de uma população em rápido crescimento. Essa nova configuração, no mínimo, inviabiliza o modelo então corrente de um "socialismo comunal".

Na determinação do Estado ou do conceito de democracia, Bernstein ensaia a construção de meios de passagem, de pontos comuns entre o capitalismo e o socialismo que facilitem uma transição gradual a partir do interior do sistema atual. Procura, assim, elaborar uma alternativa à aposta em um "salto brusco", na sua ótica, inviabilizada, no presente, tanto pelas dificuldades para uma socialização rápida e integral dos meios de produção (decorrentes da existência de um grande número de pequenas e médias empresas) como pela imaturidade da classe operária.

Bernstein – na medida em que abandona o projeto de supressão do Estado, associando o esforço de socialização ao aprofundamento da democracia – atribui ao Estado e à democracia mais que o estatuto de "meios", alça-os à condição de "fins" do socialismo. A subordinação dos objetivos revolucionários às "tarefas do presente e do futuro imediato" transmuta-se, no entanto, à sua revelia, em um programa de longo prazo, na expectativa de um incessante aperfeiçoamento dos direitos trabalhistas e sociais e das instituições democráticas.

Nesse sentido, a frase "a meta é nada, o movimento é tudo",[70] emblema da proposta de privilegiar o presente em detrimento do futuro (e matriz de tanta celeuma), não resume, como geralmente se pensa, um programa antissocialista ou não socialista, apenas indica outro caminho – reformista – para a superação do capitalismo.

A defesa de estruturas mistas, ao mesmo tempo capitalistas e anticapitalistas, na base econômica, e de alianças e coalizões com partidos e segmentos burgueses, na superestrutura jurídica e política, amplia o processo (e o prazo) de transição de tal forma que a questão da conquista do poder obnubila-se. Nesse registro, o debate coloca em outro patamar a questão da socialização dos meios de produção. Bernstein, paradoxalmente, completa o giro em relação à teoria do colapso, recomendando, como premissa indispensável para a passagem ao socialismo, o bom funcionamento do capitalismo.

Primeiro, porque só nesse caso o socialismo disporia da "homogeneidade de condições necessárias para uma transformação simultânea da economia". Mas também porque seu pleno desdobramento prefigura o socialismo:[71]

> A contínua ampliação do círculo dos deveres sociais, isto é, dos correspondentes deveres e direitos dos indivíduos ante a sociedade, e das obrigações da sociedade diante dos indivíduos, a extensão do direito de controle da sociedade – organizada como nação ou Estado – sobre a vida econômica, o incremento da autonomia administrativa democrática nos municípios, distritos e províncias e a ampliação de suas funções: na minha opinião, tudo isso significa desenvolvimento rumo ao socialismo ou, se quiserem, realização parcial do socialismo.[72]

Tamanha segurança acerca do sentido da evolução traduz a irrestrita confiança atribuída, no âmbito da Segunda Internacional, ao potencial libertador da expansão das forças produtivas. Bernstein imputa ao andamento econômico e político do capitalismo (monitorado pelo movimento operário) – e não mais só ao avanço do conhecimento nas ciências naturais, como na versão tradicional do "socialismo científico" – os aumentos quantitativos e qualitativos da capacidade de produção mercantil. Ao contrário do que parece à primeira vista, não se trata de mais um argumento a favor do atual sistema social. Ele insere o desenvolvimento econômico do capitalismo (desobstruído com o enfraquecimento das crises cíclicas), o aperfeiçoamento de suas instituições jurídicas e políticas em uma teleologia que culmina no predomínio futuro do proletariado. O socialismo bernsteiniano, por conseguinte, não visa mais que à consolidação de certas tendências (o impulso à ampliação da produção, da democracia etc.) presentes nos países avançados do capitalismo europeu, embalado pela crença de que esse movimento se fazia numa direção anticapitalista, a da socialização.[73]

Bernstein reafirma inúmeras vezes que seu programa procura fornecer respostas às questões colocadas, particularmente, pelo "Prefácio de 1895" e, de modo geral, pelos últimos escritos de Engels.[74] Procura adequar-se a essa nova pauta levando em conta, sobretudo, que se modificaram substancialmente as condições sob as quais o proletariado ensaia a luta de classes e o caminho para o poder, graças à possibilidade aberta aos partidos socialistas de travar o confronto com a burguesia dentro da legalidade, por meio de instituições democráticas.

O reconhecimento por Engels do potencial emancipatório da atuação legal da social-democracia, a sua ênfase nas mudanças da situação e dos métodos de luta do proletariado, entretanto, de modo algum o impeliram a prever alterações no teor e no caráter da revolução social tão drásticas e incisivas quanto aquelas esboçadas por Bernstein em *Problemas do socialismo*.

Diante dessa evidência, Bernstein adota uma atitude dúbia. Por um lado, ressalta que se trata de desdobramentos numa direção já indicada por Engels, resultados da maturação de um embrião que este não teve tempo de desenvolver. Procura enquadrar nessa chave determinadas inferências, correções de equívocos assumidos por Engels no "Prefácio de 1895" a *As lutas de classes na França*, que expõe como se fossem decorrências logicamente necessárias: o prognóstico de uma estabilização da sociedade atual como correção de um erro de Marx na avaliação da duração da evolução social e política do capitalismo; e a perspectiva de uma transição gradual como alternativa à "revolução de minorias".

Mas também, por outro lado, destaca que certos aspectos indicativos da nova trajetória política do proletariado europeu, característicos de seu giro para uma postura reformista, devem ser imputados às novas condições do presente histórico, marcado por uma profunda alteração no padrão econômico do capitalismo.

Embora não desapareça completamente, essa oscilação passa ao segundo plano com a redação em 1899 de *Os pressupostos do socialismo e as tarefas da social-democracia*. Bernstein, nesse livro, não se apresenta mais como executor testamentário de Engels. Ao contrário, apoia-se no fato de que os pais-fundadores do materialismo histórico também retificaram, em diferentes momentos, pontos importantes da teoria, para propor uma revisão radical da doutrina marxista.

Bernstein, após a condenação das teses expostas nos artigos da *Die Neue Zeit* pelo Congresso do SPD de 1898, em Stuttgart, sentiu-se aliviado do fardo de ser uma espécie de porta-voz semioficial da direção partidária. A aprovação dessa moção também fortaleceu sua convicção de que a adesão irrefletida a determinados princípios da doutrina tornara-se um obstáculo para a atuação corriqueira e cotidiana da social-democracia. Desse modo, incorporou sua intenção de admitir o acerto de alguns pontos da crítica burguesa a Marx ao propósito mais abrangente de superar a flagrante incompatibilidade que, a seu ver, separava as orientações da tática dos princípios da teoria.[75]

A revisão dos pressupostos do marxismo emerge, assim, como uma restauração da unidade entre doutrina e realidade, palavra e ação:

> Marx e Engels legaram a seus sucessores a tarefa de restabelecer a unidade da teoria e de promover a unidade entre a teoria e a práxis. Entretanto, para levar a cabo essa tarefa é preciso indicar claramente as lacunas e as contradições da doutrina. Em outras palavras, o desenvolvimento posterior e o aperfeiçoamento da teoria marxista devem começar pela sua crítica.[76]

A crítica desdobrada por Eduard Bernstein – apesar de sua preocupação em legitimá-la recorrendo a uma das premissas da doutrina marxista, a necessidade de preservar a unidade de teoria e prática – não é conduzida diretamente pelas demandas políticas da ocasião. Embora o resultado (visado e efetivado) acabe por compatibilizar, pela via da subordinação, o marxismo, em sua versão revisada, com as tarefas imediatas do partido, o esforço crítico orienta-se por uma exigência de cientificidade. Esta – nem sempre, porém, seguida à risca – procura caminhar nas pegadas da vertente engelsiana que concebe a teoria como um "conhecimento positivo e efetivo do mundo".

Exceto pela pretensão de falar em nome da ciência, muito pouco do "socialismo científico" subsiste, no entanto, na revisão empreendida por Bernstein. Subvertendo, de antemão, pontos fundamentais como a determinação do método e a articulação do sistema, sua reformulação não hesita em contestar alguns pilares centrais da então incipiente tradição marxista. Segundo ele, a teoria da mais-valia (com suas implicações acerca do ritmo do desenvolvimento capitalista) e a explicação da história como resultado do enfrentamento entre as classes constituem indícios robustos de que Marx teria se deixado levar pelo "espírito de tendência" "violentando os resultados da análise científica".

A revisão proposta por Bernstein – incorporando critérios postos em voga pelo neokantismo como a exigência de uma correspondência estrita entre a ordem conceitual e os dados empíricos – processa-se em três movimentos. Primeiro, segrega do *corpus* do marxismo as adições que considera não científicas; depois, cataloga esses acréscimos em duas vertentes, a intenção ideológica e a contaminação utópica, às quais, por fim, atribui destinos distintos, a incineração, no caso do quisto utópico, e a reciclagem (de ciência para ideal, de juízo de fato para juízo de valor) do material tido como ideológico.

Na reconstituição de Bernstein, a teoria do valor é reduzida a uma construção meramente lógica, desprovida de conteúdo, inviabilizando as tentativas de determinação factual da mais-valia. A exploração dos trabalhadores, entretanto, pode ser aferida por "um fato empírico demonstrável experimentalmente sem qualquer inferência dedutiva": a vigência no modo de produção capitalista do mesmo "sobretrabalho" característico das formas anteriores de dominação social.[77]

No esforço para conceder primazia à noção de sobretrabalho, Bernstein limita o alcance tanto da teoria marxista como da teoria marginalista do valor. Na construção da equação que as posiciona como equivalentes, restringe igualmente os conceitos de mais-valia e de valor útil do estatuto de teses demonstrativas ao estatuto de hipóteses científicas, ou seja, à condição de simples instrumentos de análise e explicação. A crítica de Marx à dominação capitalista subjacente em sua teoria da mais-valia subsiste apenas como "ideal da razão": transmutada em outra esfera, a "ideia de igualdade e de justiça" que a perpassa é reconfigurada como um postulado prático.

Segundo Bernstein, ignorando o vício de origem, a linhagem marxista extraiu da teoria do valor e do conceito de mais-valia consequências acerca da dinâmica da sociedade moderna que não preenchem os requisitos de cientificidade característicos de uma doutrina que se autodenomina "socialismo científico". Esse desvio tonifica a necessidade de levar adiante o programa de investigações – realizado em parte nos artigos de *Problemas do socialismo* – assentado no monitoramento estatístico de variáveis como difusão da riqueza social, perfil do empresariado, concentração industrial, capacidade do capitalismo de conter a competição anárquica (e assim evitar ou minorar as crises cíclicas) etc. O distanciamento dos trilhos da ciência deriva da desconsideração dos dados empíricos, matriz de uma série de "construções arbitrárias", inevitáveis para quem se deixa envolver pela teia lógica do conceito. Para Bernstein, os equívocos de Marx e dos seus seguidores resultam, em suma, do uso indiscriminado do método dialético.

Bernstein procede de modo análogo na reformulação do materialismo histórico. Atribui a ênfase nas lutas de classes, a sua determinação como "princípio explicativo" da história, à interferência dos "saltos mortais hegelianos". Precavendo-se das armadilhas da dialética (mas também de seu "brilho e genialidade", mero "fogo-fátuo"), ensaia uma revisão (um tanto quanto atabalhoada, diga-se de passagem) da historiografia socialista, em especial da Revolução de 1848 e da Comuna de Paris.

Trata-se de uma reconstituição histórica motivada pela exigência de observância estrita dos dados e de definição exata dos conceitos, imposições de sua tentativa de retorno, na terminologia de Engels, ao método metafísico. Na medida, porém, em que destaca e condena, por exemplo, a estagnação das atividades produtivas e a paralisia do comércio provocadas pelas insurreições de 1848 e 1871, Bernstein parece mais preocupado em examinar o passado à luz das necessidades políticas da prática reformista do presente que em se guiar por uma metodologia "científica".[78]

Por outro lado, no afã de minimizar o papel do materialismo, questiona a subordinação da consciência e da vontade aos fatores econômicos (fundamento da historiografia marxista reforçado na "Introdução" de Marx ao livro *Para a crítica da economia política*). Nessa direção, ensaia uma refutação da tese da "imanência histórica" (outra contaminação da dialética) propondo a ampliação das intermediações entre a esfera produtiva e a superestrutura.

Com o enquadramento "científico" da teoria do valor e da doutrina do materialismo histórico, Bernstein pretende ter livrado o marxismo dos seus dois "princípios" mais nocivos: o determinismo econômico e a submissão da interpretação da situação atual a uma teoria geral da história. Confia, assim, que, uma vez descartada a exigência de uma catástrofe como premissa da transformação social e reconhecida a importância do conhecimento do presente histórico como fator de correção dos princípios doutrinários, abre-se um novo caminho para a superação do capitalismo. Doravante, a passagem ao socialismo não se assentaria mais em discutíveis inferências científicas como a previsão de um colapso dedutível das leis da economia ou a convicção numa determinação histórica inscrita no plano geral da evolução humana. A ultrapassagem do atual modo de produção passa a depender exclusivamente da práxis política, isto é, da "organização e da ação enérgica" dos partidos da Internacional Socialista e dos próprios trabalhadores.

Essa práxis, impulsionada pela demanda por direitos cristalizada na proposta da ampliação incessante da democracia, norteia-se e legitima-se pela aspiração subjetiva da classe operária à justiça social. Assim, o movimento de Bernstein para desentranhar da parte "não científica" do marxismo uma parcela reutilizável como fatores motivadores da ação, sob a forma de "juízos de valor", completa-se com a redefinição do socialismo como um "ideal ético".

A revisão delineada por Bernstein culmina em uma reconstrução do marxismo orientada pela coordenação entre as partes autônomas da teoria e da prática. A ciência, purificada de interferências utópicas e das diatribes da dialética, desprovida de sua rigidez doutrinária, concentra-se na tarefa de compreensão do presente histórico. Em contrapartida, exaure a sua capacidade de sinalizar para o futuro e, por conseguinte, de estabelecer as premissas da política socialista. A determinação das atividades partidárias passa a ser ditada apenas pelos rumos do "movimento" e por genéricas aspirações morais.

Na tentativa de evitar a tendência à desintegração decorrente da bipartição do marxismo em uma ciência e em uma política distintas, Bernstein incorpora e vincula essas duas esferas, enquanto partes complementares, em um conjunto unificado. Nessa operação, restaura, à revelia das advertências de Engels, e de seu projeto inicial, ancorado na proposta de um conhecimento "positivo" do mundo, a primazia de uma "filosofia superior" encarregada de estabelecer concatenações universais. Sob a capa de um sistema classificatório e científico, o neokantismo então predominante incumbe-se da mesma função outrora desempenhada no auge do idealismo alemão pela filosofia de Hegel.

O esforço de Bernstein para fundamentar filosoficamente o marxismo a partir de Kant pode ser verificado em cada momento: no desenho geral, que projeta a arquitetônica do legado de Marx em dois blocos interligados; no esqueleto do sistema, reposicionando os conteúdos do materialismo histórico; no *telos* socialista, delimitando o horizonte da ação em termos éticos; na inversão do método, navegando na contracorrente da propensão a recorrer à dialética; nos critérios de cientificidade, determinando as parcelas a serem extirpadas ou recicladas etc.

Tampouco a proposta de restabelecer a unidade entre teoria e prática por meio de uma revisão crítica das pilastras do marxismo escapa a esse esquema geral. Assim, não é de espantar que os contemporâneos (e também a posteridade) tenham avaliado essa tentativa de superar a defasagem entre a doutrina e a efetividade como um fator a mais de desagregação. A preocupação em compatibilizar palavra e ação pela redefinição da teoria e da prática em termos kantianos configura uma legitimação adequada apenas para um setor do movimento operário: aquele que apostava suas fichas no reformismo. Por fim, o destemor polêmico de Bernstein, a sua incisiva convicção, a clareza e a firmeza de propósitos, o tom, ao mesmo tempo, afirmativo e crítico deixaram evidente que seu programa visava mais levantar dúvidas que confirmar certezas, dividir que somar.

Embora nunca apresente com nitidez a sua definição de proletariado, Eduard Bernstein imputa à sua heterogeneidade, aos conflitos de interesse entre estratos diferenciados, a matriz dessa fragmentação. Enquanto Karl Kautsky procura moldar a doutrina visando unificar tais interesses, Bernstein prefere destacar as divergências.

As consequências devastadoras dessas teses, as controvérsias que suscitaram no SPD e na Segunda Internacional – rotuladas nas manchetes da imprensa burguesa da época como "crise do marxismo" –, não foram efeitos surpreendentes para Bernstein. *Os pressupostos do socialismo e as tarefas da social-democracia* antecipa e desenvolve explicitamente o potencial desagregador dessas ideias. Ali, em contradição aberta com a carta de intenções do início do livro que anuncia o propósito de promover a unidade da teoria (harmonizando a doutrina e a prática), Bernstein cinde a tradição socialista em duas vertentes antagônicas, implodindo a unificação cuidadosamente construída por Engels.

A partir dos polos contrários, orientados pelas perspectivas dicotômicas da reforma ou da revolução, Bernstein desentranha a dualidade que julga constitutiva do marxismo.[79] Diz ele:

No movimento socialista moderno podemos distinguir duas grandes correntes divergentes, frequentemente opostas entre si conforme os diferentes movimentos históricos. A primeira vincula-se com as propostas de reforma elaboradas pelos pensadores socialistas e tem uma tendência substancialmente construtiva; a segunda, pelo contrário, inspira-se nos movimentos populares revolucionários e tem objetivos substancialmente destrutivos. De acordo com as possibilidades oferecidas pelas situações históricas, uma adota uma postura utópica, sectária, pacifista-evolucionista, e a outra, uma posição conspiratória, demagógica e terrorista. Na medida em que se aproximam do presente, a palavra de ordem passa a ser cada vez mais emancipação por meio da organização econômica, para uma, e por meio da expropriação política, para a outra.[80]

Embora conceda que o materialismo histórico se propunha a estabelecer uma síntese entre essas vertentes "adotando dos revolucionários a concepção de luta pela emancipação dos trabalhadores como luta de classe política e dos socialistas, a necessidade de acentuar as condições econômicas e sociais preliminares dessa emancipação", Bernstein considera que esse propósito foi malsucedido. Segundo ele, a conciliação obtida pela doutrina de Marx e Engels mostrou-se insuficiente sequer para manter o seu legado como um movimento unificado.

Uma vez que essa "solução de compromisso" não consegue evitar que "o marxismo mostre repetidas vezes em intervalos muito curtos uma cara essencialmente distinta", Bernstein propõe, como correção dessa instabilidade, uma mudança de identidade da linhagem marxista por meio da ação conjugada da crítica à vertente revolucionária e do redirecionamento dos esforços para a emancipação econômica. A síntese assim projetada impõe uma redefinição da luta política na qual a tentativa de conquista do poder pela via parlamentar é apenas um aspecto de um programa geral que visa sobretudo implantar normas de controle social da organização econômica.

Bernstein sugere então uma configuração para o marxismo mais moderada politicamente, requalificada pela modificação dos objetivos finais e das formas de luta da antiga estratégia – agrupadas genericamente sob a etiqueta pejorativa de "blanquistas".[81] Nessa nova moldura, o materialismo histórico aproxima-se, quase a ponto da indistinção, das propostas de reforma social de seus adversários históricos (contestados resolutamente em 1848 no *Manifesto do partido comunista*; recentemente, porém, reduzidos pelo último Engels ao estatuto de precursores): os socialistas utópicos.

Em uma conjuntura que desmentia, a cada momento, na economia e na política, as expectativas catastrofistas, Bernstein propõe uma série de resoluções programadas para chacoalhar a inércia do partido social--democrata alemão. No entanto, ao preconizar que o capitalismo deve ser superado não por seus antagonismos, mas pela injustiça que lhe é inerente, o revisionismo não logrou apresentar para a classe trabalhadora uma meta distinta da realização de um ideal moral.

Considerando tais desdobramentos, não é inteiramente descabida a interpretação que, invertendo a trajetória destacada por Friedrich Engels, procura inserir Eduard Bernstein na história do marxismo (reduzindo-o brutalmente a um *slogan*) como uma tentativa de transição "do socialismo científico ao socialismo ético".

A força e o impacto do revisionismo advêm, em larga medida, do fato de que não se tratava de um projeto de reformulação do marxismo oriundo do campo burguês, mas de uma autocrítica levada adiante por um dos expoentes da Internacional Socialista. Integrado à social-democracia alemã desde 1872, discípulo e amigo de Engels (que lhe legou o seu testamento literário, ou seja, a responsabilidade pela edição dos textos ainda inéditos seus e de Marx), o renome de Eduard Bernstein, a sua importância no processo de constituição de um marxismo autóctone no SPD, exigiu um combate redobrado por parte da ortodoxia partidária. Essa tarefa foi desempenhada por Karl Kautsky e Rosa Luxemburg em duas séries de artigos, depois recolhidas em livros.

Apesar do sucesso do *Anti-Bernstein* de Karl Kautsky,[82] comprovado por sua tradução imediata em diversos idiomas, a réplica às teses de Bernstein exposta por Rosa Luxemburg em *Reforma social ou revolução?* consagrou-se (tanto entre os contemporâneos como na posteridade) como a mais veemente e competente refutação do revisionismo.

Recém-chegada à Alemanha e à vida partidária, após se doutorar na Suíça sob a orientação de Julius Wolf (um dos críticos do marxismo retomados por Bernstein) com uma tese sobre o desenvolvimento industrial na Polônia,[83] Rosa Luxemburg demonstrou, nessa sua primeira intervenção, não só, como se esperava, conhecimento aprofundado do funcionamento da economia capitalista (contestando Bernstein num terreno no qual a sua fragilidade era evidente), mas também um insuspeito pendor teórico. O domínio da teoria de Marx, a facilidade e a segurança com que aplica os princípios da doutrina aos diferentes casos específicos, num estilo claro e conciso (elementos decisivos numa polêmica), fizeram com que a recepção considerasse *Reforma social ou revolução?* como um sopro rejuvenescedor da ortodoxia marxista.

Os artigos de Rosa Luxemburg – escritos no calor da hora, quase ao mesmo tempo que *Os pressupostos do socialismo e as tarefas da social- -democracia* era redigido[84] – não se ocupam das premissas do marxismo submetidas, por Bernstein, ao exame e à revisão crítica. Com a recusa (pouco importa se deliberada ou não) em pautar a discussão em termos doutrinários ou exegéticos, o ponto mais destacado de *Reforma social ou revolução?* foi a determinação dos nexos que permitem conjugar um programa de reformas com a luta por objetivos revolucionários. A resolução proposta para essa questão procura recompor a fenda provocada no interior do marxismo pela dissociação desses dois procedimentos.

Procurando evitar as armadilhas do raciocínio abstrato que induziram Bernstein a desvincular reforma de revolução, "emancipação econômica" de "luta de classe política", reposicionando-os como formas de combate distintas e até mesmo antagônicas, Rosa Luxemburg reconstitui a história das modalidades de articulação entre essas duas táticas. Seja na ascensão da burguesia ou, de modo geral, na história das lutas de classe, a camada ascendente serviu-se sempre tanto da reforma (enquanto meio de se fortalecer) como da revolução (como forma de se apossar do poder político). Nessa perspectiva, a relação entre esses dois métodos de luta, longe de ser indiferente, configura um vínculo de complementaridade dialética. Trata-se, em suas palavras, de "fatores diferentes do desenvolvimento da sociedade de classes, que condicionam e complementam um ao outro igualmente, porém, ao mesmo tempo, excluem-se, assim como, por exemplo, o polo Sul e o polo Norte, a burguesia e o proletariado".[85]

A opção dos revisionistas por uma única alternativa, o descarte da estratégia revolucionária, decorre, segundo Rosa Luxemburg, de uma avaliação que atribui à política de reformas um potencial de transformação social que ultrapassa em muito sua capacidade real. Primeiro, porque o conteúdo e o sentido das reformas são predeterminados pelo arcabouço legal, por uma Constituição cujos delineamentos gerais normalmente apenas ratificam os princípios da revolução precedente:

> O esforço pelas reformas não contém, em si, força motriz própria, independente da revolução; em cada período histórico ele apenas se movimenta sobre a linha, e pelo tempo em que permanece o efeito do pontapé que lhe foi dado na última revolução ou, dito de maneira concreta, apenas no quadro da forma social criada pela última transformação.[86]

Além disso, por mais bem executada que seja ou por mais favoráveis que sejam as condições para sua implantação, essa política nunca levaria à supressão do capitalismo porque mantém intocada a fonte da desigualdade social no mundo burguês: o regime de assalariamento. A dominação do capital não se assenta em direitos adquiridos ou em outra forma jurídica qualquer, mas numa relação econômica na qual "a força de trabalho desempenha o papel de mercadoria", fato esse inteiramente compatível com uma situação de igualdade jurídica e política.

Com a apresentação desses argumentos, matriz de diferentes vertentes de discursos revolucionários no decorrer do século XX, Rosa Luxemburg imagina ter debelado a ameaça de desagregação do campo marxista representada pelo revisionismo.[87]

Reforma social ou revolução?, entretanto, não pode ser considerado apenas como um libelo genérico em defesa da unidade do marxismo. As teses que o livro contrapõe ao revisionismo, em geral bastante afinadas com a concepção teórica e a prática política predominantes na social-democracia alemã, também contribuíram para legitimar (em nome de um compromisso com a revolução que, diga-se de passagem, o SPD no decorrer do tempo manteve apenas no papel) a linha programática implementada pela direção partidária e teorizada por Karl Kautsky.[88]

Os ensinamentos da história a que Rosa Luxemburg recorre mostraram-se suficientes para elucidar o nexo entre reforma social e revolução, desmontando a exigência posta por Bernstein de uma escolha dicotômica entre esses encaminhamentos. Permanece, todavia, ainda aberta a seguinte questão: a eficácia da tática do SPD, concentrada na luta por direitos (políticos, trabalhistas e mesmo de associação econômica), não justificaria, como sugere Bernstein, um programa de reformas positivas que eleve ao primeiro plano as tarefas imediatas até então relegadas à condição de simples meios? Em outras palavras, o trabalho de organização e esclarecimento da classe operária não deveria estar orientado por uma ênfase nas reformas?

Nesse ponto, a consulta aos modelos do passado não é suficiente, pois Bernstein apresenta a sua proposta de reformulação da doutrina política da social-democracia como uma correção de rumos determinada pela modificação do padrão de desenvolvimento do capitalismo. Tampouco vale o argumento, retórico, reiterado, porém, em quase todos os artigos do livro, segundo o qual os revisionistas decidem entre uma ou outra tática considerando apenas critérios subjetivos como a comparação entre vantagens e inconvenientes de cada forma de luta.

Rosa Luxemburg não ignora essas objeções. Ao contrário, no início do livro adverte que

[...] o essencial dos argumentos de Bernstein não se encontra, em nosso entendimento, em seus pontos de vista sobre as tarefas práticas da social--democracia, mas sim naquilo que ele diz sobre o curso do desenvolvimento objetivo da sociedade capitalista, com a qual esses pontos de vista estão estreitamente associados.[89]

Essa afirmação contém mais que uma informação acerca dos pressupostos da teoria econômica e política do socialismo reformista, podendo ser vista também como um anúncio do terreno em que Rosa Luxemburg levará adiante a discussão com Eduard Bernstein.

O outro ponto forte de *Reforma social ou revolução?* consiste, portanto, na interpretação do curso do mundo contemporâneo que Rosa Luxemburg se viu impelida a esboçar quando aceitou o jogo e as armas propostas por Bernstein. Consoante com as regras do gênero "polêmica", ela não se preocupa em estabelecer uma descrição positiva e detalhada do capitalismo, mas antes em refutar as conclusões que o revisionismo infere da atuação de novos fatores políticos e econômicos; o que não deixa, evidentemente, de projetar, mesmo que na contraluz, uma compreensão abrangente e coerente da sociedade burguesa.

Seu primeiro alvo é a hipótese, difundida pelos revisionistas, de esta-bilização do capitalismo atribuída à ampliação de sua "capacidade de adaptação e mobilidade" – gerando uma situação de equilíbrio que tornou pouco plausível a expectativa de catástrofes econômicas ou políticas. Em sua refutação, Rosa Luxemburg examina o funcionamento efetivo das novidades, uma a uma, às quais Bernstein imputa a responsabilidade pelo aumento do potencial de autorregulação da economia burguesa: a generalização de um sistema de crédito, a utilização de novos e ágeis meios de comunicação, a organização de cartéis e trustes empresariais. De modo geral, ela destaca que tais elementos devem ser compreendidos, sobretudo, como fatores de incremento e expansão do parque produtivo. Assim, em lugar de suprimirem ou atenuarem a anarquia inerente ao sistema de produção de mercadorias, eles contribuem apenas para a gestação de outras crises.[90]

Em seguida, Rosa Luxemburg contesta a capacidade efetiva de transformação social daqueles meios cuja mobilização Bernstein julga suficiente para desencadear, a partir do interior do sistema atual, um processo de transição progressiva para o socialismo: os sindicatos, as cooperativas de consumo, as reformas sociais e a batalha política pela democratização. Esforça-se em demonstrar que tanto os sindicatos quanto as cooperativas, tidos pelo reformismo como pontos de apoio decisivos para a superação gradual do capitalismo, não têm como interferir de forma profunda nos mecanismos da economia. Segundo ela, (a) a ação dos sindicatos, restrita a uma tática meramente defensiva, não consegue ir além de um programa de lutas por aumento dos salários e pela redução da jornada de trabalho; (b) as cooperativas de consumo, com a aplicação do princípio associativo, apontam antes para um retorno ao pré-capitalismo do que para a implantação do socialismo.[91]

Quanto à reforma social, além dos argumentos já citados acerca da sua dificuldade para transpor os marcos do modo de produção vigente, Rosa Luxemburg não consegue entrever, ao contrário de Bernstein, nenhum teor socializante na então incipiente legislação trabalhista alemã. Antes, desconfia de que se trata apenas de uma forma de controle social instalada pela classe dominante. Tampouco admite a viabilidade de uma gradual atenuação da supremacia burguesa pela subordinação do Estado à sociedade, pressuposto de qualquer tentativa de conquista pacífica e legal do poder.

Rosa Luxemburg, além de insistir no caráter de classe do Estado, ABC da cartilha social-democrata, não compartilha a confiança dos reformistas na evolução democrática da sociedade contemporânea. *Reforma social ou revolução?* dissocia capitalismo e democracia em dois movimentos interdependentes: (a) à luz do passado, ressalta que a vigência da democracia (em contraposição à concepção de Bernstein, que a concebe como lei fundamental do desenvolvimento histórico) corresponde a um período bastante curto da história política desse modo de produção; (b) no diagnóstico do presente, avista nuvens negras no horizonte, antevendo na retomada da política colonial pelas potências europeias não só o fortalecimento do militarismo, mas também a iminência de uma guerra.

Tudo isso não significa, evidentemente, que Rosa Luxemburg considere a democracia dispensável para o movimento operário. Se, por um lado, doravante, a democracia passa a depender exclusivamente do proletariado (seu último baluarte no mundo atual), por outro lado, torna-se também imprescindível na construção de uma sociedade socialista:

> Se para a burguesia a democracia tornou-se supérflua ou mesmo incômoda, é, ao
> contrário, necessária e indispensável à classe operária. É necessária em primeiro

lugar porque cria formas políticas (administração autônoma, direito eleitoral etc.) que servirão de pontos de apoio ao proletariado em seu trabalho de transformação da sociedade burguesa. Em segundo lugar, é indispensável porque só por meio dela, na luta pela democracia, no exercício de seus direitos, pode o proletariado chegar à consciência de seus interesses de classe e de suas tarefas históricas.[92]

De modo geral, nesses artigos (afora por um ou outro rasgo de lucidez profética, nunca fruto do acaso, mas da coerência revolucionária que manteve até o último de seus dias), Rosa Luxemburg pouco destoa da ortodoxia do partido social-democrata alemão. Apesar da pertinência de sua crítica pontual do modo como os novos fatores destacados por Bernstein interagem e interferem no conjunto da economia, a sua interpretação global do capitalismo contemporâneo encontra-se contaminada pelo esforço (delineado em chave conclusiva já no primeiro artigo) em restabelecer a hipótese (e assim a expectativa) de um colapso necessário do capitalismo. Por mais interessantes, fundamentados e originais que sejam os argumentos que aduz em favor dessa premissa, sua análise parcial subordina-se a uma teoria sistêmica, previamente dada, à qual não falta sequer o invólucro tradicional, ou seja, uma filosofia da história que configura a transformação socialista como um processo quase inevitável.[93]

A sua compreensão das relações entre a teoria socialista e a prática cotidiana do partido também segue de perto o catecismo kautskyano. Ao mesmo tempo que defende, por exemplo, a luta sindical e parlamentar como a tática mais apropriada para "socializar o conhecimento, isto é, a consciência do proletariado, organizando-o como classe", insiste na imantação do combate em prol de reformas por um objetivo final, sem o qual esse movimento perderia o sentido e a inclinação proletária. Com isso, visa tanto explicar a importância da adesão ao marxismo como etapa necessária na preparação das massas para a conquista do poder, quanto justificar (contestando as acusações levantadas por Bernstein acerca da defasagem entre a teoria e a prática nos partidos da Segunda Internacional) a forma como a social-democracia alemã incorporou o "socialismo científico".

Em breve, porém, o cenário se modifica. A controvérsia no interior do marxismo amplia e se intensifica com a entrada em cena de um terceiro protagonista, a *Neue Linke*, empurrada pelo desencadeamento, em 1905, do levante proletário na Rússia. Essa sublevação, a primeira rebelião operária depois de um interregno de 34 anos, impôs uma nova pauta de discussão. Numa conjuntura em que a superação do capitalismo reaparece como uma possibilidade tangível, o debate acerca das estratégias da passagem ao socialismo e acerca das formas de organização dos trabalhadores deixou de ser uma mera (e desimportante) questão teórica. Assim, foi sobretudo em função de divergências acerca da estratégia política mais adequada a essa nova fase de luta do proletariado (resultado de interpretações discrepantes sobre a Revolução de 1905) que se estruturaram e se cristalizaram as correntes no partido social-democrata alemão, doravante, tripartido em revisionistas, ortodoxos e esquerdistas.

No SPD, a polêmica girou quase sempre em torno de um único ponto: em que medida era necessário ou mesmo viável aplicar na Alemanha a tática, ensaiada pela primeira vez pelo proletariado russo, da greve de massas? Apesar do tom anódino da querela, discutia-se mais do que a factibilidade do transplante de um método de luta surgido em condições bastante diversas da realidade alemã. Sob essa roupagem acessória estava em jogo a questão da própria possibilidade de uma retomada da revolução socialista.

O debate aguça com a decisão da cúpula sindical – antes mesmo de conhecidos os desdobramentos da insurreição – de condenar as tentativas de assimilação dos procedimentos da classe trabalhadora russa, sentença que não se limitou a um gesto formal (as organizações sindicais proibiram inclusive a propaganda da greve de massa). Com isso, a direção do aparato sindical pretendia coibir as interpretações que tendiam a conceber num mesmo registro os eventos na Rússia e a recente ofensiva da classe operária alemã – configurada por uma radicalização do movimento operário com a greve dos mineiros do Ruhr e por uma intensificação das reivindicações políticas na luta pela reforma eleitoral na Prússia e na Saxônia.

No campo teórico do marxismo, o debate passava ainda pela polêmica, recém-sistematizada no livro da militante holandesa Henriette Roland-Holst, significativamente intitulado *Greve geral e social-democracia*, acerca da possibilidade de introduzir no arsenal marxista uma forma de combate até então descartada por seus vínculos com a tradição anarquista.[94]

Enfraquecido pela divisão em diversas correntes, o partido social--democrata alemão não conseguiu reagir à insubordinação da burocracia sindical.[95] Incapaz de empreender uma ação coordenada e unificada, contentou-se em aprovar no Congresso de Iena (1905) uma resolução encaminhada por August Bebel que recomendava o recurso à greve de massas apenas em dois casos extremos: na defesa do sufrágio universal ou para manter o direito de associação, com o que, entretanto, liberava, de certa forma, sua propaganda. Essa solução intermediária, ditada antes pela necessidade de conciliar as diversas vertentes do que pelo propósito de enfrentar os sindicatos, não impediu os funcionários sindicais de levar adiante a desobediência às decisões partidárias. Durante o Congresso de 1906, estabeleceu-se um acordo pelo qual o SPD reconhecia a autonomia dos sindicatos, selando uma influência da cúpula sindical no partido que daí em diante não cessou de crescer.

A tibieza da social-democracia alemã diante dos sindicatos torna-se ainda mais evidente se levarmos em conta que dessa vez os três mais proeminentes teóricos do partido, Eduard Bernstein, Karl Kautsky e Rosa Luxemburg, lideranças intelectuais respectivamente dos reformistas, do centro e da *Neue Linke*, sustentavam igualmente (deixando de lado a questão dos fins visados) que o movimento operário não deveria prescindir da possibilidade de recorrer à tática de greves de massas.

As principais lideranças, inclusive Bernstein, entenderam que a Revolução de 1905 desmentira uma das premissas do programa político esboçado por Engels no "Prefácio de 1895": o sepultamento de formas de enfrentamento como manifestações e combates de rua, lutas de barricadas etc., consideradas inadequadas aos novos tempos – isto é, à modernidade *fin de siècle*. Crescia, assim, a demanda, no mínimo, de uma revisão da proposta de levar adiante o confronto com a burguesia exclusivamente por meio da ação legal (via eleições e atuação parlamentar) dos partidos socialistas.

Por outro lado, todos, inclusive Rosa Luxemburg, também admitiam a atualidade e a validade da crítica de Engels à fórmula "revolução de minorias". Qualquer que fosse o caminho ou o método de luta mais apropriado para chegar ao socialismo, o proletariado não poderia de modo algum dispensar a perseverança no trabalho a longo prazo ou o combate prolongado por posições, característicos das "revoluções de maiorias".

Havia, portanto, um consenso de que na determinação da estratégia mais conveniente para o proletariado conquistar o poder político não era mais preciso resgatar modelos do passado ou projetar expectativas acerca do futuro, pois o próprio presente histórico parecia ter se encarregado de fornecer as indicações necessárias. A despeito disso, as alas revisionista, ortodoxa e esquerdista divergiam abertamente sobre o significado dos acontecimentos da Rússia, acerca da pertinência de incentivar a transposição das greves de massas para a Alemanha e também, por conseguinte, da avaliação de se 1905 representava ou não uma modificação nas condições de luta do proletariado profunda o suficiente para anunciar uma era de revoluções.

Eduard Bernstein não concordava com o repúdio da direção sindical à greve de massas, mas nem por isso concedia a esse método de combate um lugar de destaque. Aceitava esse procedimento desde que sua aplicação fosse restrita a uma tática defensiva a ser acionada apenas em momentos de emergência (nas mesmas circunstâncias extraordinárias previstas na resolução do SPD aprovada em Iena) ou então como uma forma a mais de pressão na luta pela ampliação de direitos democráticos.

A princípio, admitia que a Revolução Russa proporcionava uma mudança na situação política que favorecia a social-democracia alemã, no mínimo, por conta do enfraquecimento do czarismo (considerado então o baluarte da reação na Europa). Não previa, no entanto, alterações substanciais nas condições objetivas, como, por exemplo, uma recaída do capitalismo na anarquia anterior à regulação atual. Assim, manteve praticamente inalterada a estratégia de organizar a classe trabalhadora primordialmente em função da tarefa de implementar reformas, visando, ao mesmo tempo, substituir os privilégios da classe dominante, com a consolidação das instituições democráticas, e conter "as tendências exploradoras do capital", com a implantação de regras de controle social sobre a vida econômica.

Essa estratégia, delineada a partir da evolução histórica e da experiência social da classe trabalhadora da Inglaterra, era particularmente imune aos acontecimentos da Rússia. Adotando como guia para o futuro da Alemanha o padrão instaurado no país onde o capitalismo era mais desenvolvido na época (seguramente, mas somente em parte, inspirando-se nas análises de Marx), Bernstein – no pressuposto de que, mais dia, menos dia, os países do continente também haveriam de trilhar essa trajetória modelar – recusa peremptoriamente qualquer comparação com a situação russa, em particular a hipótese de uma "unidade revolucionária", ainda que só tendencial, entre Oriente e Ocidente.[96]

Tampouco avalia como sintoma de potência do proletariado (e, portanto, como exemplo a ser seguido) a facilidade com que as greves explodem na Rússia. Sua pretensa "espontaneidade" decorre apenas da "fragilidade evidente da burguesia e do Estado russo". Nesse ponto, Bernstein reitera o *topos* difundido na época, segundo o qual a burguesia alemã dispunha de um poder de fogo e de uma força social equivalentes aos de suas congêneres ocidentais (uma avaliação equivocada que pautou a política social--democrata anterior a 1933). Com a rejeição da tática da classe trabalhadora russa, reafirma também a aposta dos reformistas de que não seriam as massas proletárias empobrecidas, mas unicamente os operários industriais organizados, conscientes de si, formados politicamente na via democrática, que tornariam possível (e bem-sucedida) a transição para o socialismo.[97]

Eduard Bernstein, em suma, considera mais pertinente aferir a viabilidade da sua estratégia em função do andamento interno da social-democracia alemã do que do ritmo do proletariado "oriental". A contraprova decisiva acerca da eficácia do reformismo estaria assentada no fato de que, apesar de conservar ainda a "fraseologia" antiparlamentar e revolucionária de outrora, o SPD orientava-se visivelmente cada vez mais numa direção antirrevolucionária, consolidando-se gradualmente como um partido eleitoral e parlamentar.

Karl Kautsky, por sua vez, empolgou-se com a Revolução Russa, pelo menos no primeiro momento. Inferiu que semelhante influência ajudaria a oxigenar a social-democracia alemã, a seu ver, excessivamente comprometida com uma prática que considerava – na situação atual – ineficaz.[98] Nos anos seguintes, sua posição acerca dos acontecimentos de 1905-1907 modifica-se bastante, seguindo inflexões determinadas pelas oscilações da conjuntura alemã.

Grosso modo, pode-se dizer que, em Kautsky, a conjugação de rigidez no campo doutrinário com a flexibilidade na investigação do presente histórico e na elaboração da tática política não deriva apenas de sua conhecida dificuldade para se orientar diante de circunstâncias inesperadas (consequência de sua especialização, direcionada para as tarefas de interpretar a obra de Marx e de sistematizar o socialismo científico). Denota também o propósito recorrente de subordinar a teoria à prática partidária. Em 1905, no entanto, quando a polêmica interna extravasa os limites frequentemente autoimpostos pela preocupação comum a todas as alas com a unidade do SPD, sua postura de árbitro (quase sempre avalizada pelo apoio de August Bebel), a aposta no equilíbrio e na moderação, não prevalece mais. A heterogeneidade do programa partidário, deliberadamente bifronte pela incorporação de propostas da direita e da esquerda, já não basta para agrupar ou conciliar as forças centrífugas que dilaceram o partido. Doravante, servem apenas como racionalização teórica da atuação política do grupo centrista.

A estratégia para a superação do capitalismo delineada por Kautsky considera inevitável uma ruptura da ordem vigente, descartando como utópica qualquer esperança de uma transição "suave" para o socialismo.[99] Entretanto, confiando que caberia ao proletariado decidir sobre o momento e a oportunidade do combate final, julga mais prudente resguardar as táticas revolucionárias para a batalha decisiva. Por ora, caberia ao movimento operário (e ao seu braço político, o partido social-democrata) manter a autonomia e preparar-se para a revolução social. A melhor via para fortalecer sua capacidade de organização seria, assim, a luta cotidiana pelas reformas. Tal combate visa tanto debelar a miséria (uma "ameaça constante" que ronda os trabalhadores), promovendo o "renascimento físico e intelectual do proletariado", quanto favorecer, pela democratização do espaço público, a implantação ou o bom andamento de instituições da classe operária como cooperativas, sindicatos e governos municipais socialistas.

À primeira vista, esse programa consiste numa recapitulação do vínculo entre a emancipação econômica e a luta de classes política, ressaltado por Rosa Luxemburg em sua polêmica com Eduard Bernstein. Nesse momento, todavia, não se trata mais de restabelecer a unidade do marxismo ou justificar a prática política do partido social-democrata alemão. O modo como Kautsky articula o objetivo revolucionário com a pauta de reformas delimita também o leque de procedimentos a serem seguidos para a conquista do poder. Explicita – além de uma compreensão dos mecanismos de formação da consciência de classe das massas proletárias[100] – uma concepção determinada sobre as formas e etapas da passagem ao socialismo.

Na perspectiva da ala esquerda, Kautsky e, com ele, a direção do partido não concebem (por mais que digam o contrário) a revolução como um processo histórico em andamento, mas como um horizonte longínquo pouco influenciável pelas decisões do dia a dia. A tática de guardar fileiras, de desenvolver o antagonismo da classe operária em relação ao mundo burguês contando apenas com a autonomia e a independência de sua estrutura organizacional (base da política de "intransigência" dos socialistas), a desconsideração da possibilidade de aglutinar e educar o exército proletário no próprio curso da luta revolucionária supõem que "a grande e decisiva batalha" consistirá em algo semelhante a uma medição (quase estatística) de força entre o campo proletário e o bloco burguês. Desse modo, o projeto político de Kautsky tende a confundir o crescimento da consciência e da organização dos trabalhadores com a ampliação do aparato e das instituições operárias. Assim, na junção que promove entre prática cotidiana e objetivo final, concebe como tarefa revolucionária aquilo que é um simples meio de fortalecimento do proletariado.[101]

As ambiguidades e as contradições desse programa, a sua incapacidade de reconstruir o consenso perdido, afloram nitidamente em *O caminho do poder*. Nesse livro de 1909, considerado unanimemente o mais independente de seus textos,[102] Karl Kautsky procura aplicar (mas também adequar) os princípios gerais de sua estratégia – forjada na polêmica com o revisionismo e em parte como resposta às estocadas da ala esquerda – às questões levantadas por fatores conjunturais como a insurreição na Rússia (nesse momento, já debelada pelas forças governistas) e a derrota eleitoral do SPD no escrutínio de 1907.

No balanço de Kautsky, os eventos dos últimos anos confirmaram os prognósticos, emitidos no decorrer da Revolução de 1905 e até mesmo antes de sua deflagração, de que o Ocidente seria fortemente impactado por uma rebelião do proletariado russo. A radicalização do conflito entre as classes, o crescimento da agitação operária, o agravamento dos antagonismos sociais, o incremento da probabilidade (como consequência da crise de 1907) de "catástrofes financeiras" e ainda, pelo outro lado, o incremento da política neocolonial, tudo isso compõe um cenário marcado por uma "insegurança geral". Mais ainda, indica a abertura de

> [...] um período de convulsões mundiais, de constantes deslocamentos de forças que, quaisquer que sejam sua forma ou duração, não poderão dar lugar a uma estabilidade duradoura enquanto o proletariado não encontrar forças para expropriar política e economicamente a classe capitalista e inaugurar assim uma nova era da história universal.[103]

A expectativa na transmissão do impulso revolucionário do Oriente para o Ocidente não é fruto apenas do entusiasmo ou de uma aposta no escuro; explica-se pela nova fase do capitalismo mundial, caracterizada por uma ampliação da penetração de seus princípios em todo o planeta. Na interpretação de Kautsky, o imperialismo teria unido (pela economia e pela política) de tal forma os mais diversos países que, doravante, não seria mais possível evitar que "perturbações políticas do Oriente repercutam no Ocidente".

A era de revoluções que se descortina no Oriente, segundo Kautsky, assemelha-se ao período insurrecional que a Europa Ocidental vivenciou entre 1789 e 1871. Tal analogia, porém, não pode ser levada ao pé da letra, posto que os levantes de agora "não tendem apenas a criar condições favoráveis para uma produção capitalista nacional; são também uma forma de luta contra a dominação do capital estrangeiro".[104] Trata-se de sublevações que não visam propriamente à passagem da direção das instituições políticas às mãos da burguesia industrial, mas sobretudo à conquista da independência nacional. Esse raciocínio não serve integralmente para o exame do caso específico da Rússia, uma vez que lá a questão nacional não assumiu tanta importância assim. Karl Kautsky, no entanto, parece seguro de que, independentemente do espírito combativo do proletariado russo, a seu ver, "um fator político muito mais real que os operários ingleses",[105] "uma revolução não poderia estabelecer imediatamente na Rússia um regime socialista, pois as condições econômicas estão ali demasiado atrasadas",[106] tendo, portanto, que se limitar a um regime democrático com uma forte presença dos setores mais representativos dos interesses dos trabalhadores.[107]

Na Alemanha, todavia, a possibilidade de uma revolução proletária não pode ser descartada. O proletariado alemão já teria preenchido todas as condições para que uma ocasional sublevação sua não fosse mais considerada uma experiência prematura: "não só cresceu consideravelmente sua força numérica, não apenas se fortaleceram suas organizações, mas a classe operária também adquiriu uma enorme superioridade moral",[108] amplificada pela "decadência moral e intelectual" da camada dirigente. Essa análise, entretanto, soa mais como uma ameaça aos altos escalões do Estado e da burguesia alemã, renitentes opositores de uma reforma democrática do sistema político, do que como um prognóstico a ser cumprido em qualquer situação. Kautsky credita ainda ao bloco dominante uma capacidade de estabilização e de integração, bem como um potencial de mobilização (sobretudo do aparelho burocrático e do Exército), que inviabiliza a hipótese de uma transição no curto prazo ao socialismo a não ser como alternativa ao confronto imperialista mais extremado – como medida defensiva (não apenas do proletariado, mas de certo modo da própria civilização) contra a ameaça de uma guerra mundial ou como consequência desse conflito.[109]

O incremento dos fatores revolucionários e o agravamento das contradições de classe parecem ainda insuficientes para propiciar uma transição segura ao socialismo. Kautsky recomenda então que o proletariado alemão se dedique particularmente, como tarefa imprescindível em seu esforço pela conquista do poder, à realização dos seguintes objetivos:

> [...] reformar o sistema eleitoral do Reichstag, conquistar o sufrágio universal e o escrutínio secreto para as eleições das câmaras, principalmente nas da Saxônia e da Prússia e, por fim, elevar o Reichstag acima dos governos e das câmaras dos diferentes estados.[110]

Como se vê, o impacto da derrota eleitoral de 1907 – uma surpreendente e repentina involução na até então sempre ascendente curva de votação do partido social-democrata alemão – não conseguiu desestimular Kautsky em relação à viabilidade da estratégia eleitoral como o caminho mais curto para o socialismo.

Embora a repercussão da eleição de 1907 não pareça ter abalado a confiança de Kautsky na "marcha irresistível" da classe operária para a vitória eleitoral (uma transferência de objeto de seu expectativismo, outrora esperançoso quanto à inevitabilidade de um colapso econômico), o resultado adverso deixou-o, no mínimo, impaciente em relação ao andamento das reformas, fossem elas políticas ou sociais.[111] Ante a situação de "estagnação geral", de isolamento e de imobilidade da classe operária, passa a recomendar a adoção e a combinação de diversos (e heterogêneos) métodos de luta: greve de massas e outras formas de ação direta, reafirmação da ação parlamentar, desenvolvimento incessante da organização por meio do trabalho miúdo e cotidiano etc.

A abertura (pouco comum no itinerário do "guardião da ortodoxia") para a renovação da tática partidária, a ambiguidade inerente à palavra de ordem "nem revolução nem legalidade a qualquer preço" (título de um dos capítulos do livro) foram recebidas pelos contemporâneos, numa sequência de mal-entendidos, como uma indeterminação acerca dos rumos da social-democracia. O próprio Kautsky reforçou essa impressão ao advertir que a força política e econômica do capital aumenta simultaneamente com o crescimento do poder do proletariado. O desenlace da "batalha final" torna-se, assim, imponderável.

Kautsky, um ano depois, com a retomada das demonstrações de rua na Prússia, premido pelas cobranças de apoio às formas de luta avalizadas em *O caminho do poder*, alinha-se com a direção do partido (e com a cúpula sindical e os revisionistas) na condenação da viabilidade e da oportunidade de recorrer a greves de massas. Para ele, o momento – marcado ainda por uma disparidade de força e organização entre o bloco proletário e os setores aglutinados pela classe dominante – exigia a manutenção da estratégia histórica de "desgaste", e não a opção prematura por uma (potencialmente suicida) tática de "aniquilamento" do adversário.

A atitude de Kautsky não destoa de sua trajetória, orientada pelo propósito de evitar colocar em risco o aparato organizacional – e a legalidade – da ação socialista e, portanto, sempre temerosa ante formas de atuação passíveis de escapar ao controle direto dos sindicatos e do partido. Mesmo assim, tornou-se o pivô de uma série de controvérsias no interior da social-democracia alemã. Logo após se recusar a publicar na *Neue Zeit* um texto de Rosa Luxemburg com críticas à postura adotada pela direção do partido diante dos recentes movimentos de massas, Kautsky dedica vários artigos (justificando publicamente seu ato) à refutação das propostas da ala esquerda, em especial das teses de Rosa Luxemburg. Em seguida, defende a ação parlamentar contra Anton Pannekoek e, por fim, em 1912, encara ainda uma controvérsia com Franz Mehring. O saldo dessas polêmicas (radicalizadas pela conjuntura a ponto de redundar em rompimentos de relações), ao mesmo tempo que forja e consolida o centro ortodoxo como uma tendência bem definida do espectro político do SPD, também configura, desde então, uma divisão irremediável no campo marxista, cristalizada em breve com o fim de mais uma Internacional Socialista.

Apesar da amizade que os unira até então, Karl Kautsky e Rosa Luxemburg, aliados e companheiros no combate ao revisionismo, já se encontravam distanciados desde 1906, quando Rosa delineou (no decorrer das discussões acerca do significado dos acontecimentos da Rússia), em *Greve de massas, partido e sindicatos*, um novo programa de ação revolucionária para a social-democracia alemã.

Greve de massas, partido e sindicatos determina uma inflexão definitiva na teoria e na prática política de Rosa Luxemburg, estabelecendo os princípios gerais da estratégia que ela seguirá até o trágico desenlace da revolução alemã no inverno de 1918.[112] Distingue-se de *Reforma social ou revolução?* não só pela preocupação em especificar de forma concreta formulações genéricas e abstratas ali espalhadas de modo desordenado (como, por exemplo, a sugestão, na impossibilidade de superar a dominação econômica capitalista por meio de reformas sociais e democráticas, de não prescindir da luta constante e massiva),[113] mas principalmente por uma mudança em relação a alguns pontos definidores de sua posição durante a controvérsia do revisionismo. Dentre estes, talvez o mais decisivo seja sua reavaliação da trajetória política do SPD. Desencantada com as diretrizes ditadas pelas cúpulas partidária e sindical, Rosa Luxemburg tende a concordar (embora para extrair a consequência oposta) com a afirmação de Eduard Bernstein de que, mantidas as coisas como estão, a social-democracia encaminha-se para se transformar gradualmente num partido exclusivamente eleitoral e parlamentar.

A decepção com a eficácia da tática histórica do socialismo alemão se traduz em desconfiança em relação a propostas de direcionamento político que concedem primazia ao programa de reformas. Afastando-se cada vez mais da ortodoxia, repensando a relação entre a teoria e a prática em função da ação revolucionária, Rosa desenvolveu, junto com o seu programa de ação, uma nova compreensão do marxismo que se configurou, para muitos, como a forma mais apta (na era de revoluções aberta pelo 1905 russo) de levar adiante essa tradição.

György Lukács, por exemplo, em um "Prefácio" de 1921 a uma edição húngara de *Greve de massas, partido e sindicatos*, qualifica Rosa Luxemburg como "a maior entre os maiores", alegando, entre outros motivos, que foi a primeira a "descobrir a única arma eficaz contra os perigos do imperialismo: os movimentos de massa revolucionários".[114]

Greve de massas, partido e sindicatos, no entanto (e até mesmo a sua obra posterior), mantém intocada a dualidade da concepção histórica que orienta a crítica de Rosa Luxemburg ao revisionismo: o descompasso entre o exame científico do passado ou do presente e sua crença numa filosofia da história determinista. Assim, ao mesmo tempo que destaca novamente, contra Bernstein, que não cabe fazer qualquer consideração sobre a greve de massas (como em geral acerca das condições do combate proletário) em chave abstrata ou anti-histórica, ela não deixa de repetir que o futuro das greves de massas na Alemanha encontra-se nas mãos da história.[115] A projeção de um amanhã que se desenrolará inevitavelmente desempenha aqui, no entanto, um papel secundário, ao contrário da importância que adquiriu em *Reforma social ou revolução?*. No decorrer do livro prevalece uma análise viva, precisa e detalhada da greve de massas como fenômeno histórico.

Rosa Luxemburg ressalta, de início, que uma observação cuidadosa da origem e do andamento da insurreição russa não permite "falar nem de plano preestabelecido, nem de ação organizada". Dessa simples inferência, à primeira vista banal, ela extrai, no entanto, as três principais conclusões de sua interpretação:

(i) A greve de massas não é um "meio engenhoso" inventado para reforçar a luta diária dos trabalhadores; consiste na forma de manifestação do proletariado no decorrer da revolução. Altera-se, assim, completamente a versão corrente acerca da função desse método de combate, estabelecendo que – nas palavras de Rosa Luxemburg – "não é a greve de massas que produz a revolução, mas a revolução é que produz a greve de massas";[116]

(ii) O caráter "espontâneo" da sublevação inverte a equação montada pela ortodoxia da social-democracia alemã como pilastra central de sua estratégia: não é a "educação política, a consciência de classe e a organização" que tornam o proletariado revolucionário; é a ação revolucionária que educa, conscientiza e organiza a classe operária;

(iii) A espontaneidade das massas proletárias – aparentemente desordenada e caótica, posto que em um vai e vem constante: ora se aglutina em torno de uma reivindicação política, ora se dispersa em inumeráveis greves econômicas – atesta, no entanto, uma permanente união e interação, mesmo que subterrânea, entre a luta econômica e a luta política.

Convém notar que essas consequências, genéricas o suficiente para compor um modelo geral para a ação da classe operária, ressaltam, deliberadamente, apenas a originalidade da revolução proletária,[117] deixando na sombra a especificidade da insurreição russa. Rosa Luxemburg, porém, não tem como (nem pretende) fugir ao debate, onipresente na época, acerca das singularidades do Oriente insurgente. Em sua opinião, os eventos de 1905 só conservam uma "semelhança formal de objetivos" com as revoluções burguesas da Europa Ocidental.

A atual sublevação, desencadeada depois de completado um ciclo do desenvolvimento capitalista, apresenta uma modificação decisiva: nela, a ação das massas não se subordina, como outrora, aos interesses da burguesia, obedecendo ao comando de "um proletariado moderno, com uma desenvolvida consciência de classe, num ambiente internacional sob o signo da decadência burguesa".[118] Para esse proletariado, ao mesmo tempo que luta contra o absolutismo e a exploração capitalista, a clivagem entre sociedade burguesa e antigo regime não consegue mais eclipsar o fato de que há um conflito, cada vez menos secundário, entre a classe operária e a burguesia. Nesse diapasão, a tática de greves de massas (bem como o conjunto das reflexões acerca da Revolução de 1905) deve ser compreendida "não como um produto específico do absolutismo russo, mas como forma universal de luta das classes proletárias, determinada pelo estágio atual do desenvolvimento capitalista e das relações de classe".[119]

A tendência de Rosa a destacar os princípios gerais, minimizando a especificidade da Revolução de 1905, explica-se como um desdobramento lógico de sua aposta num futuro prenhe de insurreições operárias (profecia que, diga-se de passagem, se revelou acertada), traduzida no prognóstico: "a Revolução Russa não é menos herdeira das velhas revoluções do que precursora de uma nova série de revoluções proletárias". Mas também não deixa de estar orientada pelo propósito de avaliar a possibilidade de uma transposição sem escalas do método russo para a realidade da Alemanha, premissa do novo programa revolucionário que formula para o proletariado alemão.

A corrente majoritária na social-democracia (muito bem representada por Karl Kautsky) aceitava, no máximo, como resultado do impacto da Revolução

Russa no Ocidente, a tese da transmissão de um "impulso" a partir do Oriente, nunca a hipótese de um transplante integral das táticas ali desenvolvidas. Afinal, as condições de luta, a evolução histórica e a experiência política do proletariado alemão diferiam bastante das do seu congênere russo.

Rosa Luxemburg contrapõe-se frontalmente a esse veredicto, seja procurando desmentir que a vanguarda operária russa, os trabalhadores da grande indústria nos centros urbanos desenvolvidos, tivesse um nível de vida (ou mesmo salários) inferior ao das categorias correspondentes na Alemanha, seja enfatizando a miséria de enormes parcelas do proletariado alemão (mineiros, operários têxteis, trabalhadores agrícolas, empregados do Estado como ferroviários e funcionários dos correios etc.) que continuavam "vivendo numa obscuridade que a benfazeja luz sindical mal aqueceu". Além disso, algumas conquistas da classe operária russa, obtidas no decorrer da insurreição, como a jornada de oito horas diárias, apareciam para os alemães "como um belo e longínquo ideal".[120] Isso posto, ela espera que o operariado da Alemanha avance (ultrapassando a mera solidariedade internacional para com o proletariado russo) até o ponto de apreender a Revolução Russa como "seu assunto próprio", ou seja, "como um capítulo de sua própria história social e política".[121]

É, portanto, em um cenário colorido pela expectativa de que o "impulso revolucionário" do Oriente possa também desencadear eventos similares no Ocidente que Rosa se propõe a aplicar e a adequar as conclusões de suas reflexões sobre os acontecimentos de 1905 à Alemanha. Se cabe generalizar sua (primeira) conclusão de que a greve de massas é mais que um mero meio de reforçar o combate da classe operária, já que consiste na própria forma de manifestação do proletariado no decorrer da revolução, fica claro então que o modelo insurrecional sob o qual se pensara até então a passagem ao socialismo caducara. O advento e a supremacia do método de greves de massas durante a Revolução Russa de 1905 teriam gerado implicações distintas, e menos óbvias, que o dilema de incorporar ou não esse procedimento ao estoque de recursos da luta socialista, como fazia crer sua recepção pela social-democracia alemã. Mostravam a superação do padrão instaurado pelo ciclo das revoluções burguesas:

> A incipiente forma de luta das revoluções burguesas, o combate nas barricadas, o confronto direto com os poderes armados do Estado, é, na revolução atual, apenas um evento externo, apenas um momento de todo o processo da luta proletária de massas.[122]

A (segunda) conclusão de que não é a "educação política, a consciência de classe e a organização" que tornam o proletariado revolucionário, mas é a ação revolucionária que educa, conscientiza e organiza a classe operária, por sua vez, desmonta o principal axioma da estratégia da social--democracia alemã. Afinal, se é verdade que "as revoluções não se aprendem na escola", a premissa de que "antes de executar uma ação direta de massas os operários devem estar organizados na sua totalidade" é bastante equivocada. Desdobrando esse raciocínio, Rosa Luxemburg sugere que se altere a tática socialista, substituindo a primazia da atuação eleitoral e parlamentar pelas diversas formas de ação extraparlamentar, estabelecendo uma nova maneira de desenvolver a proposta de Engels de uma "revolução da maioria".

A recomendação de uma organização prévia da classe operária, firmada igualmente por Eduard Bernstein, Karl Kautsky e pela primeira Rosa Luxemburg, assentava-se no pressuposto, até então indiscutido, de que se tratava da melhor alternativa para levar adiante o trabalho a longo prazo e o combate prolongado por posições, atendendo às exigências dos novos tempos. *Greve de massas, partido e sindicatos* sinaliza, no entanto, que os acontecimentos de 1905 teriam ensinado duas coisas bem diferentes. Quando se visa efetivamente à superação do capitalismo, o modo mais conveniente de conduzir uma luta demorada e persistente é a própria ação revolucionária. Além disso, a fórmula de Engels deve ser tomada ao pé da letra, pois qualquer esforço que procure prescindir da contribuição das massas desorganizadas corre o risco de tornar-se inócuo.[123]

Com isso, Rosa não descarta a necessidade da organização, apenas inverte seu nexo tradicional com o combate político: "o entendimento rígido, mecânico-burocrático, só admite a luta como produto da organização que atinja certa força. O desenvolvimento dialético vivo leva, ao contrário, à organização como produto da luta".[124] A nova estratégia que ela propaga não deixa, porém, de deslocar, pelo menos em parte, o fulcro das "minorias organizadas" para as frequentemente subvalorizadas "camadas mais extensas das massas proletárias desorganizadas, revolucionárias por simpatia [com o socialismo] e pela sua condição". Doravante, o êxito das manifestações de massa (e, portanto, da própria "revolução da maioria") encontra-se condicionado à capacidade do proletariado de arrastar essas camadas; depende, cada vez mais, da possibilidade de transformar as sublevações operárias em autênticos "movimentos populares".

A adequação dessa proposta de redefinição da fórmula "revolução da maioria" à realidade alemã é bem nítida. O apelo às massas desorganizadas, por exemplo, aparece como uma saída efetiva para um partido cujo potencial de crescimento se encontrava estrangulado pela lentidão na ampliação do número de trabalhadores da indústria (motivo maior da impaciência demonstrada por Kautsky em *O caminho do poder*).[125]

Na opinião de Rosa Luxemburg, a social-democracia patinava porque se vivia uma situação normal (cenário marcado pela ausência de "violentas lutas de classe"), como se podia comprovar pelo exemplo da Inglaterra, país em que, mesmo "com um século inteiro de trabalho sindical infatigável, sem 'perturbações', conseguiu-se organizar somente uma minoria entre as camadas privilegiadas do proletariado".[126] A situação de paralisia decorreria então do fato de o SPD ter investido em métodos de educação do proletariado inoperantes e pouco eficazes:

> No operário alemão esclarecido, a consciência de classe incutida pela social-democracia é uma consciência teórica latente; no período do domínio parlamentar burguês geralmente não tem ocasião para se manifestar por uma ação direta de massas, é o resultado ideal das quatrocentas ações paralelas das circunscrições durante a luta eleitoral, dos numerosos conflitos econômicos parciais etc. Na revolução em que a própria massa aparece na cena política, a consciência de classe torna-se concreta e ativa. Assim, um ano de revolução forneceu ao proletariado russo uma educação que trinta anos de lutas parlamentares e sindicais não podem artificialmente dar ao proletariado alemão.[127]

O ponto em que fica mais evidente, todavia, o propósito de Rosa Luxemburg de extrair lições da Revolução Russa compatíveis com a situação da Alemanha é o aproveitamento que ela faz de sua (terceira) conclusão: a tese de que a aparente dispersão da ação proletária oculta uma união e uma interação profundas entre a luta econômica e a luta política.

O conflito entre as duas principais organizações do movimento operário alemão, o partido e os sindicatos, à luz das greves de massas de 1905, aparece como um "produto artificial, embora historicamente explicável, do período parlamentar". Assim, a autonomia adquirida por cada uma dessas formas de ação (ou mesmo a distinção teórica segundo a qual o combate sindical abarca os interesses imediatos, e o combate levado adiante pelo partido abarca os interesses futuros) decorreria, em grande medida, da burocratização e da especialização (matriz de uma casta de dirigentes sindicais permanentes) inerentes a um período – segundo sua opinião, já concluído – de prosperidade econômica e apatia política.

Rosa Luxemburg, ao ressaltar o vínculo indissolúvel entre a ação sindical e as reivindicações políticas, procura especificar (corrigindo a dialética entre esses procedimentos presente nos artigos que redigiu contra Bernstein), em um contexto distinto, as novas modalidades de articulação entre reforma e revolução, pensadas originalmente numa situação de calmaria. Levando em conta a tendência (latente na prática política do SPD, explícita na teorização de Kautsky) a conceber a execução do programa de reformas como a própria tarefa revolucionária, acentua o polo oposto, condicionando a obtenção de reformas sociais ou democráticas à intensificação da ação revolucionária.

Esse programa genérico singulariza-se ainda mais diante da ameaça de divisão do campo socialista alemão, configurada pelo confronto entre partido e sindicatos.[128] Considerando essa oposição como derivada principalmente da animosidade dos funcionários da cúpula sindical (guardiões de seus próprios interesses), Rosa Luxemburg propõe que, doravante, a unidade da social-democracia seja preservada "pela base":

> Nada seria mais falso e mais ilusório do que querer essa unidade por intermédio de negociações esporádicas ou regulares entre a direção do partido e a direção sindical sobre as questões particulares do movimento operário. São precisamente as instâncias superiores das organizações das duas formas do movimento operário que encarnam a sua autonomia e separação; são essas instâncias que dão a ilusão da igualdade de direitos e da paralela coexistência do partido socialista e dos sindicatos. Querer realizar a unidade das duas organizações pela aproximação entre o secretariado do partido e a comissão geral dos sindicatos seria querer edificar uma ponte onde o fosso é mais largo e a passagem mais difícil. Não é no alto, no cume das organizações; é na base, na massa dos proletários organizados que se encontra a garantia de uma verdadeira unidade do movimento operário.[129]

Rosa Luxemburg delineia, assim, mais que uma sugestão acerca da maneira adequada de resolver a controvérsia entre os dois braços da social-democracia. Sua recomendação de desobediência à hierarquia e às diretrizes consagradas do partido e dos sindicatos desdobra uma nova forma de compreender o marxismo. A solução geral que propõe para os dilemas – e, em especial, para a ameaça de desintegração – do movimento operário alemão consiste na adoção, "pela base", de uma ação não reformista. A necessidade de manter a unidade das forças socialistas exigiria, portanto, que o marxismo

TRAJETÓRIAS DO MARXISMO EUROPEU

voltasse a ser determinado, à maneira da sua apresentação inicial levada a cabo pelo próprio Marx no *Manifesto do partido comunista,* em função de sua interação com a prática revolucionária.

No decorrer das décadas seguintes, diversos teóricos e militantes, julgando pertinente a estratégia política indicada por Rosa Luxemburg, passaram a rejeitar a versão corrente que definia o materialismo histórico como "socialismo científico", isto é, as sucessivas exposições, iniciadas pelo último Engels, que restringiam a doutrina de Marx a uma concepção sistemática, dialética e materialista da natureza e da história. A alternativa proposta foi a reconstrução do marxismo como uma "teoria da revolução".

Notas

1   Cf. Haupt, 1982, pp. 362-364. Tal restrição volta e meia retorna no âmbito da tradição marxista, como, por exemplo, na seguinte passagem de Raymond Williams, na qual reencontramos argumentos semelhantes aos de Marx e Engels: "quando considero o teor desse pensamento e dessa ação e mesmo o que melhor conheço do marxismo, então me parece equivocado, sob certos aspectos fundamentalmente errado, reduzir o nome de toda uma tradição e de toda uma ênfase no interior dessa tradição ao nome de uma só pessoa, ainda que seja o de um grande pensador" (Williams, 1997, p. 124).

2   Haupt, 1982, pp. 374-375.

3   O nome corrente na época era "socialismo". No "Prefácio à edição inglesa" de 1888 do *Manifesto do partido comunista*, Engels explica que o manifesto foi assim denominado porque na época (década de 1840) o socialismo, cujas referências principais eram Owen e Fourier, era "um movimento burguês" (*a middle-class movement*), enquanto o termo comunismo designava um movimento operário. Apesar de ter contribuído para o descarte da etiqueta comunismo, Engels adverte que ele e Marx nunca pensaram em repudiá-la.

4   Coube a Engels também a responsabilidade, delegada pelo próprio Marx, de cuidar (e, principalmente, de decidir sobre a oportunidade) da publicação dos textos constitutivos do materialismo histórico. Esse *corpus*, bastante distinto do conhecimento atual, e também da fortuna crítica que privilegiou, em nosso século, determinadas obras de Marx, não deixou de influir na determinação das características que o marxismo adquiriu no último quartel do século XIX. Sobre isso, cf. Hobsbawm, 1982a, pp. 426-427.

5   Acerca da contribuição de Engels para a formação do materialismo histórico, cf. Mayer, 2020, pp. 61-89; Stedman Jones, 1982, pp. 386-421.

6   Engels, 2015b, p. 30.

7   *Idem*, p. 35.

8   As partes incorporadas foram o primeiro capítulo da "Introdução" e os dois capítulos constitutivos da terceira seção ("Socialismo").

9   Esse opúsculo tornou-se rapidamente a mais popular introdução ao marxismo, suplantando inclusive, como lembra Engels, o *Manifesto comunista* e *O capital*.

10 Engels, 2008, p. 9.

DE FRIEDRICH ENGELS A ROSA LUXEMBURG

11 Schmidt (1962, p. 42) destaca uma segunda interpretação da obra de Hegel por Marx e por Engels – iniciada em 1858 com a retomada da leitura da *Ciência da lógica* –, distinta da incorporação da década de 1840, apresentada por Marx, no "Prefácio" a *Para a crítica da economia política*, como um acerto de contas com a sua "antiga consciência filosófica".

12 Sobre isso, cf. Musse, 1994, pp. 31-32.

13 A transformação de indicações esparsas da *Dialética da natureza* em ideologia oficial do "Estado socialista" levou muitos autores do marxismo ocidental, após 1945, a se dedicarem à refutação da dialética engelsiana, abrindo assim uma nova frente de combate ao "marxismo--leninismo". Nessa série destacam-se os artigos "Marxismo e filosofia" de Maurice Merleau--Ponty (em *Sens et non-sens*) e "Matérialisme et révolution" de Jean-Paul Sartre (em *Situations, III*), bem como os livros *O marxismo soviético* de Herbert Marcuse e *Critique de la raison dialectique* de Jean-Paul Sartre. O livro de Alfred Schmidt *Der Begriff de Natur in der Lehre von Marx,* além de fornecer um balanço dessa polêmica, mantém-se, ainda hoje, como uma espécie de fecho conclusivo dessa questão. No Brasil, o assunto foi retomado, pelo prisma do debate ambiental contemporâneo, em Rodrigo Duarte, *Marx e a natureza em* O capital.

14 Uma seleção dos escritos de Engels nesse período encontra-se em Engels, 2021.

15 Engels, 2020a, p. 77.

16 Embora *Dialética da natureza* só tenha sido editado após 1925, algumas partes, como o famoso texto "O papel do trabalho na transformação do macaco em homem", já haviam sido publicadas antes. A maior parte das teses desse livro encontra-se, entretanto, disseminada ao longo da obra do último Engels, principalmente no *Anti-Dühring* e em *Ludwig Feuerbach e o fim da filosofia clássica alemã*, como atesta um simples lance de olhos ao "Plano" esboçado por Engels em 1878 (Engels, 2020a, pp. 31-32).

17 Essas leis são basicamente três: passagem da quantidade à qualidade, interpenetração dos contrários e negação da negação. Cf. Engels, 2015b, pp. 101-121, e Engels, 2020a, pp. 49-56 e 219-231.

18 Engels, 2020b, p. 97.

19 Aqui, na verdade, o problema parece ser outro. Schmidt (1962, p. 48) e Arato (1982, pp. 90-91), por exemplo, comentando, respectivamente, a aplicação engelsiana da dialética aos domínios específicos das ciências naturais e da história, apontam para uma mesma limitação: Engels teria incorporado das lições de Hegel apenas os ensinamentos referentes à primeira parte da *Ciência da lógica*, denominada "Lógica do Ser". Daí, segundo eles, o caráter ontologizante de sua concepção de dialética.

20 Para uma comparação entre a crítica da economia política de Marx e a obra do último Engels, cf. Schmidt, 1962, pp. 12-50, e McLellan, 1979, pp. 63-73.

21 Para a crítica da ilusão socialista no caráter libertador do progresso técnico e do domínio da natureza, cf. Benjamin, "Eduard Fuchs, colecionador e historiador" e "Sobre o conceito da história" (Benjamin, 2012, pp. 132-136 e pp. 15-16, respectivamente).

22 Acerca das dificuldades para uma avaliação mais isenta do legado de Engels, cf. Stedman Jones, 1982, pp. 377-386, e Boron, 1997, pp. 95-97.

23 A busca de uma correspondência entre os últimos escritos de Engels e uma fase, assim delimitada, de desenvolvimento do proletariado, iniciada no livro de Karl Korsch intitulado *Marxismo e filosofia*, consolida-se com o artigo de Oskar Negt intitulado "O marxismo e a teoria da revolução no último Engels" (cf. em especial p. 129).

24 Na verdade, essa controvérsia só pôde existir devido a uma fraude. À publicação no *Vorwärts*, em 1895, de uma versão expurgada de qualquer menção revolucionária, em parte justificada por uma nova ameaça de suspensão dos direitos de organização do partido socialista,

TRAJETÓRIAS DO MARXISMO EUROPEU

seguiu-se a falta de empenho por parte da social-democracia alemã em tornar pública a versão integral. Sobre isso, cf. Negt, 1982a, p. 153, e Bertelli, 1986, pp. 10-13.

25 Para um relato pormenorizado do contexto e do conteúdo do esforço de Engels, nos seus últimos anos de vida, para esclarecer e reelaborar as determinações do materialismo histórico, cf. Gustafsson, 1975, pp. 48-65. Algumas dessas cartas encontram-se traduzidas em Marx & Engels, 1989, pp. 455-470.

26 Nessa lista cabe destacar os prefácios às edições inglesas de *O capital* (novembro de 1886), ao *Manifesto do partido comunista* (janeiro de 1888), ao *Do socialismo utópico ao socialismo científico* (abril de 1892), e as introduções às edições alemãs de *A guerra civil na França* (março de 1891) e de *A situação da classe trabalhadora na Inglaterra* (junho de 1992).

27 Os livros de Marx sobre esse período, tentativas de escrever a história no calor da hora, são, respectivamente, *As lutas de classes na França* (1850), *O 18 Brumário de Luís Bonaparte* (1852) e *A guerra civil na França* (1871).

28 Engels, 1986, p. 122.

29 Friedrich Engels designa por *tradeunions* as "organizações que abrangem os ramos de produção em que exclusivamente ou pelo menos predominantemente trabalham homens adultos" (Engels, 1986, pp. 129-130).

30 Não seria descabido identificar traços da retomada do "Prefácio de 1895" na vertente subsequente de teorias revolucionárias. Kautsky, Rosa Luxemburg, Trotsky, Lênin e até mesmo Gramsci parecem ter sido influenciados, em maior ou menor medida, no mínimo, por seu modelo de exposição. Além disso, determinados conteúdos, como, por exemplo, a recomendação da conquista prévia da maioria antes do embate decisivo com a burguesia, tornaram esse texto uma referência obrigatória. Ao depararem com novas condições históricas, muitos marxistas dedicaram-se a desenvolver ideias ali esboçadas ou a refutar suas afirmações. Para uma aproximação desse "Prefácio" com os escritos de Gramsci, cf. Boron, 1997, pp. 112-122.

31 Em 1884, em *A origem da família, da propriedade privada e do Estado*, Engels concebia o Estado de forma unilateral, ainda no registro "comitê executivo da burguesia": "O sufrágio universal é o termômetro da maturidade da classe trabalhadora. Mais do que isso ele não pode ser, nem jamais será no Estado atual" (Engels, 2019, p. 159).

32 Engels, 2012, p. 16.

33 *Idem*, p. 17.

34 Uma manifestação desse predomínio completo do marxismo no âmbito do movimento operário é a reavaliação dos socialistas utópicos e dos jovens hegelianos, delineada por Engels em *Do socialismo utópico ao socialismo científico* e em *Ludwig Feuerbach e o fim da filosofia clássica alemã*. Os rivais de outrora, tratados acerbamente nos escritos juvenis, são retratados agora, enquanto elos de uma tradição, como inofensivos precursores. Para uma apreciação mais equilibrada dos débitos de Marx e Engels em relação aos socialistas utópicos, cf. Hobsbawm, 1982c.

35 Esse sucesso torna-se ainda mais espantoso quando se leva em conta que na década de 1870, quando Engels entra em campo, como ressalta Oskar Negt, "apesar da inegável influência do pensamento de Marx sobre toda uma série de intelectuais socialistas, sobre os quadros do partido e sobre uma parte da própria ciência burguesa, o processo estritamente político de transformação da classe operária numa ativa potência material ameaça desenvolver-se de maneira independente da teoria marxista da sociedade e até mesmo em aberta hostilidade em relação a ela" (Negt, 1982a, p. 125).

36 A frase bastante conhecida de Kautsky – "só através do *Anti-Dühring* aprendemos a compreender *O capital* e a lê-lo corretamente" – permite dimensionar melhor a importância formativa desse livro, ressaltada, aliás, por quase todos os comentadores (cf. Haupt, 1982,

130

p. 362; Steinberg, 1982, pp. 208-209; Stedman Jones, 1982, p. 381; e Negt, 1982a, p. 134). Para uma análise mais detalhada da sua recepção na Segunda Internacional, cf. Gerratana, 1972, pp. 111-143.

37 Em um rápido esboço da produção teórica dessa geração, Perry Anderson destaca que "eles estavam interessados, de diferentes maneiras, em sistematizar o materialismo histórico como uma teoria geral do homem e da natureza, capaz de substituir as disciplinas burguesas rivais e dotar o movimento operário de uma visão de mundo ampla e coerente que pudesse ser facilmente apreendida pelos seus militantes. Tal tarefa envolveu esses 'novos teóricos', da mesma forma que ocorrera com Engels, com um duplo compromisso: elaborar os princípios filosóficos gerais do marxismo como concepção da história e estendê-lo a domínios que não tinham sido diretamente abordados por Marx" (Anderson, 2004a, p. 28).

38 Cf. Marx, 1977b, e Engels, 1963. Esses dois programas, responsáveis em parte pela influência e pelo prestígio do SPD, apesar das críticas de Marx e de Engels, circularam (sobretudo o último) como uma abalizada súmula da doutrina marxista.

39 Andreucci (1982) propõe a substituição da expressão "marxismo da Segunda Internacional" por "marxismo da época da Segunda Internacional" como uma forma de dar conta desse processo de "expansão e empobrecimento, difusão e esquematização, ampliação e sistematização" que marcou o marxismo entre 1889 e 1914. Acerca da disseminação do marxismo nesse período, cf. também Hobsbawm, 1992, pp. 169-202, e Hobsbawm, 1982d.

40 Além da diversidade propiciada pelas múltiplas representações nacionais, a Segunda Internacional congregou até 1896 vários grupos anarquistas. Cf. Carone, 1993, pp. 11-29.

41 Cf. Droz et al., 1972.

42 George Haupt, investigando as modificações no significado do termo marxismo, ressalta que, na passagem do século, ocorre "uma identificação do marxismo com a social-democracia, particularmente com o partido social-democrata alemão" (Haupt, 1982, p. 373).

43 Para um relato de como a questão da participação política, já desde a Primeira Internacional, tornou-se uma linha divisória entre marxistas e anarquistas, cf. Przeworski, 1991, pp. 19-26.

44 Segundo Franco Andreucci, o movimento operário foi impelido à unificação política num cenário de fortalecimento ou mesmo de implementação de Estados nacionais, num período de crescente industrialização, moldado, paradoxalmente, por uma depressão econômica (1873-1896) que reduziu significativamente os ganhos salariais (cf. Andreucci, 1982, p. 26).

45 Cf. Marx, 1977b.

46 Para uma breve apresentação biográfica de Kautsky, cf. Procacci, 1988, pp. 77-107.

47 Acerca dos vários usos e significados do termo marxismo na *Neue Zeit* e também sobre o debate intelectual nesse período, cf. Haupt, 1982, pp. 364-371.

48 Em 1882, dois anos antes de Engels publicar *A origem da família, da propriedade privada e do Estado*, Karl Kautsky escreveu *Origens do casamento e da família*. Tais ocupações retornaram intermitentemente ao longo de sua vida intelectual. Num discurso pronunciado em 1908, por exemplo, não hesita em indicar como pressuposto da descoberta da concepção materialista da história o desenvolvimento de duas ciências capitais: a economia política e o conhecimento da pré-história (cf. Kautsky, 1933, p. 21).

49 Para uma análise das virtualidades e dos problemas desse comentário ao *Programa de Erfurt*, denominado pelo próprio Kautsky "catecismo da social-democracia", cf. Adam Przeworski, 1991, pp. 68-113.

50 O darwinismo não foi a única influência que Kautsky carregou para o marxismo. Sua crença na inevitabilidade do progresso, sua confiança na ciência, seu pendor pedagógico atestam uma adesão aos ideais do racionalismo iluminista.

TRAJETÓRIAS DO MARXISMO EUROPEU

51 Para essa compatibilização, cf., no plano teórico, Kautsky, 1933, pp. 15-29, e, no terreno da política, Kautsky, 1979b, pp. 27-38. Para um balanço geral da relação entre marxismo e darwinismo em Kautsky, cf. Salvadori, 1982a, pp. 301-308, e Arato, 1982, pp. 107-112.

52 Na reconstituição de Kautsky, Marx e Engels, por atalhos diferentes – o primeiro pela crítica das antigas ciências do espírito, assentadas no indivíduo, o direito, a ética, a história; o segundo pela incorporação dos conhecimentos desenvolvidos tanto por novas ciências do espírito, desta vez centradas na massa, a economia, a história econômica e a etnologia, quanto pelas ciências naturais –, chegaram à mesma concepção materialista da história (cf. Kautsky, 1933, pp. 29-32).

53 "Somente em determinadas condições sociais é a luta de classes o fator determinante da história; em última análise é sempre a luta contra a natureza. [...] A evolução social foi integrada, desse modo, nos quadros da evolução natural" (Kautsky, 1933, p. 20). Cf. também Kautsky, 2002, p. 22.

54 Kautsky, 1979b, pp. 33-36.

55 Kautsky, 1933, pp. 49-50.

56 Kautsky foi criticado tanto por uma coisa quanto por outra. Para muitos, ao privilegiar os delineamentos de uma teoria geral da história, descuidou de uma necessária teoria particular da revolução (cf. Haupt, 1982, p. 371). Já os seguidores de Karl Korsch, Erich Matthias em especial, acusam-no de ter construído uma espécie de "ideologia de integração", incumbida tanto de dissociar o SPD dos liberais quanto de mascarar as crescentes divergências internas (cf. Matthias, 1988, pp. 57-59).

57 Nesse ponto Kautsky mantém-se fiel à redescrição da concepção materialista da história que Engels encetou no final da vida numa série de cartas. Nelas, ele enfatiza que qualquer forma de determinação direta só adquire vigência tendencialmente ou "a longo prazo" (cf. Marx & Engels, 1989, pp. 455-464).

58 Confira, por exemplo, Mattick, 1988, ou Matthias, 1988.

59 Apesar do surgimento intermitente de propostas de retificação, predominava na cúpula, e também na base, um consenso mínimo acerca das tarefas e dos objetivos do partido. A própria Rosa Luxemburg, em sua brochura de combate ao revisionismo de Bernstein intitulada *Reforma social ou revolução?*, reconhece que, "a princípio e de um ponto de vista formal", as tarefas propostas por Bernstein – apoio aos sindicatos, luta pelas reformas sociais e pela democratização das instituições políticas – "em nada se distingue[m] da prática social-democrata" (Luxemburg, 1975, p. 36).

60 Creio que essa diferença decisiva, a tentativa de atualizar o marxismo respondendo às questões do presente, por si só é suficiente para lhe garantir o lugar de transição. A maior parte dos pressupostos teóricos que Bernstein partilha com Kautsky – a separação entre conhecimento científico e movimento operário, a distinção entre ciência e concepção de mundo, a elevação da prática partidária a critério de verdade etc. – também pode ser encontrada em Lênin ou Hilferding. A redação tardia e isolada de *O caminho do poder* (1908) me parece insuficiente para aproximar Kautsky dessa geração. Talvez pela dificuldade de estabelecer uma localização precisa, talvez por doutrinarismo revolucionário, Perry Anderson omite o nome de Bernstein na breve recapitulação, em bases geracionais, da história do marxismo que leva a cabo no primeiro capítulo de *Considerações sobre o marxismo ocidental*.

61 Para uma descrição ortodoxa dessa mudança, cf. Colletti, 1975, pp. 86-94, ou Dobb, 1977, pp. 366-435. Giovanni Arrighi salienta aí um outro fator, já apontado à sua maneira por Engels, o declínio da hegemonia britânica sobre o sistema europeu interestatal expandido (cf. Arrighi, 1997, pp. 309-312, ou Arrighi, 1996, pp. 173-179). Sobre isso, cf. também Gourevitch, 1986, pp. 71-123.

132

62 Sobre esses movimentos dos anos 1890, esboços de uma tripartição que só se cristaliza uma década depois, cf. Fetscher, 1982, pp. 257-267.

63 Gustafsson (1975, p. 115) lembra que muitas das ideias expostas depois por Bernstein já estavam presentes no comentário e no epílogo que escreveu em 1895 para a tradução alemã da *História da revolução francesa de 1848* de Louis Héritier, onde contesta ponto a ponto as posições de Marx apresentadas em *As lutas de classes na França (1848-1850).*

64 Cf. Bernstein, 1982b, pp. 19-39.

65 Cf. Colletti, 1975, pp. 81-86. Para uma descrição matizada da importância e da adesão dos principais teóricos a essa suposição, cf. Waldenberg, 1982, pp. 225-240. Fetscher mostra que Bernstein (e antes dele os economistas burgueses), ao reduzir o legado de Marx a tal tese, era tributário da interpretação kautskyana do marxismo: "A partir do momento em que Kautsky reduzira a crítica de Marx a uma 'ciência materialista do desenvolvimento da sociedade', e transformara as passagens de tema histórico de *O capital* em uma chave para a compreensão do conjunto da obra, a chamada 'teoria do colapso' – assim como a 'teoria da pauperização' – assumiu o valor de argumentos-chaves. Portanto, não é de surpreender que tanto os críticos burgueses do marxismo quanto os apologistas do 'socialismo marxista' tivessem entrado em polêmica quase exclusivamente sobre a demonstrabilidade estatística de uma pauperização absoluta e de uma consequente perspectiva de colapso" (Fetscher, 1982, p. 265).

66 Para Bernstein, o critério decisivo para estabelecer uma distinção entre as tendências anticapitalistas (denominadas seja como socialização ou coletivização) e o "capitalismo de Estado" passa pelo grau de controle social da nação, isto é, pela capacidade democrática de subordinar o Estado à sociedade (cf. Bernstein, 1982b, p. 5).

67 Cf. Bernstein, 1982b, pp. 40-52.

68 Diga-se em favor de Bernstein que a diminuição recente da tensão revolucionária, o tom menos acentuado que as lutas de classes adquiria nos países avançados durante esses primeiros anos de prosperidade, parecia corroborar a sua perspectiva. Tudo levava a crer que a classe operária dispunha dos meios e do poder necessários para reformar o Estado em um sentido cada vez mais democrático.

69 Quando interessa, Bernstein demonstra consciência do pendor conservador da sociedade de massa. Salienta, por exemplo, que a adaptabilidade da natureza humana às mudanças sociais não vigora da mesma forma para as massas modernas. O caráter destas se manteria incólume inclusive diante de uma mudança profunda das relações de propriedade.

70 Essa frase foi retirada de um parágrafo cuja íntegra é a seguinte: "reconheço abertamente que para mim tem muito pouco sentido e interesse o que normalmente se compreende como 'meta do socialismo'. Seja o que for, esta meta não significa nada para mim, pelo contrário, o movimento é tudo. Por tal entendo tanto o movimento geral da sociedade, quer dizer, o progresso social, quanto a agitação política e econômica ou a organização que conduz a esse progresso" (Bernstein, 1982b, p. 75).

71 Bernstein minimiza inclusive a importância da presença de empresas públicas, aduzindo que "em uma boa legislação trabalhista pode haver mais socialismo do que na estatização de todo um conjunto de fábricas" (*Idem, ibidem*).

72 *Idem*, p. 74.

73 Segundo Bernstein, o regime de produção capitalista não permite o desenvolvimento da máxima produtividade do trabalho, precondição do bem-estar geral. Esclarece, porém, que "o socialismo só secundariamente é um problema de distribuição. É, em primeiro lugar, uma questão de organização e expansão da produção" (Bernstein, 1982a, p. 101). Na fórmula de Iring Fetscher, trata-se antes "de uma defesa do aparato, do que dos produtores".

74 Para uma enumeração dos pontos retomados por Bernstein e para uma análise das discrepâncias entre ele e Engels, cf. Gustafsson, 1975, pp. 47-100.

75 "Um erro não merece ser conservado só porque em algum momento foi compartilhado por Marx e Engels, tampouco uma verdade perde seu valor porque foi descoberta ou exposta pela primeira vez por um economista antissocialista" (Bernstein, 1982a, p. 262).

76 *Idem*, p. 126.

77 *Idem*, pp. 142-149. A crítica de Bernstein à teoria marxista da mais-valia repete os argumentos apresentados anteriormente por Werner Sombart e Conrad Schmidt (cf. Gustafsson, 1975, pp. 65-80).

78 Bernstein reproduz, de certo modo, o esquema formal do "Prefácio de 1895" ao procurar, prospectivamente, delimitar novos espaços e formas de atuação a partir de uma compreensão abrangente da história das lutas do movimento operário. Nesse sentido, o vínculo de Bernstein com Engels não passa por sua adesão ao viés reformista, mas antes pelo fato de ter proposto o reformismo na moldura concebida por Engels.

79 "Não se trata da diversidade de atitudes que em todo partido político deriva das exigências táticas que se modificam com a alteração da situação, mas da diversidade que surge espontaneamente, sem uma necessidade externa real, simplesmente enquanto efeito de contradições internas" (Bernstein, 1982a, p. 136).

80 *Idem*, pp. 135-136.

81 Bernstein define por blanquismo, destoando do jargão marxista, não o procedimento conspiratório, mas antes a superestimação da força criadora da violência revolucionária. Assim, considera blanquistas tanto teses genéricas, como a crença numa "revolução total", quanto pontos determinados, como o programa de ação revolucionária detalhado no *Manifesto comunista* ou ainda a suposta idealização pelo jovem Marx das possibilidades históricas do proletariado. O arcabouço teórico do blanquismo seria derivado, mais uma vez, da adoção da "dialética radical hegeliana". A aplicação inadvertida desse método, matriz de uma série de prognósticos acerca da "maturidade de um desenvolvimento econômico e social cujos primeiros brotos mal começavam a despontar", teria contribuído para reforçar a filosofia da história que consagra a "vocação revolucionária proletária".

82 Abreviatura pela qual ficou conhecida a coletânea *Bernstein und das sozialdemokratische Programm. Eine Antikritik.*

83 Diferentes apresentações da trajetória política e intelectual de Rosa Luxemburg podem ser encontradas em Guérin, 1982; Ettinger, 1996; Badia, 1991; Arendt, 1987, pp. 37-55; Loureiro, 2003; Schütrumpf, 2006; e Geras, 1978.

84 Embora ambos tenham vindo a lume no mesmo ano de 1899, *Reforma social ou revolução?* desenvolve, em seus últimos artigos, uma análise de *Os pressupostos do socialismo e as tarefas da social-democracia*. O livro de Bernstein, por sua vez, menciona, em tom elogioso e pouco polêmico, os primeiros artigos de Rosa Luxemburg.

85 Luxemburg, 1975, p. 68.

86 *Idem, ibidem.*

87 O marxismo ocidental retoma essa distinção entre controle político e poder econômico (ressaltando todavia o fetichismo da mercadoria) em sua crítica do Estado do bem-estar social. Cf., por exemplo, Colletti, 1975, pp. 114-159.

88 Em várias ocasiões, Rosa Luxemburg assume explicitamente a missão de advogada do partido, como na seguinte passagem do "Prefácio": "A luta quotidiana pelas reformas, pela melhoria da situação do povo trabalhador no próprio âmbito do regime existente, pelas instituições democráticas constitui, mesmo para a social-democracia, o único meio de travar a luta de classe proletária e trabalhar no sentido da sua finalidade, isto é, da conquista do

poder político e da supressão do assalariamento. Existe para a social-democracia um laço indissolúvel entre as reformas sociais e a revolução, sendo a luta pelas reformas o meio e a revolução social o fim" (Luxemburg, 1975, p. 7).

89 *Idem*, p. 6.

90 Rosa Luxemburg explica as crises cíclicas do capitalismo como um choque periódico entre as forças contraditórias que interagem na economia, um processo geralmente desencadeado pela extensão brusca dos investimentos e da produção (*Idem*, pp. 19-21).

91 Rosa Luxemburg atribui, de um ponto de vista metodológico, os equívocos de Bernstein acerca do funcionamento da economia moderna a uma tentativa de generalização teórica do ponto de vista do capitalista isolado, produto de uma recaída na concepção econômica burguesa (*Idem*, pp. 44-57).

92 *Idem*, p. 67. Para Rosa, a forma superior de democracia socialista é o governo por conselhos populares. Sobre esse ponto, cf., por exemplo, Loureiro, 1997, p. 54.

93 Rosa Luxemburg reafirma essa concepção em várias passagens. Numa delas, por exemplo, afirma que os revisionistas não têm como negar que "a transformação socialista é, como em geral se admitia até agora, consequência das contradições internas do regime capitalista, e então, ao mesmo tempo que ele, desenvolvem-se as contradições que o regime encerra, resultando daí que o seu desmoronamento de uma forma ou outra é inevitável, num momento dado" (Luxemburg, 1975, p. 13). Cf. também Garcia, 1991, pp. 65-66.

94 Acerca do papel central atribuído a essa estratégia pelos "sindicalistas revolucionários", cf. Waldenberg, 1982, pp. 247-252. Em 1906, Rosa Luxemburg dedica o primeiro dos oitos capítulos de *Greve de massas, partido e sindicatos* à refutação da associação entre greve de massas e anarquismo. Além de lembrar o papel secundário do anarquismo na insurreição russa, sintoma de sua decadência histórica, Rosa ressalta que a versão ali encenada não foi, desmentindo as expectativas anarquistas, um "golpe teatral que permitisse economizar a luta política". Muito pelo contrário, "a população trabalhadora e, à cabeça desta, o proletariado conduziram a luta revolucionária servindo-se da greve de massas como a arma mais eficaz na conquista dos mesmos direitos e condições políticas cuja necessidade e importância na luta pela emancipação da classe operária foram demonstradas por Marx e Engels, que as defenderam com todas as suas forças no interior da Internacional, opondo-se ao anarquismo" (Luxemburg, 1979, p. 16).

95 Acerca do enfrentamento entre partido e sindicatos em função da greve de massas, cf. Salvadori, 1982b, pp. 245-261.

96 Para um histórico das diferenças entre a evolução política e social da Inglaterra e da Alemanha, cf. Blackbourn & Eley, 1984.

97 Cf. Bernstein, 1982a, p. 267. Segundo Arrighi (1997, pp. 309-320), o programa de Bernstein contemplava apenas uma parcela da classe operária alemã. Somente nos países anglo--saxônicos e escandinavos teria havido, de fato, um fortalecimento unilateral do poder social do proletariado, sem o concomitante empobrecimento previsto por Marx.

98 Em *O caminho do poder*, Kautsky transcreve trechos de um artigo de fevereiro de 1904 em que prevê que uma revolução na Rússia "não deixaria de influir poderosamente nos países vizinhos; estimularia e atiçaria neles o movimento operário que receberia assim um impulso vigoroso no combate às instituições políticas que se opõem ao advento de uma verdadeira democracia, como é o caso, na Prússia, do sufrágio das três classes" (Kautsky, 1979b, p. 13).

99 Uma exposição condensada dessa estratégia pode ser encontrada em Kautsky, 1968, pp. 184-186. Para um relato da evolução histórica desse projeto político, cf. Salvadori, 1982a, pp. 313-335.

TRAJETÓRIAS DO MARXISMO EUROPEU

100 Não é indiferente para a determinação das propostas políticas de Kautsky o fato de ele considerar que a consciência socialista (e, a partir dela, o programa de plena autonomia organizativa e ideológica do proletariado) não se forma espontaneamente, sendo antes um elemento introduzido "de fora" na luta de classes.

101 Um resumo dessas divergências, elaborado *a posteriori* por um representante da esquerda, pode ser encontrado em Matthias, 1988, pp. 59-65. Já para uma apresentação menos partidária dessa discussão, cf. Waldenberg, 1982, pp. 240-247.

102 Trata-se, como adverte o "Prefácio", da exposição de um ponto de vista pessoal, isto é, de uma rara obra de Karl Kautsky publicada sem a chancela oficial do partido.

103 Kautsky, 1979b, p. 107.

104 *Idem*, p. 99.

105 Sempre que pode, Kautsky desqualifica o movimento operário, a organização sindical e a política socialista dos ingleses, modelos confessos de Bernstein (cf., por exemplo, Kautsky, 1933, pp. 52-54). Discordando, de modo geral, daqueles que apontam um caminho predeterminado para a Alemanha dentro do capitalismo (a trajetória da Inglaterra, conforme Bernstein; o percurso dos Estados Unidos, segundo Werner Sombart), Kautsky ressalta que, apesar de a economia alemã de então ser semelhante à americana, sua situação política parece bem mais próxima da realidade da Rússia (sobre essa comparação, cf. Salvadori, 1982b, pp. 261-268).

106 Kautsky, 1979b, p. 12.

107 Karl Kautsky vai se prender a essa avaliação mesmo depois dos acontecimentos do Outubro de 1917. Em *A ditadura do proletariado*, por exemplo, embora de início ressalte que "não é o fator material, mas o fator humano que é decisivo", não deixa de salientar que "é preciso que a maturidade do proletariado se acrescente à maturidade das condições e ao patamar necessário de desenvolvimento industrial" (Kautsky, 1979a, pp. 12-13). Mais adiante, adverte que "a destruição do capitalismo não é ainda o socialismo", principalmente se for levada a cabo "em um país pouco desenvolvido do ponto de vista econômico e onde o proletariado constitui apenas a minoria" (*Idem*, p. 57). Para uma enumeração, feita pelo próprio Karl Kautsky, das condições objetivas e subjetivas indispensáveis à superação do capitalismo, cf. Kautsky, 1979b, p. 2.

108 Kautsky, 1979b, p. 100.

109 Diga-se em favor de Kautsky que ele não considera essa hipótese implausível. Muito pelo contrário, "faz muito tempo que essa situação [de corrida armamentista e confronto imperialista] teria levado à guerra se a revolução não se apresentasse mais iminente pela guerra que pela paz armada. A força crescente do proletariado impede, há trinta anos, uma guerra europeia e faz com que todos os governos, ainda hoje, retrocedam horrorizados diante dessa guerra. As grandes potências, porém, encaminham as coisas para um ponto em que os fuzis dispararão sozinhos" (Kautsky, 1979b, p. 95).

110 *Idem*, p. 85.

111 A avaliação pessimista das conquistas dos trabalhadores alemães, a ressalva de que "no domínio da legislação operária ou das reformas sociais reina, em geral, um marasmo completo" (Kautsky, 1979b, p. 70), não indica uma descrença na política de reformas. Apesar de reconhecer as dificuldades, Kautsky incentiva uma dedicação ainda maior a esses objetivos, destacando, por exemplo, a necessidade imperiosa de uma reforma eleitoral para corrigir as distorções favorecedoras do voto do campo e das pequenas cidades em detrimento do voto urbano, fatores responsáveis, a seu ver, pela derrota do SPD no escrutínio de 1907 (cf. *Idem*, pp. 82-83).

112 Para um relato e uma análise da sua participação na revolução alemã, cf. Loureiro, 1995, pp. 139-185.

136

DE FRIEDRICH ENGELS A ROSA LUXEMBURG

113 Cf. Luxemburg, 1975, pp. 68-70.

114 Lukács, 1998b, p. 321.

115 Diz ela: "quanto à aplicação prática da greve de massas na Alemanha a História decidirá, como o fez na Rússia; para a História, a social-democracia e suas resoluções são um fator importante, decerto, mas um fator entre muitos" (Luxemburg, 1979, p. 21). Não deixa de ser interessante notar que, aqui, Rosa admite, talvez pela primeira vez, a possibilidade de uma bifurcação separar a trajetória do partido dos rumos da história.

116 Luxemburg, 1979, p. 47.

117 Em *A Revolução Russa*, redigida depois do Outubro de 1917, já não se enfatiza tanto a especificidade da revolução proletária. Lá, preocupada em determinar o curso geral desse processo, Rosa Luxemburg destaca antes a "correspondência exata" que aproxima o andamento da Revolução Russa do "esquema evolutivo das grandes revoluções inglesa e francesa" (Luxemburg, 1991, pp. 65-72).

118 Luxemburg, 1979, p. 61.

119 *Idem*, p. 63.

120 Cf. Rosa Luxemburg, *Greve de massas, partido e sindicatos*, p. 51-55.

121 *Idem*, p. 64.

122 *Idem*, p. 62.

123 Eduard Bernstein (1982b, pp. 10-18), comentando uma obra de Hobson, já havia alertado para a recente implantação de indústrias voltadas para a produção em grande escala, base econômica de uma sociedade de massas em formação. Mas, durante a Segunda Internacional, apenas Rosa Luxemburg parece ter levado em conta em seu projeto político esse novo fator (diga-se de passagem, numa chave otimista). Em outro registro, cabe ainda notar que ela parece ter sido também a única a perceber que cada camada do proletariado alemão reproduzia o estágio de desenvolvimento de um outro país (e, por conseguinte, de outro proletariado), destacando, assim, a posição intermediária da Alemanha, a meio caminho entre a Inglaterra e a Rússia.

124 Luxemburg, 1979, p. 57.

125 A ala direita do partido também clamava, na época, pela incorporação de novos setores, prováveis aliados na luta contra a burguesia. Buscavam, entretanto (diferentemente de Rosa Luxemburg), apenas uma forma de viabilizar a estratégia eleitoral. Para a ortodoxia, a possibilidade de transformar o SPD em uma espécie de "partido popular" não era bem--vista. Temia-se que, assim, a social-democracia perdesse sua identificação com a classe operária ou então que isso dificultasse a manutenção da autonomia e da independência do movimento operário, premissa indispensável, segundo Kautsky, de sua postura antagônica diante do mundo burguês.

126 Luxemburg, 1979, p. 57.

127 *Idem*, p. 59.

128 Segundo ela, "o mesmo movimento sindical que, na base, constitui um todo com o socialismo separa-se deste no cume, na superestrutura administrativa: ergue-se em face do partido como uma segunda grande potência autônoma. O movimento operário alemão reveste assim a forma estranha de uma dupla pirâmide cuja base e cujo corpo são formados da mesma massa, mas cujos vértices se vão distanciando um do outro" (Luxemburg, 1979, p. 78).

129 *Idem, ibidem*.

4

DE GYÖRGY LUKÁCS A MAX HORKHEIMER

A tripartição da social-democracia alemã em tendências – revisionistas, ortodoxos e esquerdistas – cristalizou-se irreversivelmente em 1910 como resultado de divergências insuperáveis acerca do andamento geral do capitalismo, da estratégia mais conveniente ao proletariado em sua luta pela conquista do poder e até mesmo do lugar da Alemanha no sistema interestatal (decorrente de uma discussão acerca de seu futuro no interior do capitalismo). Essas três alas, como não poderia deixar de ser, também compreendiam de forma bastante diferenciada a tradição marxista e o caminho para manter a unidade do campo socialista.

No SPD, um dos poucos pontos consensuais talvez fosse a primazia da prática, à qual a teoria, mesmo quando resguardada em sua autonomia e independência, deveria sempre se subordinar. Assim, enquanto Bernstein confiava na prática imediata (manifesta pela ação sindical e parlamentar) e Kautsky destacava a prática partidária, Rosa Luxemburg exaltava a ação revolucionária. As diferenças entre essas propostas contribuíram para tripartir a própria linhagem do marxismo, gestando, no mínimo, um novo espectro de alternativas para levar adiante essa tradição.

Nos anos seguintes, dois episódios – o início da Primeira Guerra, em agosto de 1914, selando o fim da Segunda Internacional, e a Revolução Russa de outubro de 1917 – consolidaram essas tendências como possibilidades teóricas e como modalidades distintas de encaminhar a luta do proletariado. A radicalidade desses acontecimentos e sua importância histórico-mundial reorientaram de tal forma o movimento socialista que, quando se iniciam os anos 1920, o marxismo aparece cindido em dois troncos antagônicos: social--democracia e comunismo.

Conviviam, antes de 1914, no partido socialista alemão, três versões diferentes acerca dos possíveis desdobramentos da tensa situação política mundial, marcada pela intensificação do confronto neocolonial (ou imperialista) entre as potências europeias. Para o grupo mais à direita (nem sempre identificados com os revisionistas capitaneados por Bernstein), a guerra era inevitável, e escassa a possibilidade de uma revolução, o que exigia por parte da classe operária uma "política de acomodação". Para a ala esquerda, Rosa Luxemburg à frente, a guerra também era iminente, mas com (e em reação a) ela crescia a probabilidade de uma revolução proletária a ser construída por meio de greves gerais, manifestações de massa e da luta contra o militarismo. Já a ortodoxia e a direção partidária acreditavam que havia ainda chances concretas de evitar o desencadeamento de um conflito que se afigurava suicida.[1]

A política de paz a qualquer preço, ensaiada pela direção do SPD, sucumbiu antes mesmo do início das batalhas. Em 4 de agosto, enquanto os exércitos alemães avançavam na direção da Bélgica, a social-democracia votava unanimemente (referendando a decisão de 5/6 da cúpula partidária) os créditos militares. A reação da ala esquerda só adquire força em 1916, quando a prisão de Karl Liebknecht gera os primeiros protestos públicos de monta contra a guerra e a "traição" do partido operário, ponto inicial da dissidência denominada Liga Espartaquista. Em 1917, amplos setores do SPD aderem ao boicote, iniciado por Karl Liebknecht, à renovação dos créditos de guerra. Expulsos pela direção do partido, fundam em Gotha, em 6 de abril, o partido social-democrata independente (USPD), ao qual adere a liga de Karl Liebknecht e Rosa Luxemburg. Essa convivência, porém, não dura muito. Logo após a guerra, divergências acerca da oportunidade de impulsionar as recorrentes manifestações de rua no inverno berlinense separam os espartaquistas do USPD. Este, por sua vez, se reincorpora ao SPD em 1923.[2]

O apoio das seções regionais da Internacional Socialista aos seus respectivos governos durante a guerra esfacelou, na prática, a unificação construída tão arduamente desde 1889. O fim da Segunda Internacional, no entanto, não desestimulou completamente as tentativas de preservar a unidade do movimento operário mundial. A proposta de coesão a partir da "base", formulada por Rosa Luxemburg em *Greve de massas, partido e sindicatos*

(1906), adquiriu uma inesperada atualidade. Na *Brochura de Junius*, Rosa Luxemburg, ao mesmo tempo que ressalta o papel do imperialismo na gestação do conflito, rejeitando as tentativas de qualificar (ou melhor, de disfarçar) o confronto então em curso como guerra nacional,[3] retoma a tese de que só a prática revolucionária mostra-se adequada nos novos tempos:

> A tarefa essencial do socialismo hoje consiste em reunir o proletariado de todos os países numa força revolucionária viva possuindo uma só concepção do conjunto dos seus interesses e das suas tarefas, e uma tática e uma capacidade de ação política unificadas de modo a fazer do proletariado o fator decisivo da vida política.[4]

A controvérsia acerca da posição a ser adotada pela social-democracia no decorrer da guerra não foi, porém, a única polêmica responsável pela desintegração da unidade do movimento socialista alemão (e internacional). O debate acirrado acerca dos rumos da Revolução Russa de outubro de 1917 também cristalizou posições antagônicas.

A disputa acerca dos caminhos da Revolução Russa (cuja precoce maturação suscitou, desde 1905, análises dos russos Leon Trotsky e Vladimir Lênin, dos teóricos mais proeminentes da social-democracia alemã, e de intelectuais liberais como Max Weber) pode ser organizada em torno de dois eixos principais: (i) a polêmica acerca do caráter (proletário ou burguês) que deveria tomar a revolução em um país retardatário e (ii) a discussão, após 1917, acerca das formas de democracia e ditadura proletárias.

Trotsky e Lênin – cientes do atraso econômico, social e político da Rússia e da fraqueza e da inércia de sua burguesia – oscilaram, desde o início do século, entre o apoio à posição majoritária que proclamava a necessidade de uma revolução burguesa e a defesa da tese heterodoxa que supunha ser possível ou necessário queimar etapas e preparar desde já a revolução proletária.[5] Os acontecimentos de fevereiro de 1917 não se mostraram, de imediato, suficientemente conclusivos para dirimir essa questão. Ela reapareceu, mascarada sob a forma de uma polêmica acerca da oportunidade da tomada do poder pelos bolcheviques ou mesmo, depois do Outubro, na discussão acerca da viabilidade da manutenção do poder por um período mais longo. A defesa intransigente do caráter burguês da revolução por parte dos mencheviques desempenhou um papel relevante na série de desencontros e equívocos que marcaram sua relação com os bolcheviques, durante e após 1917.

Em breve, porém, outra questão ofusca as demais: a controvérsia acerca da forma política do recém-instaurado regime soviético. Além de juízos oriundos de impressões pessoais ou de relatos (de viagens ou da própria imprensa socialista), esse debate concentrou-se no exame de uma obra de Vladimir Lênin, *O Estado e a revolução*, escrita antes do Outubro, mas só publicada em abril de 1918. Esse texto – articulado como uma extensa coletânea de citações de Marx e Engels sobre o Estado acrescida de comentários – desloca o debate acerca da democracia socialista para a exegese do significado de uma passagem de Marx em que este fala explicitamente em "ditadura do proletariado". O que suscitou a polêmica não foi, porém, o termo em si – que, apesar de pouco utilizado até então, não era desconhecido do movimento comunista internacional –, mas o modo como foi resgatado por Lênin. A concepção restritiva da democracia socialista e, por extensão, os caminhos da Revolução Soviética foram criticados por alguns dos principais teóricos dessa geração, entre os quais Julius Martov, Karl Kautsky, Otto Bauer e Rosa Luxemburg.[6]

A magnitude do que se encontrava em jogo configurou um polo estruturante para uma nova série de afinidades e antipatias, gerando outro embaralhamento na vertente socialista. Embora a maioria daqueles que votaram favoravelmente aos créditos de guerra em 1914 tenha se oposto à (por eles assim rotulada) "revolução dos bolcheviques", as repercussões dos eventos do Outubro de 1917, desdobrando novos alinhamentos e divergências entre aliados de outrora (seja de 1905 ou de 1914), não deixaram de provocar mais uma crise no âmbito do marxismo.[7]

Pode-se dizer que a configuração do marxismo no período subsequente à Revolução Russa de 1917 deriva, em parte, da ascensão à ordem do dia de uma série de questões que deixaram repentinamente de ser meras elucubrações teóricas para se tornar problemas práticos decisivos. Os acontecimentos do Outubro forçaram os marxistas a dedicar grande parte de suas energias, teóricas e práticas, à questão de como repetir o êxito daquela revolução, seja pela via da imitação da tática e da estratégia bolchevique, seja pela busca de caminhos alternativos, acelerando o processo iniciado em 1905. Além disso, independentemente do encaminhamento (partidário ou nacional) dado à questão do caminho para o poder, abre-se com o Estado Soviético (e também com a ascensão, pela primeira vez, de partidos social-democratas a governos) uma discussão, que não é mais puramente hipotética, acerca da construção da sociedade socialista.

A multiplicidade de posições existentes a respeito dessas duas questões constitui um fator essencial no esclarecimento de mais uma configuração cristalizada na linhagem do marxismo. Na síntese de Eric Hobsbawm: "com a Revolução de Outubro, o marxismo deixou de se integrar, ou mesmo de ser passível de integração, no quadro de um único movimento internacional e num mesmo universo de discurso".[8]

I

György Lukács, Karl Korsch e Antonio Gramsci – reconhecidos pela posteridade como fundadores do marxismo ocidental – tornaram-se membros destacados desse debate, por conta tanto de sua proeminência intelectual como de seus vínculos partidários e do engajamento na via revolucionária.[9] Seus artigos e livros trazem uma contribuição original para a questão do caminho para o poder e para a discussão acerca da construção da sociedade socialista. Chama atenção também a ênfase que concederam à questão (considerada por muitos como uma batalha perdida) da fragmentação do marxismo. Em contraposição ao processo de multiplicação de seus polos de irradiação, em um desdobramento que, além da disputa pela supremacia, antecipava a constituição de uma heterogeneidade irredutível de partidos, movimentos e concepções, *História e consciência de classe*, *Marxismo e filosofia* (ambos de 1923) e "A revolução contra *O capital*" coincidem na ambição de promover a restauração da identidade do marxismo.

Cientes da impossibilidade de restabelecer a unidade sistêmica da doutrina de Karl Marx, os livros publicados por György Lukács e Karl Korsch em 1923 concentram-se, deliberadamente, na compreensão do método marxiano, tópico a partir do qual procuram estabelecer a fidelidade à ortodoxia do marxismo. Lukács, por exemplo, não hesita em apresentar *História e consciência de classe* como o próprio "ponto de vista do marxismo ortodoxo".[10]

> Um marxista "ortodoxo" sério poderia [...] rejeitar todas as teses particulares de Marx, sem, no entanto, ser obrigado, por um único instante, a renunciar à sua ortodoxia marxista. O marxismo ortodoxo não significa, portanto, um reconhecimento sem crítica dos resultados da investigação de Marx, não significa uma "fé" numa ou noutra tese, nem a exegese de um livro "sagrado". Em matéria de marxismo, a ortodoxia se refere antes e exclusivamente ao método.[11]

Embora o anseio pela unificação, principalmente na Alemanha – onde ela não parecia de todo impossível –, fosse majoritário nas bases operárias do movimento comunista, Lukács e Korsch não pretendiam retomar a frustrada tentativa de união entre os partidários da Liga Espartaquista e os membros do USPD (ainda mais no momento em que o espólio desse partido estava prestes a ser dividido entre o SPD e o partido comunista então em formação). Tampouco visavam a uma conciliação teórica entre essas posições. Em linhas gerais, concordavam na afirmação de que a única forma eficaz de construir uma unidade para o movimento operário (e, por conseguinte, para a tradição marxista) consistia na prática revolucionária – reafirmando a atualidade do legado de Rosa Luxemburg.

Convém lembrar que nos breves dias da Revolução Húngara de 1919, Lukács saudou a fusão entre a social-democracia e os comunistas em um único partido como uma unificação do proletariado capaz de debelar a crise do marxismo:

> Os partidos cessaram de existir – agora há um proletariado unificado. Este é o significado teórico decisivo dessa união. Não importa que tenha recebido o nome de partido – a palavra partido significa agora algo completamente novo e diferente. Não é mais um agrupamento heterogêneo composto de diferentes classes, buscando por todos meios, violentos ou conformistas, realizar alguns dos seus objetivos na sociedade de classes. Hoje, o partido é o meio pelo qual a vontade unificada do proletariado unificado expressa a si própria; é o órgão executivo da vontade que está se envolvendo, a partir de novas fontes de energia, com a nova sociedade. A crise do socialismo, que encontrou expressão no antagonismo dialético entre os movimentos do partido, terminou. O movimento proletário entrou definitivamente em uma nova fase, a fase do poder proletário. O feito mais prodigioso do proletariado húngaro foi conduzir a revolução mundial conclusivamente para esta fase. A Revolução Russa demonstrou que o proletariado é capaz de tomar o poder e organizar uma nova sociedade. A Revolução Húngara demonstrou que esta revolução é possível sem lutas fratricidas no meio do próprio proletariado. Desse modo, a revolução mundial é levada para um estágio ainda mais avançado.[12]

O ímpeto desses textos de fundação do marxismo ocidental indica (sob o mote "marxismo ortodoxo") uma convicção na disseminação do "autêntico" ou do "verdadeiro" marxismo. Seus vínculos com a Revolução Russa de 1917 podem ser detectados tanto na reação ao processo de desagregação da unidade do materialismo histórico, precipitada pela repercussão desse acontecimento, quanto no seu exemplo, no êxito revolucionário que constituía – segundo eles – a comprovação definitiva da viabilidade da proposta de levar adiante a unificação do movimento operário "pela base".

A originalidade dos livros de György Lukács e Karl Korsch (e também dos cadernos redigidos alguns anos depois por Antonio Gramsci) não deriva, obviamente, da defesa da política delineada por Rosa Luxemburg – prática bastante difundida nas hostes mais à esquerda do proletariado. Assenta-se antes na premissa de que esse programa deveria ser complementado por um esforço teórico, pois não se trata apenas de girar o marxismo para a órbita da ação revolucionária; faz-se imperativo fornecer os subsídios para que tal opção se afigure consistente e duradoura. Os pais fundadores do marxismo ocidental visavam, portanto, sobretudo redefinir o materialismo histórico como uma "teoria da revolução", ou melhor, como a "teoria de uma prática revolucionária".

O (aparente) enigma da sobrevivência de formulações feitas no calor da hora e em função de circunstâncias bastante precisas (fato que nunca deixou de soar espantoso ao próprio Lukács) explica-se não só pela qualidade indiscutível da reflexão de Lukács, Korsch e Gramsci – pontos altos do marxismo do século XX –, que por si só as torna passíveis de retomadas periódicas. Deve-se, em larga medida, à ênfase que concederam então à teoria. Nos momentos em que a prática política efetiva esteve obstruída e o marxismo hibernava como tradição teórica, a recorrência a esses autores configurou tentativas de manter, mesmo como sucedâneo, um pouco da pureza e do viço da prática revolucionária.

Mas, se foi assim que se deu a recepção desses textos por uma série de marxistas no decorrer do século XX (cuja associação possibilitou a elaboração *post hoc* de uma linhagem comum batizada de marxismo ocidental), não foi dessa forma, ou seja, com a preponderância da teoria, que esses autores autocompreenderam seus esforços nos anos 1920. Ao contrário, um dos pontos distintivos é o destaque que atribuíram, nesse momento, à necessidade de subordinar a teoria à prática revolucionária.[13]

A decantação antecipada do método (no caso de Lukács, da dialética) insere-se nesse esforço de unir teoria e prática. *História e consciência de classe*, desde o início, reitera que a prática sem alguma forma de esclarecimento teórico tende a permanecer obscura e ininteligível. Assim, faz-se necessário, primeiro, certificar-se de que ela aponta efetivamente para a transformação da realidade (e não se restringe a uma mera "aparência de vias de ação, de transformação do mundo"). Só nessa chave a práxis pode almejar transformar-se em um guia autêntico da "ciência revolucionária".

Nessa recusa das propostas reformistas, György Lukács adverte que não basta reconhecer a necessidade da teoria ou exigir que ela se apodere das massas; é preciso antes desdobrá-la como dialética revolucionária: "Trata-se, antes, de investigar, tanto na teoria como na maneira como ela penetra nas massas, esses momentos e essas determinações que fazem da teoria, do método dialético, o veículo da revolução".[14]

Nesse sentido, a consideração da totalidade constitui uma determinação essencial do método dialético. Atingir essa perspectiva demanda, no diagrama de *História e consciência de classe*, a superação do ponto de vista que eleva o indivíduo empírico a sujeito do conhecimento (do "individualismo metodológico", na nomenclatura corrente hoje). No esquema conceitual de Lukács, o "sujeito verdadeiro" só pode ser uma classe, ou, mais precisamente, o proletariado. Só a adoção de sua perspectiva permite ultrapassar a significação imediata dos objetos na sociedade capitalista (a prioridade epistemológica dos fatos), premissa da ciência burguesa e de muitos "marxistas" como Eduard Bernstein. Diz Lukács: "a realidade só pode ser apreendida e compreendida como totalidade, e somente um sujeito que é ele mesmo uma totalidade é capaz dessa compreensão".[15] A perspectiva da totalidade, privilégio exclusivo do proletariado, constitui um fator decisivo na determinação tanto do objeto (o processo histórico) como do sujeito do conhecimento. Torna-se, assim, na teoria de Lukács, critério distintivo do próprio marxismo: "Não é o predomínio de motivos econômicos na explicação da história que distingue de maneira decisiva o marxismo da ciência burguesa, mas o ponto de vista da totalidade".[16]

Em Lukács, o conceito de proletariado não se confunde com o mero agrupamento de trabalhadores ou mesmo com a consciência imediata da classe proletária. Intenção de totalidade ou totalidade em intenção, condição da verdade, mediador entre a consciência e a realidade, sujeito e objeto do processo histórico, o proletariado assume, na teoria do conhecimento desdobrada por Lukács, uma função relevante, ponto já bastante ressaltado por seus comentadores. O que nem sempre é destacado, porém, é o vínculo desse conceito com a ação revolucionária. O proletariado, tal como Lukács o concebe, só se torna efetivo durante o processo revolucionário. Sua consciência de classe (a consciência do processo histórico) adquire seu verdadeiro significado, seu aspecto ativo, prático, apenas no decorrer de crises econômicas agudas. Em geral, com a exceção do momento revolucionário, mantém-se como mero potencial teórico, em consonância com a crise (sempre latente) do capitalismo.[17]

O proletariado só se torna, portanto, uma classe "destinada à compreensão correta da sociedade" quando prioriza a ação revolucionária.[18] A sua capacidade de alcançar a perspectiva da totalidade assenta-se inteiramente em sua capacidade de se efetivar por intermédio da práxis: "O proletariado se realiza somente ao negar a si mesmo, ao instaurar a sociedade sem classes levando até o fim a luta de classes".[19]

György Lukács amplia, por conseguinte, o alcance do programa luxemburguista que se propõe a restabelecer a unidade do movimento operário pela via da ação revolucionária. Desenvolve a matriz de uma nova formulação do marxismo, uma teoria que tem a pretensão de ser "essencialmente apenas a expressão pensada do próprio processo revolucionário".[20] Reivindica, assim, o caminho exato para a efetiva unificação de teoria e prática.

Embora a consciência de classe seja eminentemente prática, Lukács procura também ancorar nela a veracidade da teoria. Para isso, seguindo a lição de Hegel, ressalta que a consciência correta ou "adequada" (como prefere) impõe uma modificação a si própria e aos seus objetos, o que lhe permite conceber a passagem sem transição do conhecimento à ação, premissa indispensável da unificação da teoria e da prática. Mesmo que seja factível sustentar que "a unidade da teoria e da práxis é apenas a outra face da situação social e histórica do proletariado",[21] Lukács ensaia uma manobra arriscada. Na medida em que concebe o proletariado sob um duplo aspecto – ora enquanto ação, ora como conceito determinante de regras metodológicas –, procura transferir para o seu aparato teórico (moldado a partir do reaproveitamento materialista de conceitos de origem idealista) a efetividade inerente à prática revolucionária. Categorias de estrita extração hegeliana (como a "unidade de sujeito e objeto") adquirem, assim, uma nova vida útil (endossada por uma interpretação que aproxima ao máximo o método de Marx e a metodologia de Hegel). Não deixa de soar paradoxal que tais categorias sejam transfiguradas com a colaboração de uma concepção de *práxis* que afirma e fundamenta, em sua essência, a necessidade da revolução social, da transformação integral da sociedade.

Em oposição aos sujeitos meramente contemplativos das filosofias de Immanuel Kant e Johann Gottlieb Fichte (característicos da sociedade burguesa), a determinação do proletariado como um "sujeito efetivamente produtivo", ao mesmo tempo veículo de uma prática transformadora e de uma apreensão correta da realidade, apenas recompõe, em outro registro, os traços distintivos da concepção hegeliana de sujeito. Não prescinde sequer do conceito de "sujeito-objeto idêntico", resultado do desdobramento lógico-

-filosófico de um processo histórico e social narrado na *Fenomenologia do espírito*.[22]

O conceito de proletariado em Lukács, concebido, com um olho no receituário hegeliano, como sujeito da ação e essência da totalidade histórica, não se assenta inteiramente no pressuposto (destacado, mas também contestado na posteridade) de uma convergência do marxismo com a filosofia do idealismo alemão. Ele também ancora sua compreensão do proletariado (e, portanto, de consciência) na teoria, eminentemente marxista, da reificação.

A determinação da tarefa do proletariado, esforço inerente à teoria que o entende como sujeito (e objeto) da história, conduziu Lukács a desenvolver uma sofisticada formulação de sua "consciência de classe". Ele foi um dos pioneiros na observação de que não se pode tratar a esfera da subjetividade, no âmbito do marxismo, sem retomar a questão do "fetichismo da mercadoria". *História e consciência de classe* procura desdobrar esse conceito, rebatizado, à maneira do livro III de *O capital*, como "reificação". Reintroduz, assim, no debate uma categoria ignorada por décadas na linhagem do marxismo, embora preservada na sociologia alemã com sinal trocado.

A primazia concedida por Lukács ao fenômeno do "fetichismo da mercadoria" ensejou uma nova via para a interpretação de *O capital*. Nessa vertente, esse conceito tornou-se o feixe estruturante e o princípio explicativo do processo de circulação e produção de mercadorias, levando a sério os parágrafos do item 4 do capítulo I, nos quais Marx situa a crítica da economia política como um resultado da crítica ao fetichismo da mercadoria. Mais impactante, porém, foi o fato de *História e consciência de classe* ter alçado a aferição do teor de reificação a critério decisivo das análises e dos diagnósticos do presente histórico.[23]

Nessa leitura de *O capital*,[24] em alguns aspectos inédita, Lukács define a mercadoria como "categoria universal do ser social total". A "relação mercantil" e seu desdobramento inevitável, o "fenômeno da reificação", tornam-se, assim, o nexo primordial da ordem capitalista, o "protótipo de todas as formas de objetividade e de todas as suas formas correspondentes de subjetividade".[25]

Na primeira determinação do conceito de reificação, Lukács destaca que se trata de um processo no qual

> [...] uma relação entre pessoas toma o caráter de uma coisa, e dessa maneira, o de uma objetividade ilusória que em sua legalidade própria, rigorosa, aparentemente racional e inteiramente fechada, oculta todo traço de sua essência fundamental: a relação entre homens.[26]

Esse nexo delimita o sentido imanente do capitalismo. Na descrição da gênese e do funcionamento interno desse modo de produção, Marx – relembra Lukács – expõe a progressiva substituição da transparência original de relações humanas por relações reificadas.

O artigo "A reificação e a consciência do proletariado", peça central do arcabouço conceitual de *História e consciência de classe*, não limita a consideração do fenômeno do fetichismo da mercadoria ao âmbito econômico. A investigação do predomínio de relações coisificadas no direito e no Estado – mas também na ciência, na arte e na filosofia – procura comprovar que a mesma reificação à qual o trabalhador está submetido no interior da fábrica encontra-se disseminada em todas as classes e esferas da vida social. Lukács complementa e atualiza uma pauta que permaneceu implícita em *O capital*. Nesse livro, Marx não teve tempo de desenvolver os resultados e as consequências da expansão da relação mercantil nas demais dimensões da sociedade burguesa, tópico que esboçou em outros textos, especialmente no *Manifesto do partido comunista*.[27]

Sem poder contar com reflexões na tradição marxista acerca dos impactos da reificação no âmbito da subjetividade, Lukács se viu forçado a recorrer ao arsenal teórico desenvolvido pela sociologia alemã. *História e consciência de classe* institui um diálogo crítico com as obras de Ferdinand Tönnies, Georg Simmel e Max Weber, privilegiando as categorias oriundas de uma leitura bastante peculiar de *O capital* e, em particular, da incorporação – um tanto distorcida – por esses sociólogos do conceito de fetichismo da mercadoria.

A fonte primária, o polo de disseminação da reificação, localiza-se, segundo Lukács, na organização capitalista do trabalho. A trajetória histórica de suas modalidades principais, da oficina artesanal à grande indústria, não cessa de ampliar a fragmentação da subjetividade do trabalhador:

> Se perseguirmos o caminho desenvolvido pelo processo de trabalho desde o artesanato, passando pela cooperação e pela manufatura, até a indústria mecânica, descobriremos uma racionalização continuamente crescente, uma eliminação cada vez maior das propriedades qualitativas humanas e individuais do trabalhador. [...] Com a moderna análise "psicológica" do processo de trabalho (sistema de Taylor), essa mecanização racional penetra até a "alma" do trabalhador.[28]

História e consciência de classe não se restringe à descrição da intensificação da reificação na indústria moderna, ressaltada por Marx no capítulo XII do primeiro volume de *O capital*. Algumas passagens do livro de Lukács dão a entender que o predomínio da forma-mercadoria exige e estimula uma condição necessária tanto para a produção de bens em larga escala como para o fomento da troca mercantil: o rompimento dos laços que prendiam os trabalhadores à vida comunitária.[29]

Esses trechos de *História e consciência de classe* vão além de uma reconstituição da narrativa desdobrada por Marx no capítulo de *O capital* denominado "A assim chamada acumulação primitiva". Remetem, em alguma medida, à contraposição entre "comunidade" e "sociedade", recorrente na Alemanha desde a obra homônima de Ferdinand Tönnies.[30] No endosso dessa dicotomia, Lukács, todavia, adota uma perspectiva diferente da predominante na sociologia alemã. O conceito de reificação é empregado, de modo explícito, como chave explicativa da distinção entre a experiência social no capitalismo e a vivência própria das formas históricas do passado.

Lukács, de certo modo, detecta e redimensiona a presença do trabalho abstrato, exposta por Karl Marx em *O capital*, na gênese do livro de Ferdinand Tönnies. Nessa direção, salienta que a linha divisória entre essas duas formas de sociabilidade pode ser mais bem aferida a partir dos efeitos da reificação – e, por conseguinte, da influência da dimensão econômica sobre as demais esferas da vida social.

A partir dessas premissas, Lukács se apropria, sem muitas ressalvas ou mediações adicionais, de categorias desdobradas no âmbito da sociologia alemã. *História e consciência de classe* incorpora a transcrição – iniciada por Ferdinand Tönnies e exacerbada na *Filosofia do dinheiro*, de Georg Simmel – do trabalho abstrato em "razão abstrata", assim como a "intelectualização" que lhe é conexa, responsável, em certa medida, pela "matematização" característica da ciência moderna.[31]

No caso de Max Weber, esse mesmo procedimento, concentrado no transplante do conceito de racionalização, gerou, ao longo da recepção de *História e consciência de classe*, uma teia crescente de mal-entendidos. A maioria dos comentadores, inclusive alguns teóricos do marxismo ocidental, como Jürgen Habermas, identificaram nesse livro um amálgama de Marx e Weber, derivado da fusão de "reificação" e "racionalização".

Uma leitura atenta de *História e consciência de classe* permite observar, porém, que aí a "racionalização" comparece como um subproduto, uma especificação dos efeitos da reificação. Subsumindo a categoria de Weber à teoria de Marx, Lukács descreve a possibilidade de previsão e cálculo cada vez mais exatos como consequência de um processo histórico, como resultado da progressão da divisão capitalista do trabalho, que retalha o processo produtivo em uma série de operações parciais, abstratas e especializadas.

A racionalização da vida – produto também da fragmentação do objeto na produção –, com sua rigorosa adequação do devir às leis objetivas da sociedade, constitui, portanto, o fundamento último da possibilidade de cálculo e previsão "racionais". Nesse sentido, não deixa de afetar o trabalhador submetendo-o ao destino (comum a todos os indivíduos dessa sociedade) de "espectador impotente". Coage-o a adotar, diante dos fatos sociais, uma atitude contemplativa. Desse modo, o processo de racionalização não constitui mais que uma das consequências do fetichismo da mercadoria.

Na interpretação de Lukács – nesse ponto fundamental oposta à posição defendida por Weber –, os desdobramentos da racionalização social não configuram um movimento inexorável. *História e consciência de classe* ressalta que a influência desses processos se restringe aos sistemas parciais, pois a conexão entre esses subsistemas não evita uma série de contradições, sintetizadas por Marx na expressão "anarquia da produção". Em suas palavras, "toda a estrutura da produção capitalista repousa sobre essa interação entre uma necessidade submetida a leis estritas em todos os fenômenos isolados e uma irracionalidade relativa do processo como um todo".[32]

O argumento decisivo, todavia, consiste na explicação da reificação – concebida como forma constitutiva, regra universal de objetividade à qual a racionalização subordina-se – como algo não monolítico. György Lukács sustenta que a disseminação da reificação não é completa, sendo perpassada por brechas que possibilitam a sua superação, facultando a passagem ao socialismo.

Segundo *História e consciência de classe*, a lógica da produção capitalista estabelece limites objetivos apenas para a consciência de classe da burguesia. A função prática da consciência impede que essa classe – pela própria "possibilidade histórica" – logre compreender que sua conformação constitui uma etapa determinada e transitória da sociedade humana. A "atitude contemplativa", inerente aos que se encontram submetidos a uma organização do trabalho alheia, determina também o comportamento daqueles que, em tese, comandam esse processo, os capitalistas. Mesmo o empresário industrial, "o capitalista como portador do progresso econômico técnico etc., não age, mas sofre a ação, [...] sua 'atividade' se esgota na observação e no cálculo exatos do efeito objetivo das leis sociais naturais".[33]

A burguesia concebe os fenômenos da sociedade capitalista como essências supra-históricas. Incapaz de ultrapassar a prioridade metodológica dos fatos ou de se aperceber de seu caráter histórico, presa à significação imediata dos objetos, a ciência burguesa nunca apreende a totalidade concreta. Atrelada à sua "falsa consciência", a burguesia é destituída da capacidade política de comandar a sociedade, fato esse que Lukács considerava incontroverso após os acontecimentos de 1914.

A organização do proletariado como classe, no entanto, descortina modalidades de ação que suplantam a "atitude contemplativa", generalizada na sociedade por conta do fenômeno da reificação. Somente quando cotejado em escala individual, como aferição de consciências psicológicas, o operário compartilha a condição de "espectador impotente" com a burguesia. Uma vez organizado como classe, a "possibilidade objetiva de sua consciência" apresenta-se como negação das formas de vida reificadas. O antídoto advém do fato de o operário vender sua força de trabalho como mercadoria. Na reiteração diária dessa operação, termina reconhecendo a essência fundamental da sociedade burguesa: a transformação de seres humanos em coisas.

Muitos, entre os teóricos da Segunda Internacional, destacaram a heterogeneidade da classe operária. Dissecaram as diferenças entre o trabalhador industrial comum, o tradeunionista e o lumpemproletariado, as diferenças entre trabalhadores qualificados e não qualificados, entre homens e mulheres etc. Ressaltaram também as diferenças de origem social e geográfica, de nacionalidade, de língua, cultura e religião. Essa fragmentação, produto de suas considerações (enquanto dirigentes partidários) acerca dos fatores que dificultavam a organização e a tomada de consciência da classe operária, acabou contribuindo para enfraquecer a ideia marxista de uma "única classe operária". Lukács, por sua vez, contrapõe-se a isso redefinindo a classe, à maneira de Marx, não em termos empíricos, mas conforme um princípio abstrato, ou melhor, concreto, como o conjunto dos indivíduos que, para sobreviver, necessitam vender a sua força de trabalho no mercado. A melhor adequação dessa definição à teoria de Marx, no entanto, não garante que seja mais factível construir um partido sobre tal base.

A supremacia da reificação desmorona com a conjugação simultânea de dois vetores: o agravamento da crise – em suas diferentes dimensões: econômica, política, moral, cultural etc. – e a emergência da ação revolucionária do proletariado.

Lukács concentra a sua investigação na esfera da subjetividade, examinando os efeitos da reificação no Estado, no direito, na ciência, na filosofia, na arte etc. A compreensão de seus impactos no conjunto da vida social abre, porém, uma rota que lhe permite elucidar a gênese do reformismo (e a subsequente divisão do movimento operário).

Nessa trilha, *História e consciência de classe* atribui, em larga medida, a incapacidade das diversas vertentes da social-democracia em transformar a sociedade ao fato de que sua prática política se encontra aprisionada nas malhas da reificação. Não é por mera incompatibilidade política, portanto, que Lukács associa o marxismo da Segunda Internacional à ciência burguesa.

Na equação assim edificada, o proletariado detém a disposição de apreender a totalidade histórica do capitalismo não por uma analogia com o sujeito-objeto idêntico da *Fenomenologia do espírito*, mas porque se trata da única classe da sociedade capitalista apta a "compreender as formas reificadas como processos entre homens". Esse movimento de "desalienação", não custa repetir, depende, sobretudo, da capacidade dessa classe em encetar a ação revolucionária:

> Justamente porque é impossível para o proletariado libertar-se como classe sem suprimir a sociedade de classes em geral, sua consciência, que é a última consciência de classe na história da humanidade, deve coincidir, de um lado, com o desvendamento da essência da sociedade e, de outro, tornar-se uma unidade cada vez mais íntima da teoria e da práxis.[34]

História e consciência de classe altera significativamente a configuração do marxismo delineada pelo último Engels e pela geração subsequente. Tanto o método quanto o sistema (bem como a sua conexão) são redefinidos a partir de uma nova perspectiva que compreende o materialismo histórico como a "teoria de uma prática revolucionária".

II

Karl Korsch publicou *Marxismo e filosofia* em 1923. Antes de adquirir a forma livro, foi impresso no *Arquivo de História do Socialismo e do Movimento dos Trabalhadores,* periódico editado por Carl Grünberg que se tornou no ano seguinte o órgão oficial do recém-instalado Instituto de Pesquisas Sociais da Universidade de Frankfurt.

Como o título indica, Karl Korsch debruça-se sobre a questão, até aquele momento pouco debatida, da relação entre marxismo e filosofia. O impacto do livro, direto e indireto, deriva em parte de seu pioneirismo na escolha e no desenvolvimento do assunto. Desde então, a discussão teórica no marxismo (e não só entre marxistas ocidentais) tornou-se inseparável da reflexão filosófica, mesmo no âmbito de disciplinas específicas como a economia ou a história.

Karl Korsch ataca os dois lados da questão, tanto o lugar do marxismo na história da filosofia como o papel da filosofia na gênese e na estrutura da obra de Marx e Engels. Seu ponto de partida consiste na observação de que o marxismo era ignorado ou pouco mencionado pelos historiadores da filosofia. Constatou, no exame da bibliografia, a existência de uma lacuna no período que se estende entre a morte de Hegel (1831) e as correntes filosóficas posteriores a 1850. Os jovens hegelianos, e Marx entre eles, eram designados no máximo como exemplos da desintegração do sistema de Hegel.

Marxismo e filosofia atribui a essa insuficiência uma feição, ao mesmo tempo, metodológica e ideológica. A historiografia das ideias não teria conseguido vislumbrar a conexão entre pensamento e ação. Na avaliação de Korsch, um retrocesso – concomitante ao recuo da burguesia ante a transformação social – em relação às teorias do idealismo alemão que destacaram o nexo entre filosofia e revolução. A partir desse raciocínio, ele extraiu uma conclusão que marcou época:

> O sistema marxista, expressão teórica do movimento revolucionário do proletariado, deve manter com os sistemas da filosofia idealista alemã, no plano ideológico, as mesmas relações que o movimento revolucionário do proletariado mantém, no plano da práxis social e política, com o movimento revolucionário burguês.[35]

Por meio desse exercício comparativo, Korsch ensaia uma explicação para o vínculo da doutrina de Karl Marx com o idealismo alemão. Esse movimento filosófico foi catalogado na época da Segunda Internacional como uma das "três fontes do marxismo". Mas nem por isso se encaminhou uma investigação rigorosa da posição de Marx perante Hegel, abordando a adoção em comum da dialética como método e, ao mesmo tempo, assinalando a diferença entre suas duas versões, a idealista e a materialista.

A complexidade da questão, pauta ainda hoje de polêmicas (e de inúmeras teses acadêmicas), impõe ainda outro desdobramento: a determinação da posição de Marx ante seus companheiros de geração, os jovens hegelianos, o que pode significar, dependendo do caminho escolhido, tanto um atalho como uma estrada sem fim.

É notável a acuidade de Korsch ao tratar desses tópicos, principalmente quando se considera que em 1923 ainda permaneciam inéditos tanto os *Manuscritos econômico-filosóficos* como os cadernos de *A ideologia alemã*, nos quais Marx, conforme suas próprias palavras, promoveu um "acerto de contas com sua antiga consciência filosófica".[36] Sem acesso a esses textos, Korsch escapou do risco de naufragar em detalhes e nuances, e foi direto ao ponto. O esclarecimento da relação de Marx com os filósofos alemães é imprescindível, mas ao mesmo tempo incompreensível sem que se estabeleça antes o lugar da filosofia na doutrina marxista.

Essa determinação, entretanto, não pode ser conduzida separadamente do esclarecimento do estatuto teórico do marxismo (ou ainda da elucidação do que Marx designava com o termo "ciência"). Korsch observa que a explicação de Engels, sintetizada no *slogan* "socialismo científico", apenas inverte mecanicamente as posições da filosofia e da ciência, tal como configuradas na hierarquia do sistema hegeliano. Enquanto Hegel procura elevar as ciências particulares ao patamar de reflexão filosófica, Engels reduz a filosofia a uma ciência particular, encarregada do estudo da lógica formal e da dialética.

A necessidade de atribuir ao marxismo uma dimensão teórica própria parece indiscutível, independentemente do veredicto, sempre controverso, acerca da forma e do caráter científico do materialismo histórico. Ela constitui um dos marcos de sua identidade, um dos fatores que permitem concebê-lo como uma unidade que se desdobra ao longo do tempo. Mas como delimitar sua essência se historicamente essa linhagem se apresentou sob figurinos teóricos (e práticos) diversos e até mesmo contraditórios?

A solução proposta por Karl Korsch, como na fábula do "ovo de Colombo", é simples e ao mesmo tempo bastante engenhosa. Primeiro, ele escolhe e adota como padrão um momento específico da constituição do materialismo histórico, a publicação em 1848 do *Manifesto do partido comunista,* no qual Marx expõe essa doutrina como "expressão teórica de uma prática revolucionária". Em seguida, reconstitui a trajetória do marxismo como uma narrativa das variações a que foi submetida essa fórmula.

A novidade do livro assenta-se, portanto, em grande parte, no procedimento de associar o desvio político da diretriz revolucionária a alterações na determinação do estatuto "científico" do marxismo. Transmuda, assim, um tópico rotineiro do arsenal retórico das correntes contrárias ao viés reformista adotado pela social-democracia, substituindo a usual explicação voluntarista (e a consequente condenação moral) por uma compreensão simultaneamente lógica e histórica.

Segundo Karl Korsch, no *Manifesto do partido comunista* o ponto de vista teórico, embebido na perspectiva da revolução social, organiza-se como uma "totalidade viva", impossível de ser compartimentada em disciplinas específicas como a história, a economia, a política, os estudos de cultura etc. Nas obras de maturidade de Marx, porém, os elementos desse conjunto adquirem certa autonomia, seja com a delimitação relativa de cada ciência em face das demais, seja com o distanciamento da teoria em relação à práxis.

Os "partidários e sucessores de Marx", no entanto, precipitaram a fragmentação da "teoria unitária da revolução" em "uma soma de conhecimentos puramente científicos sem nenhuma relação imediata – política ou outra – com a práxis da luta de classes".[37] Um desdobramento simultâneo à prevalência do reformismo, segundo Korsch expressão tanto das reivindicações econômicas dos sindicatos como das coordenadas adotadas pela Segunda Internacional. Essa situação, ele supõe, estaria sendo revertida por um movimento de retorno à obra de Marx, capitaneado por Lênin, ao qual *Marxismo e filosofia* se propõe apenas a adicionar algumas outras considerações.

A dimensão teórica não deturpada do materialismo histórico manifesta-se, portanto, sob a forma de uma apreensão da totalidade. A partir dessa consideração, Korsch apresenta uma explicação convincente para o lugar da filosofia na doutrina marxista. Além de constituir uma das disciplinas que importa mobilizar para o conhecimento da totalidade, ela desempenha também uma função relevante no próprio empenho de conjugar as diversas ciências específicas. Afinal, se a tarefa atual consiste em superar os embaraços de uma cristalizada divisão intelectual do trabalho, a modalidade de filosofia que se praticava nos anos 1920 – antes de essa forma de saber seguir o augúrio de Friedrich Engels e se reduzir à condição de ciência especializada – podia perfeitamente servir como modelo.[38]

Marxismo e filosofia reabilita ainda a crítica filosófica – para além de seu papel na gênese da doutrina de Marx – destacando-lhe uma ocupação crucial na luta de classes. No âmbito de uma interpretação original do lema jovem-hegeliano "não podeis superar a filosofia sem realizá-la", Karl Korsch direciona-a para o combate cultural, ao qual concede importância semelhante ao enfrentamento econômico e político. Mais um ponto, diga-se de passagem, de convergência entre ele, György Lukács e Antonio Gramsci.

Em *Marxismo e filosofia*, Karl Korsch também destaca a unidade de teoria e prática, vinculando-a explicitamente com a ação revolucionária.

Para reformular, a seu modo, o marxismo no registro "teoria da revolução", retoma as *Teses sobre Feuerbach*, de Marx, apresentadas pela primeira vez num apêndice da primeira edição do livro de Friedrich Engels *Ludwig Feuerbach e o fim da filosofia clássica alemã*. Com esse livro, Engels repôs em circulação o lema jovem-hegeliano de "superação da filosofia". Para Korsch, entretanto, as *Teses sobre Feuerbach*, apesar de fecharem um ciclo do pensamento de Marx e Engels, não convalidam, como se pensou durante a Segunda Internacional (a partir de uma leitura um tanto quanto enviesada da obra de Engels), a hipótese de que (principalmente com a XI tese: "os filósofos se limitaram a interpretar o mundo diferentemente, cabe transformá-lo") Marx desejasse substituir ou eliminar a crítica teórica pela mera ação prática.

A XI tese sobre Feuerbach,

> [...] contrariamente ao que imaginaram os epígonos, não equivale a declarar que toda filosofia é uma simples quimera; ela apenas exprime uma recusa categórica de toda teoria, filosófica ou científica, que não seja, simultaneamente, práxis, e práxis real, terrena, deste mundo, práxis humanamente sensível – recusa categórica da atividade especulativa da Ideia filosófica que, no fim das contas, apreende apenas a si mesma.[39]

Karl Marx estaria, portanto, renegando apenas a atividade especulativa da Ideia filosófica (à qual de certo modo até então se ativera, mesmo que na contraluz, isto é, em chave negativa).

Na conjuntura política e teórica de 1923, Korsch julga mais adequado conduzir a luta em duas frentes: contra a abstração filosófica da teoria pura, mas também contra a abstração oposta (antifilosófica) da prática pura. A melhor maneira de levar adiante a tradição marxista seria, então, ater-se à unidade, modelada segundo o conceito de práxis, entre teoria e prática (entre "a prática humana e a compreensão dessa prática").

A proposta de unidade, retomada por Korsch, encontra-se formulada na segunda tese:

> A questão se cabe ao pensamento humano uma verdade objetiva não é teórica, mas prática. É na práxis que o homem deve demonstrar a verdade, a saber, a efetividade e o poder, a mundanidade (*Diesseitigkeit*) de seu pensamento. A disputa sobre efetividade ou não efetividade do pensamento isolado da práxis é uma questão puramente escolástica.

O destaque que Marx concede aqui ao conceito de práxis, segundo Korsch, indica os limites da construção meramente teórica, mas aponta também para a subordinação da teoria à prática.

Os epígonos de Marx, desconsiderando os nexos ali estabelecidos, teriam separado ab-ruptamente a teoria da prática, os temas filosóficos do debate político. Para restabelecer a unidade original da doutrina de Marx, ou melhor, para concebê-la verdadeiramente como uma "teoria da revolução", seria necessário, portanto, retomar a questão "marxismo e filosofia" no registro da unidade estabelecida já nas *Teses sobre Feuerbach* por Karl Marx. Trata-se também aqui – como em *História e consciência de classe* – de reconstruir o marxismo como a teoria (agora, em registro filosófico) mais adequada à prática revolucionária.

Redirecionando a questão "marxismo e filosofia" para o terreno mais geral das relações entre os elementos da superestrutura e as condições materiais de produção, Karl Korsch associa essa questão à questão "marxismo e Estado", valendo-se, por analogia, da interpretação desenvolvida, por Vladimir Lênin, em *O Estado e a revolução*. A necessidade da filosofia só cessa com o próprio fim do Estado, já que não há como superá-la ou suprimi-la, mesmo no plano teórico, sem a transformação prática de toda a sociedade existente. Enquanto isso, ela subsistiria (tal como o Estado socialista previsto por Lênin) não só como arma de combate no campo intelectual, mas como a teoria mais adequada à ação revolucionária.

A filosofia deveria ser cultivada, no mínimo, como um modo de se contrapor à ortodoxia da social-democracia. Nessa vertente, segundo Korsch, com a substituição da filosofia por um sistema de ciências positivas e não dialéticas, o "socialismo científico" teria sido reduzido a uma teoria das leis de evolução da sociedade – a uma somatória de conhecimentos puramente científicos. No combate a esse "marxismo vulgar" que pretende suprimir, sem mais, a filosofia, Korsch procura restabelecer alguns princípios do materialismo dialético, em especial a doutrina que afirma que as formações espirituais devem ser concebidas, teoricamente, e tratadas, na prática, como realidades sociais.

Korsch concede, assim, à filosofia (e às demais formações ideológicas) a possibilidade de "exprimir, em suas formas particulares, a totalidade da sociedade burguesa". Segundo ele, as representações

> [...] de um nível ainda mais elevado, a arte, a religião e a filosofia [...] constituem todas, em conjunto, a estrutura espiritual da sociedade burguesa, que corresponde

à sua estrutura econômica, do mesmo modo que, sobre esta estrutura econômica, se eleva a superestrutura jurídica e política desta sociedade.[40]

Além de recuperar a legitimidade da filosofia, Karl Korsch tende a caracterizá-la como uma forma de conhecimento inerente ao marxismo, como deixa claro o vínculo que estabelece entre essa tradição e o idealismo alemão. Destaca, nessa relação, o seguinte paralelismo:

> O sistema marxista, expressão teórica do movimento revolucionário do proletariado, deve manter com os sistemas da filosofia idealista alemã, no plano ideológico, as mesmas relações que o movimento revolucionário do proletariado mantém, no plano da práxis social e política, com o movimento revolucionário burguês.[41]

Reflexos de etapas distintas do processo histórico, o idealismo alemão e o marxismo são concebidos, portanto, respectivamente, como a expressão teórico-filosófica da burguesia em ascensão e do proletariado revolucionário – destoando da afirmação de Engels, desenvolvida no âmbito da Segunda Internacional, de que o marxismo seria o herdeiro da filosofia clássica alemã.

A presença da filosofia no marxismo, detectada por Karl Korsch, modifica, significativamente, as interpretações correntes acerca do sentido da evolução do pensamento de Marx que ressaltavam o seu itinerário como uma passagem progressiva da filosofia para a política e desta para a economia. Na leitura de Korsch, a transição de Karl Marx para a crítica da economia política indica apenas o desenvolvimento de uma forma mais profunda e radical de crítica revolucionária (ao mesmo tempo teórica e prática) da sociedade.[42]

O termo "ocidental", empregado para distinguir uma vertente do marxismo, aparece pela primeira vez no ensaio "Estado atual do problema", mais conhecido como "Anticrítica", de Karl Korsch. Nesse texto, redigido para a segunda edição de *Marxismo e filosofia* (1930), delimita um grupo de comunistas, partidários da Terceira Internacional, dentre os quais são nomeados expressamente apenas György Lukács e ele próprio.[43]

O anúncio e a qualificação dessa nova tendência inscrevem-se no contexto das controvérsias suscitadas pela publicação, em 1923, de *História e consciência de classe* e de *Marxismo e filosofia*. Ambos foram mencionados e condenados oficialmente, em 1924, no discurso de abertura do Congresso do Partido Social-Democrata Alemão (SPD), por Wels, e quase simultaneamente também no discurso de abertura, no V Congresso da Internacional Comunista, por Zinoviev. Configurou-se, assim, uma inusitada concordância entre os presidentes de correntes que se encontravam então no auge da rivalidade política.[44]

Korsch surpreendeu-se não apenas com a coincidência temporal e a rapidez das reações, mas sobretudo com as semelhanças de conteúdo das duas imprecações. Findo o espanto, chegou à conclusão – mote central de sua "Anticrítica" – de que, apesar da cisão e das declarações em contrário, comunistas e social-democratas continuavam partilhando a mesma concepção de marxismo. A dupla condenação de seu livro (e de *História e consciência de classe*) tornou evidente que havia uma espécie de comunhão entre revolucionários e reformistas:

> Representantes credenciados das duas principais tendências do marxismo oficial contemporâneo, com seguro instinto, logo farejaram neste modesto ensaio uma rebelião herética contra alguns dogmas comuns ainda hoje – e apesar de todas as oposições aparentes – às duas confissões da velha igreja marxista ortodoxa: diante do concílio reunido condenaram as ideias expressas neste livro como desvio da doutrina estabelecida.[45]

No opúsculo de 1923, Korsch – ainda dirigente do partido comunista alemão (KPD) –, a partir de um exame das relações entre o marxismo e a filosofia, sugere e ensaia alguns desdobramentos teóricos. Nas justificativas, apresenta sua intervenção como uma contribuição ao movimento de revitalização do materialismo histórico, concomitante às insurreições europeias capitaneadas pela Terceira Internacional.

As principais determinações conceituais de *Marxismo e filosofia* – a elucidação do papel da filosofia na gênese e na estrutura da obra de Marx e Engels; a compreensão do vínculo do materialismo histórico com o idealismo alemão; o esclarecimento da incompatibilidade dessa doutrina, "expressão da totalidade viva", com a repartição do saber em áreas específicas, imposta pela divisão intelectual do trabalho – podem, por conseguinte, ser consideradas como resultados de uma concepção que define o marxismo, primordialmente, como prática revolucionária.

Mesmo a reabilitação da crítica filosófica como fator decisivo no combate cultural, ao qual Karl Korsch atribui importância equivalente às lutas econômicas e políticas, deriva desse esforço em complementar a reformulação da teoria e da prática decorrente da ruptura com o modelo da Segunda Internacional.

Na "Anticrítica", Korsch se defende da denúncia de "heresia" contra-atacando. Seu alvo principal, agora, é a Internacional Comunista, a quem acusa de não ter rompido substancialmente com o "marxismo da Segunda Internacional".[46] Propõe, assim, uma alteração radical na demarcação da "linha divisória" do campo marxista:

> Neste debate fundamental sobre a direção do marxismo contemporâneo, previamente anunciado por inúmeros sinais e hoje aberto, encontraremos, no que diz respeito às questões decisivas (a despeito de querelas secundárias e passageiras), de um lado, a antiga ortodoxia marxista de Kautsky e a nova ortodoxia do marxismo russo ou "leninista" e, de outro, todas as tendências críticas e avançadas da teoria do movimento operário contemporâneo.[47]

Empenhado em demonstrar a pertinência dessa hipótese, Karl Korsch rememora as fases sucessivas da linhagem marxista, acompanhando seus desdobramentos da fundação do materialismo histórico à atualidade. Nesse movimento, debruça-se demoradamente sobre o período da Segunda Internacional, recapitulando seus paradoxos.[48]

Ele destaca principalmente o descompasso entre a ação política efetiva da social-democracia e a teoria marxista, formalmente adotada pelos partidos que constituíam a Segunda Internacional. Esse mesmo dilema reaparece – em outro registro – na constatação de que quanto mais a ortodoxia de Karl Kautsky pautava as deliberações do SPD tanto mais sua prática aproximava-se do revisionismo de Eduard Bernstein.[49] Korsch destaca ainda outra discrepância: a doutrina marxista, apesar da ampliação de sua base social e política, não atingiu, nesse período, o mesmo patamar dos anos 1840-1850, quando se apoiava num proletariado pouco numeroso e inexperiente, embora revolucionário.[50]

Por fim, Karl Korsch inclui nessa série uma questão aparentemente alheia à discussão: o abandono da premissa de Marx de uma conexão imediata entre a teoria e a práxis revolucionária, consolidado com a prevalência da tese – proposta por Karl Kautsky e referendada por Vladimir Lênin em *Que fazer?* – de que a doutrina socialista não surge espontaneamente no movimento operário, devendo ser introduzida "de fora" pela intelectualidade marxista.[51]

Na contramão das histórias evolutivas então predominantes, Korsch oferece uma explicação pouco usual para essas contradições. Segundo ele, a divergência entre a doutrina marxista e a prática da Segunda Internacional deixa de ser ininteligível quando se considera que, "nesta fase histórica, o marxismo não foi, para o movimento operário, [...] uma verdadeira teoria, [...] mas sim e somente uma ideologia, trazida já pronta e acabada de fora".[52]

"Anticrítica" detecta um processo semelhante no marxismo russo. Num breve balanço, salienta, ao longo de sua trajetória, a persistência de uma "mesma contradição [...] entre a teoria estabelecida e os verdadeiros traços históricos do movimento".[53] Contemporaneamente, essa incongruência se manifesta na discrepância entre "a teoria marxista ortodoxa e a práxis inteiramente heterodoxa do revolucionário Lênin".[54]

Convém observar que a homologia indicada por Karl Korsch só se torna convincente graças a uma inversão. A contraposição que ele aponta na Terceira Internacional não é atribuída às insuficiências da ação política, à sua defasagem em relação à doutrina marxista, mas antes à carência de uma reformulação teórica sintonizada com a retomada da práxis revolucionária. Esse deslocamento, supõe ele, demanda uma atualização da questão "marxismo e filosofia".

Entre a primeira e a segunda edição do livro de Korsch, a Internacional Comunista – após a morte de Lênin e concomitante à disputa pelo comando que culminou na ascensão de Stálin – adotou como doutrina oficial o "marxismo-leninismo". Em seguida, o debate sobre os rumos do movimento, não inteiramente dissociado da polêmica acerca do legado de Lênin, foi sufocado. Nesse vazio, disseminou-se para além do território russo o conjunto de procedimentos que Korsch descreve como uma "ditadura ideológica [...] sobre a vida intelectual não apenas da confraria no poder, o partido, mas sobre toda a classe operária".[55] Segundo ele, o "marxismo-leninismo"

> [...] reivindica para a sua "filosofia materialista" uma espécie de autoridade judiciária superior diante de todos os resultados passados, presentes e futuros da pesquisa científica. Essa tutela da "filosofia" materialista – exercida tanto sobre as ciências sociais quanto sobre as ciências da natureza, e também sobre as outras manifestações culturais (a literatura, o teatro, as artes plásticas etc.) – seria desenvolvida pelos epígonos de Lênin até suas mais absurdas consequências.[56]

Embora sua notoriedade seja recente, o marxismo-leninismo, na opinião de Korsch, não constitui propriamente uma novidade. Trata-se apenas de um desdobramento linear do marxismo russo, vertente constituída a partir da inflexão peculiar que o materialismo histórico adquiriu na obra de Gueórgui Plekhánov.

Korsch ressalta o percurso de formação e a inserção histórica do marxismo-leninismo para contestar a pretensão à validade universal dessa doutrina, apregoada por seus adeptos. Além disso, o ato de circunscrever sua dimensão local compõe uma premissa indispensável do principal argumento do autor da "Anticrítica" em seu esforço em demonstrar a existência de coordenadas teóricas comuns à Segunda e à Terceira Internacional.

No quadro elaborado por Korsch, o marxismo russo constitui uma das três tendências que protagonizaram, na época da Segunda Internacional, a controvérsia sobre a filosofia marxista. Disputou a representação da interpretação do legado de Marx e Engels tanto com a corrente, tributária do neokantismo e de Ernst Mach, integrada pelos austromarxistas e por Bernstein, como com a ala central da social-democracia alemã, que incorporou a concepção cientificista-positivista, sistematizada por Kautsky e, antes dele, por Franz Mehring.[57]

Assim, não seria mero acaso que o livro de Vladimir Lênin alçado à condição de fonte filosófica primordial do marxismo-leninismo, *Materialismo e empiriocriticismo* (1909), tenha sido redigido exatamente nesse período. Segundo Korsch, o líder russo pleiteava apenas combater as "diversas tendências idealistas da filosofia burguesa moderna que – umas kantianas, outras empiriocriticistas baseadas em Mach – haviam estendido sua influência sobre as correntes revisionista e centrista do movimento socialista de então".[58] A ênfase extremada no caráter materialista da filosofia marxista, sua desatenção às determinações do método dialético, deriva, em larga medida, dessa conjuntura.

Feita essa ressalva, Korsch desfere uma sucessão de golpes virulentos contra *Materialismo e empirocriticismo*. Suas setas visam propriamente não a Lênin – enaltecido em *Marxismo e filosofia* por conta de *O Estado e a revolução* (1917) –, mas a seus epígonos, que tentaram transformar o livro de 1909, ignorando as circunstâncias de sua composição, em força "restauradora da verdadeira e autêntica filosofia marxista".[59]

Quando elegem *Materialismo e empirocriticismo* como súmula da teoria comunista, os marxistas-leninistas, na avaliação de Korsch, cometem, no mínimo, dois equívocos. Na perspectiva política-prática, não perceberam que ainda hoje "a tendência dominante que impera (como há sessenta ou setenta anos) na filosofia, nas ciências naturais e nas ciências humanas da burguesia não é uma concepção idealista, mas algo que se inspira numa concepção materialista naturalista".[60]

No registro filosófico-teórico, não tiveram a perspicácia de observar que as limitações conceituais da obra de Lênin tornaram-se ainda mais salientes após a publicação, em 1923, na Alemanha, de *História e consciência de classe* e de *Marxismo e filosofia*. A comparação com o tratamento dispensado às questões filosóficas nesses dois livros legitima o veredicto de que Lênin compreende o materialismo

> [...] como a pura e simples substituição da concepção idealista que está na base do método dialético em Hegel por uma outra concepção filosófica, não mais "idealista" e sim "materialista"; e ele parece não suspeitar que uma tal "inversão materialista" do idealismo hegeliano só poderia conduzir, no melhor dos casos, a uma alteração terminológica: o absoluto já não seria o "espírito" e sim a "matéria". O materialismo de Lênin, porém, encerra algo ainda mais grave, [...] retrocede o confronto entre materialismo e idealismo a um nível de desenvolvimento histórico anterior ao alcançado pela filosofia alemã de Kant a Hegel.[61]

O aumento do tom, a quase vociferação ensaiada por Korsch no exame de *Materialismo e empirocriticismo* decorre de uma estratégia meditada. Ao mobilizar esses artifícios retóricos, ele pretende reativar a querela filosófica que pautou a discussão interna na Internacional Comunista em 1924, cujo estopim foi a condenação, em bloco, de seu livro e de *História e consciência de classe*. Distante do "calor da hora", a "Anticrítica" reconstitui essa controvérsia como um desdobramento filosófico do debate sobre as questões políticas e táticas que contrapôs – pouco depois da fundação da Terceira Internacional – "duas tendências revolucionárias surgidas no pré-guerra na Internacional Social-Democrata e que na Internacional Comunista, apenas aparentemente, tinham se unificado".[62]

Assim, ao reafirmar sua convicção revolucionária, Korsch se apresenta como participante de um grupo político específico, estranhamente quase nunca mencionado em *Marxismo e filosofia*. Essa tendência, denominada por ele "marxismo ocidental", congregaria os membros das correntes comandadas, na Alemanha, por Rosa Luxemburg e Karl Liebknecht e, na Holanda, por Anton Pannekoek e Gorter.

"Anticrítica" altera a rota não apenas da filiação de Korsch. Além dessa correção – decorrente, em parte, de seu empenho em delinear uma linhagem indicando seus precursores –, submete a uma metamorfose a própria proposta inicial de revalorização do conteúdo filosófico da doutrina de Marx e Engels, que deixa de ser um simples complemento teórico da práxis revolucionária. A edição de 1930 redimensiona a questão "marxismo e filosofia", elevando-a à condição de bússola e arma de um duplo combate, teórico e prático, travado simultaneamente contra a social-democracia e o marxismo-leninismo.

Uma ambiguidade essencial perpassa a "Anticrítica". Korsch não esclarece se essa batalha intelectual deve ser encaminhada ainda no âmbito da Terceira Internacional. Essa indeterminação, no entanto, em breve foi dirimida. Sua proposta de retomada da querela filosófica de 1924 não encontrou eco. Com a bolchevização forçada das seções não russas, Korsch e todos aqueles que discordavam desse processo foram empurrados sumariamente para fora da Terceira Internacional.

Os objetivos desse duplo combate, no entanto, não são os mesmos. No que tange à social-democracia, reitera-se a acusação, já formulada em 1923, de que sua desconsideração pela filosofia teria contribuído para a debilidade e a impotência demonstradas diante do "vírus" reformista. No caso da vertente russa do marxismo, o ponto não é a desatenção à filosofia, mas o fato de essa linhagem retornar ao debate anterior a Hegel, mimetizando o materialismo francês do século XVIII.

A "Anticrítica", nesse movimento, não deixa de reconhecer que o apelo genérico a uma revitalização do caráter filosófico do marxismo mostrara-se insuficiente mesmo para enfrentar a teoria "científico-positivista" da Segunda Internacional. A dissecação que estabelece do contraexemplo de uma inflexão filosófica, a do marxismo soviético, desprovida de gume crítico, comprova a necessidade de "renovar num patamar superior" a concepção (materialista e dialética) estabelecida por Marx e Engels.

Os membros do marxismo ocidental (tomando aqui esse termo em sua expressão corrente, isto é, como um conjunto de autores e obras que se estende até os anos 1970), no combate à doutrina da Segunda Internacional, ecoando as propostas de Karl Korsch, esmeram-se na revalorização da função da filosofia no marxismo. Mais ainda, desenvolvem essa escaramuça conscientes de que se faz necessário especificar o caráter e o conteúdo dessa "renovação", o que desembocou em uma série em que cada qual procura redefinir à sua maneira os termos de uma refundação filosófica do marxismo.[63]

Foi só no final da década de 1930, com a "Anticrítica", que um dos assim chamados fundadores do marxismo ocidental se autorreconheceu claramente como alternativa tanto à social-democracia como ao bolchevismo. No início, esse primeiro marxismo ocidental propôs apenas uma complementação teórica do programa (encaminhado por Rosa Luxemburg e encampado por Lênin e seus seguidores) de restabelecer a unidade do movimento operário

TRAJETÓRIAS DO MARXISMO EUROPEU

"pela base", ou melhor, por meio da ação revolucionária. Seu legado, no entanto, sobretudo após a dupla condenação em 1924 dos livros de György Lukács e Karl Kosch, incorporou como traço característico a recusa enfática das doutrinas dos comunistas e dos social-democratas – definindo o marxismo ocidental como um movimento destoante tanto da Segunda como da Terceira Internacional.

III

Max Horkheimer, em seus escritos da década de 1930, mostra-se consciente de que não é mais possível, como pretendiam György Lukács e Karl Korsch, assentar a unidade do marxismo em uma cada vez mais improvável ação revolucionária do proletariado. Essa prática encontrava-se obstruída com a desmobilização dos partidos e das organizações dos trabalhadores decorrente da dupla derrota diante do nazifascismo e do stalinismo.[64] O materialismo histórico estava, portanto, impedido de se apresentar como uma forma de resolução de "determinadas questões teóricas do movimento revolucionário", ou seja, como uma "teoria da revolução".

O desafio da geração de Horkheimer consistia, assim, em levar adiante a tradição marxista sem poder recorrer às fórmulas consagradas, seja à perspectiva de Lukács, que o concebia como a "expressão pensada do próprio processo revolucionário", seja à compreensão de Rudolf Hilferding, que o separava enquanto sistema científico do socialismo. A questão central, nesse momento, não era propriamente a unidade do movimento operário, mas a preservação da identidade do marxismo numa época em que este (para ampliar a barafunda) estava relegado à condição de ideologia oficial de um Estado (para dizer o mínimo) autoritário.[65]

A solução apresentada por Max Horkheimer sob o rótulo de "Teoria crítica" – a hibernação do marxismo em teoria, adequada para o momento e justificável em face das circunstâncias – ganhou vida própria no pós-Guerra com a hegemonia dos Estados Unidos e a regulação keynesiana. Nesse período, moldou a trajetória do marxismo europeu muito mais que os textos de fundação do marxismo ocidental.

Max Horkheimer assumiu a direção do Instituto de Pesquisas Sociais da Universidade de Frankfurt em 31 de janeiro de 1931. No discurso de posse, não aparece o termo "Teoria crítica". O codinome do marxismo renovado que ele advoga era então "filosofia social", a mesma denominação da cátedra que ocupou na ocasião. A especificidade da filosofia social reside em sua intenção de construir uma

[...] interpretação filosófica do destino dos homens, enquanto não são meros indivíduos, mas membros de uma comunidade. Portanto, a filosofia social deve ocupar-se sobretudo daqueles fenômenos que só podem ser entendidos em conexão com a vida social dos homens: no Estado, no direito, na economia, na religião, ou seja, em toda a cultura material e espiritual da humanidade em geral.[66]

Essa definição sucinta permite localizar a origem da filosofia social no idealismo alemão e estabelecer, ao mesmo tempo, uma clivagem decisiva. As obras de Immanuel Kant e Johann Gottlieb Fichte, embora tenham o mesmo conteúdo descrito na enumeração acima, são excluídas, por Horkheimer, do domínio da filosofia social na medida em que adotam como única fonte dos princípios constitutivos de cada esfera cultural "a unidade fechada do indivíduo racional".[67] Somente com Hegel, a autorreflexão liberta-se dos "grilhões da introspecção" reconhecendo o "trabalho da história" como sujeito e objeto da criação cultural e, por conseguinte, da "essência" humana.[68]

Max Horkheimer denominou seu discurso de posse de "A presente situação da filosofia social e as tarefas de um Instituto de Pesquisas Sociais". A primeira parte do texto debruça-se sobre a história dessa disciplina na Alemanha, uma trajetória delineada pela emergência e pela dissolução do sistema hegeliano.

Horkheimer ensaia uma leitura da filosofia de Hegel distinta das então prevalecentes no âmbito do marxismo – a do último Engels e a desenvolvida por Lukács em *História e consciência de classe*. Sua interpretação destaca a dicotomia entre a explicação imediata da história como resultado da interação e do conflito entre os interesses materiais, os impulsos e as paixões dos indivíduos e a compreensão mediada da história universal como desdobramento do "espírito objetivo" por meio de uma lei racional independente da vontade e do conhecimento dos indivíduos.

Essa contraposição, presente na obra de Hegel, não pretende apenas fornecer "consolo" para a infelicidade individual e coletiva. Horkheimer denuncia aí a reconciliação com a efetividade do mundo. Em um procedimento típico dos processos de reificação, a filosofia hegeliana "transfigura o real que parece injusto em racional". A suposição de uma esfera superior e autônoma, premissa indispensável desse movimento de "transfiguração", constitui o ponto comum aos sistemas de filosofia social que sucederam à desagregação da filosofia de Hegel.

Em breves comentários, Horkheimer aponta a presença dessas unidades suprapessoais da história que se propõem a identificar significados para a existência humana no pensamento de Cohen, Spann, Kelsen, Reinach, Hartmann e Max Scheler. Constituem reações à "infâmia do cotidiano e ao terror da história", destacadas pela filosofia de Schopenhauer e pelo cientificismo prevalecente após 1850.

Horkheimer discorda tanto do positivismo que restringe sua observação, na esfera social, apenas ao indivíduo e reduz suas relações a meras facticidades, como da filosofia social direcionada para a transfiguração do sofrimento subjetivo. O programa da cátedra que assumiu, em consonância com o marxismo heterodoxo que deve informar as investigações do Instituto de Pesquisas Sociais, reconfigura em termos próprios e originais o que até então fora característico da "filosofia social". O nome permanece o mesmo, mas os métodos e os conteúdos são transformados radicalmente.

A reconstrução dessa disciplina, proposta por Horkheimer, assenta-se na "contínua interpenetração e desenvolvimentos dialéticos entre a teoria filosófica e a prática das ciências especializadas". A compreensão da vida social deve resultar de "pesquisas que contem com a participação de filósofos, sociólogos, economistas, historiadores, psicólogos".[69] A tarefa autoatribuída do diretor do Instituto será organizar essa comunidade de trabalho orientando a inserção dos problemas filosóficos no processo empírico-científico, no âmbito de uma dialética entre o universal e o particular.

A título de exemplo, Horkheimer antecipa o "fio condutor" do trabalho científico do Instituto: a investigação da

> [...] questão da conexão que subsiste entre a vida econômica da sociedade, o desenvolvimento psíquico dos indivíduos e as transformações que têm lugar nas esferas culturais em sentido estrito – às quais não pertencem apenas os assim chamados conteúdos espirituais da ciência, da arte e da religião, mas também o direito, os costumes, a moda, a opinião pública, o esporte, as formas de divertimento, o estilo de vida etc.[70]

Na ocasião, Horkheimer anuncia também o âmbito e o objeto do primeiro trabalho coletivo do instituto, uma pesquisa sobre dois grupos sociais: os operários qualificados e os empregados no setor de serviço na Alemanha.

DE GYÖRGY LUKÁCS A MAX HORKHEIMER

A mediação entre o que se designa comumente por infraestrutura e superestrutura demanda, assim, o acompanhamento do desenvolvimento psíquico dos indivíduos. Desse modo, legitima-se a incorporação da psicanálise no marxismo. Mas também se opera uma modificação radical – os trabalhadores não são mais concebidos apenas como "sujeitos da história"; tornam-se sobretudo "objetos" de investigação científica.

De um outro ângulo, o discurso de posse pode ser compreendido como um posicionamento de Max Horkheimer diante da questão que polarizou os debates no campo do materialismo histórico na década de 1920 na Alemanha: a relação entre marxismo e filosofia.[71] Essa relação desdobra-se em "A presente situação da filosofia social e as tarefas de um Instituto de Pesquisas Sociais" como a transformação da filosofia em teoria da sociedade.

Em 1932, inicia-se a publicação da *Revista de Pesquisa Social,* anunciada por Horkheimer no discurso de posse como o novo órgão de divulgação dos resultados das investigações do instituto. Ela foi editada ininterruptamente durante dez anos: primeiro na Alemanha, depois no exílio em Paris e posteriormente em Nova York. A maioria dos artigos – mais próximos da forma ensaio do que de *papers* – foram assinados individualmente por pesquisadores engajados nos projetos delineados pelo diretor. A plêiade de colaboradores, corresponsável pelo brilho da marca "Escola de Frankfurt", contou com a participação, entre outros, de Max Horkheimer, Friedrich Pollock, Leo Löwenthal, Erich Fromm, Herbert Marcuse, Theodor Adorno, Otto Kirchheimer, Walter Benjamin e Franz Neumann.

A cooperação entre as disciplinas especializadas e entre os colaboradores individuais se faz notar com maior nitidez nas pesquisas coletivas desenvolvidas no âmbito do instituto. Com a ascensão de Hitler ao poder, em 1933, a investigação em andamento sobre os operários qualificados e os empregados no setor de serviço na Alemanha, avaliada como inconclusa por Horkheimer, não veio a lume.

Na mesma época, o instituto iniciou uma pesquisa, extensa e qualificada, focalizando a relação de autoridade no interior de uma instituição social abrangente, a família. O material foi colhido na Suíça, na França, na Áustria, na Bélgica, na Holanda e na Inglaterra. O resultado, um volume de quase mil páginas, continha na abertura três artigos teóricos – redigidos, respectivamente, por Max Horkheimer, Erich Fromm e Herbert Marcuse. Concluído em 1935, *Estudos sobre autoridade e família* foi publicado em Paris, em 1936.

Fromm e Marcuse abordaram a questão da autoridade no contexto de suas áreas, a psicanálise e a filosofia. O programa do instituto, no entanto, propunha-se a ir além da mera aglutinação da prática segmentada de ciências especializadas. Não se tratava apenas de montar um grupo de trabalho interdisciplinar, mas de explorar as conexões entre economia, psicanálise, história, sociologia e filosofia. A tarefa de incorporar os saberes fracionados numa totalidade integrada coube, novamente, a Horkheimer.

Na primeira das três partes em que dividiu o seu ensaio, denominada "Cultura", Horkheimer desenvolve um tópico anunciado no discurso de posse: o vínculo entre a vida econômica da sociedade, o desenvolvimento psíquico dos indivíduos e as transformações das esferas culturais. Seu ponto de partida é o (quase) consenso prevalecente na ciência cultural alemã [*Geisteswissenschaft*], a compreensão da cultura como índice da coleção de traços característicos de uma determinada época. Horkheimer não concebe, no entanto, essa reunião como um conjunto unitário. Destaca, como momento decisivo de um conceito dinâmico de cultura, as contradições decorrentes dos conflitos entre as classes e entre as nações.

O jogo entre tendências e contratendências desenrola-se em um campo de provas bem estabelecido: os aparelhos psíquicos dos indivíduos. Ali, a interferência de concepções, muitas vezes antagônicas, é filtrada por sentimentos de medo e angústia decorrentes dos procedimentos de "interiorização, sublimação e complementação da violência física".[72] A cultura desdobra-se, assim, como uma espécie de índice da experiência imemorial da dominação.

Na determinação por Horkheimer do conceito de cultura é possível discernir a atitude crítica diante de definições prevalecentes em correntes consagradas da historiografia, da filosofia e da sociologia histórica. Ocupam maior espaço nessa primeira seção do artigo, no entanto, referências direcionadas à economia e à psicologia.

No "Prefácio" a *Para a crítica da economia política*, Karl Marx afirma que "o modo de produção da vida material condiciona o processo em geral da vida social, política e espiritual". Max Horkheimer não contesta essa premissa do materialismo histórico, mas, atento ao modelo crítico estabelecido por Marx e Engels em *A ideologia alemã*, observa que a relação entre a estrutura econômica da sociedade e a superestrutura jurídica e política (com suas formas sociais de consciência) não deve ser compreendida como uma correspondência unívoca e direta.

Horkheimer dedica um longo trecho do ensaio à exposição dos hábitos então predominantes nas sociedades asiáticas. Esse excurso lhe permite mostrar que os ritmos das modificações culturais nem sempre estão sintonizados com o andamento da atividade econômica. Na China, por exemplo, ainda persistia "a veneração e o culto dos antepassados" – atuando como vetor paralisante.[73] Apesar de contrariar os interesses materiais dos indivíduos, seu enraizamento na vida psíquica dificultava a penetração das formas capitalistas e das modalidades de pensamento e ação que lhes são próprias.

O nexo entre economia e cultura não engendra uma correspondência unívoca e direta, mas tampouco deixa de urdir uma conexão determinada. A produção e o intercâmbio de mercadorias assumem a forma fantasmagórica de uma relação entre coisas que Karl Marx denominou de "caráter fetichista da mercadoria" ou de "processo de reificação". A totalidade dos fenômenos culturais é compreendida, assim, como uma reunião de modalidades diferenciadas de formas sociais reificadas. Estas, por sua vez, no acréscimo de Max Horkheimer, atuam direta ou indiretamente sobre o aparato psíquico dos indivíduos. Tal convergência abre caminho para a incorporação da psicanálise pelo marxismo ou, em outro registro, para a interpenetração de psicologia e economia.

A cultura adquire, assim, no que tange ao controle social, um caráter ambivalente. Na medida em que, no bojo dos procedimentos para espiritualizar a coerção, procura estabelecer significados para o sofrimento, sentidos para a vida, ela pode contribuir tanto para coibir como para incentivar a emancipação. Nas palavras de Max Horkheimer: "toda a cultura é incluída na dinâmica histórica, suas esferas, em seu entrelaçamento, sempre constituem fatores dinâmicos na conservação ou ruptura de uma determinada estrutura social".[74]

Essa ambivalência, de certo modo inerente às formas sociais reificadas, apresenta-se com maior vigor no conceito de "autoridade", desenvolvido por Horkheimer na segunda parte do ensaio de abertura de *Estudos sobre autoridade e família*. O teor contraditório e pendular desse conceito manifesta-se de antemão no significado do termo "autoridade", que designa tanto "modos de agir internos e externos nos quais os homens se sujeitam a uma instância alheia" como o "interesse real e consciente de indivíduos e grupos".[75]

A pesquisa empírica procura aferir, em chave negativa, precisamente a intensidade das disposições psíquicas que geram a persistência da incapacidade (material ou espiritual) dos dominados em reagir, ou melhor, o predomínio da submissão cega e servil e da indolência psíquica, que impedem os indivíduos de agir por conta própria. A subordinação recorrente dos dominados à autoridade deriva em parte da hierarquia social estabelecida historicamente em sua mutabilidade decorrente dos conflitos entre as classes, mas sobretudo do ímpeto da reificação.

Sob o efeito da reificação, a vida aparece aos indivíduos como um destino destituído de sentido. A opacidade do processo de produção, a admissão de "certos dados econômicos como fatos naturais", impulsiona as pessoas a "se sujeitarem às circunstâncias, a amoldar-se à realidade".[76] Igualmente afetados, tanto o trabalhador como o burguês não conseguem apreender imediatamente sua posição na sociedade.

Esse conformismo instala uma nova modalidade de "servidão", distinta daquela que vigorou na Idade Média europeia. No capitalismo, a impotência do indivíduo deriva de uma dependência cega do social (tendência fortalecida pelo autoritarismo preponderante na década de 1930). Nas palavras de Horkheimer: "a mais completa adaptação possível do sujeito à autoridade efetiva da economia é, ao mesmo tempo, a forma da razão na sociedade burguesa".[77]

A racionalidade econômica se impõe, portanto, como uma força alheia à vontade dos indivíduos. Estes não se rebelam apenas por conta de fatores de ordem psíquica. A apatia decorre também do fato de estarem submersos numa névoa que dificulta a percepção das causas de sua dependência. No mundo moderno, a autoconcepção de "subjetividade" e de "indivíduo" foi construída por meio de "transfigurações" filosóficas. A "transfiguração" é ainda maior no conceito de "indivíduo". O pensamento burguês o concebe como um ente separado da sociedade e da natureza.

No capitalismo monopolista, na descrição sucinta de Horkheimer, a concorrência individual é substituída por combates travados entre "trustes gigantescos", e a política estatal volta-se, sobretudo, à mobilização para a guerra. Intensifica-se, assim, a irracionalidade do processo econômico, "manifesta na impotência diante das crescentes crises",[78] que só acentua a perplexidade dos indivíduos.

As diferenças no tocante ao grau de submissão dos indivíduos à autoridade no interior de uma mesma sociedade assentam-se na estrutura familiar, base – em última instância – da "naturalização" da relação de mando e obediência. A família como fator determinante da aceitação automática da hierarquia, da configuração da divisão do trabalho e das classes sociais é abordada por

Max Horkheimer na terceira parte do ensaio de abertura de *Estudos sobre autoridade e família.*

Horkheimer, no interior dessa seção, comenta algumas obras clássicas da bibliografia sobre o tema, numa lista que inclui Santo Agostinho, Helvétius, Kierkegaard, Nietzsche, Comte, Le Play, McDougall. A leitura a contrapelo desses autores possibilita a seguinte generalização:

> O modo de pensar burguês não reconhece o valor de bens materiais e espirituais com que os homens se ocupam diariamente como uma forma de relações sociais, mas como qualidades naturais dos objetos ou, em contrapartida, os subtrai da análise racional como estimativas puramente arbitrárias; ele compreende a autoridade como qualidade fixa.[79]

No exercício dessa crítica da ideologia, Max Horkheimer desentranha, seguindo a temporalidade histórica, aspectos da organização familiar cuja variação só pode ser compreendida à luz das metamorfoses da sociedade. É difícil discordar da afirmação que atribui a transformação da família de "unidade de produção" em "comunidade de consumo" a modificações decorrentes da dinâmica da sociedade. O mesmo vale para as alterações nas tarefas de procriação, criação e educação dos filhos, no planejamento familiar, nos cuidados com velhos e doentes etc.

Horkheimer discorre sobre a família tanto como instituição social quanto como mecanismo de formação psíquica dos indivíduos. Enquanto instituição social, a família desenvolve processos conscientes "não controlados" à semelhança da igreja, da escola, de associações esportivas e políticas, da imprensa, de entidades culturais etc. Embora reconheça que a influência exercida na esfera privada pode ser incentivadora da rebelião ou do conformismo, Horkheimer destaca, no entanto, o predomínio da tendência opressora: "Devido à aparente naturalidade do poder patriarcal, que se origina de sua dupla raiz, de sua posição econômica e de sua força física juridicamente secundada, a educação na família nuclear constitui uma excelente escola para o comportamento autoritário".[80]

Essa tendência, porém, só se consolida quando prevalece na estruturação psíquica dos indivíduos. Freud atribui a apatia, a falta de iniciativa, o sentimento de inferioridade, a submissão à ordem social a relações estabelecidas na infância entre as crianças e seus pais (ou representantes) ou entre os irmãos. Horkheimer, por sua vez, salienta que os dispositivos engendrados pela repressão ou pela sublimação não só conduzem os indivíduos a comportamentos "masoquistas" e atitudes de autossacrifício, como também deslocam a atribuição do fracasso para motivações pessoais (como o sentimento de culpa), ignorando o papel determinante das condições sociais.

Horkheimer examina a família como uma forma específica da vida cultural. Ela constitui, portanto, tanto um momento da experiência imemorial da dominação como uma organização dinâmica, contraditória. Afinal, como é possível desconsiderar as mediações do mercado ou do Estado presentes no interior da família moderna?

Essas interferências, no entanto, nem sempre preponderam. Em determinadas situações prevalece na família, no âmago do "lar aconchegante", a relação comunitária que a torna um lugar de refúgio, ou melhor, uma espécie de reserva utópica. A resistência aos valores impostos pelo mercado e pelo Estado deriva – segundo Horkheimer – em parte dos afetos que têm como protótipos o "amor materno" ou o "amor fraterno".

A pesquisa empírica desenvolvida pelo instituto dedica-se também à tarefa de aferir os impactos na estrutura e na função da família no contexto de corrosão de sua base econômica e de emergência de Estados autoritários. Os resultados apresentados por Max Horkheimer não são animadores. As mutações no âmbito do trabalho – o desemprego persistente – minaram as bases da família proletária progressista, outrora sustentáculo da ação política transformadora. A reprodução renovada da família burguesa reforça ainda mais a força dos interesses materiais. A ação governamental, por sua vez, cria um ambiente no qual predomina, em detrimento do aspecto conservador, "o elemento destrutivo da cultura".[81]

Os termos "Teoria tradicional" e "Teoria crítica" aparecem na obra de Max Horkheimer apenas em 1937, em um artigo publicado no segundo volume do n. 6 da *Revista de Pesquisas Sociais*. A contraposição entre os dois vocábulos, desdobrada em múltiplas determinações, estrutura o andamento do ensaio. Trata-se de um procedimento usual na dialética materialista. Marx, no primeiro capítulo de *O capital*, apresenta a forma mercadoria a partir da contradição entre seus dois atributos: valor de uso e valor de troca.

O ensaio "Teoria tradicional e Teoria crítica" pode ser lido como um balanço, como uma meditação sobre a forma e o conteúdo das investigações desenvolvidas até então no âmbito do instituto. Seis anos depois do discurso de posse, há material suficiente para uma reflexão que procure ir além de enunciados programáticos. A avaliação da incorporação pelo marxismo dos saberes próprios das ciências especializadas, por exemplo, parte da consideração dos resultados das pesquisas publicadas na revista do instituto e do trabalho coletivo *Estudos sobre autoridade e família*.

A teoria da história de Karl Marx destaca não apenas a sucessão dos modos de produção. Estabelece também o percurso interno da sociedade capitalista, delimitando uma série de "fases", gestadas pela dinâmica da acumulação. A linhagem do marxismo demanda, por conseguinte, "atualizações" periódicas.

No ensaio "Teoria tradicional e Teoria crítica", a aferição da contribuição para a compreensão do mundo contemporâneo das pesquisas empíricas conduzidas por sociólogos, psicólogos, economistas, historiadores etc. constitui apenas um momento de um projeto mais abrangente. O objetivo explícito de Horkheimer é desenvolver uma "atualização" do marxismo a partir do diagnóstico da transição para uma nova fase denominada "capitalismo monopolista de Estado".

A atualização em pauta efetiva uma mudança significativa na autorrepresentação do marxismo, desdobrada a partir de uma interpretação original do materialismo histórico. Adota como ponto de partida a "teoria da ciência" – tópico considerado como uma lacuna na teoria de Karl Marx. Max Horkheimer, na verdade, não compartilha desse entendimento. Para ele, não é necessário elaborar uma "teoria da ciência" a partir de elementos externos à obra de Marx, como fez Engels. Afinal, em *O capital* e em *Para a crítica da economia política*, encontram-se indicações suficientes para a reconstituição da "teoria da ciência" marxista.

À "teoria da ciência" compete tanto compreender o lugar e a função das ciências especializadas na sociedade capitalista quanto determinar o estatuto do materialismo histórico enquanto forma de conhecimento. Max Horkheimer rejeita as duas posições prevalecentes e rivais desde a década de 1920, a de Friedrich Engels e a de Karl Korsch. Engels aproxima o marxismo das ciências naturais, a partir de uma comparação que equaciona seus métodos como indistinguíveis. Korsch associa o marxismo com outra modalidade de saber, a filosofia. Horkheimer confere para o marxismo o estatuto de "teoria", ou melhor, o de "Teoria crítica".

O critério de pertencimento à linhagem marxista, salientado por Lukács em *História e consciência de classe*, na esteira de Engels, sempre foi a observância do método dialético. Max Horkheimer não discorda. Acrescenta, no entanto, uma recomendação: é preciso utilizar o método no âmbito de uma teoria. Para ele, a linha divisória que separa o marxismo do saber convencional delineia-se também como uma distinção metodológica. Esta decorre, porém, de uma distinção primordial entre os dois campos, estabelecida pelos qualificativos "crítica" e "tradicional", que diferenciam as teorias antagônicas.

Segundo Horkheimer, Marx considera a ciência concebida no ambiente da sociedade capitalista, ao mesmo tempo, como força produtiva e como ideologia. Esse caráter bifronte, que perpassa tanto as ciências naturais quanto as ciências humanas, impõe uma série de providências que foram apenas indicadas.

Nessa direção, Horkheimer procura, de antemão, identificar as determinações características da "Teoria tradicional". A noção prevalecente sustenta que teoria é "um conjunto de proposições sobre uma área, as quais estão de tal modo interligadas que a partir de algumas delas as demais podem ser deduzidas".[82] O caráter hipotético desse sistema fechado é ressaltado seja por racionalistas como René Descartes, empiristas como Stuart Mill ou pela fenomenologia de Edmund Husserl. Todos concordam também que, na explicação teórica, a relação entre "a percepção ou constatação da realidade e a estrutura conceitual" é dicotômica: "sempre se encontra de um lado o saber formulado mentalmente e de outro uma facticidade a ser abarcada".[83]

Horkheimer detecta nessa formulação da teoria em seu sentido tradicional uma inversão típica dos casos de reificação. Em suas palavras: "aquilo que os cientistas veem em diferentes domínios como a essência da teoria corresponde, de fato, à sua tarefa imediata".[84] Afinal,

[...] tanto a fecundidade que as novas conexões empíricas descobertas têm para a reformulação do conhecimento disponível quanto a aplicação desse conhecimento aos fatos são determinações que não remontam a elementos puramente lógicos ou metodológicos; são compreensíveis tão somente em conexão com os processos sociais reais.[85]

A ciência não pode ser dissociada do aparato social, entre outros motivos porque, "tal qual a influência do material sobre a teoria, a aplicação da teoria sobre o material tampouco é um processo intracientífico; [...] a relação entre hipóteses e fatos não se realiza na cabeça dos cientistas, mas na indústria".[86] Horkheimer reitera, assim, o papel da ciência na produção da mais-valia relativa, sua contribuição para o constante revolucionamento dos meios de produção e das relações sociais. Ela constitui, por conseguinte, um agente "na autoconservação e contínua reprodução do existente".[87]

Horkheimer não se contenta em estipular a função da ciência em condições históricas e sociais determinadas. Seu propósito vai além dos procedimentos correntes na sociologia do conhecimento e na história da ciência. No afã de reconstituir uma teoria da ciência marxista, não olvida a questão (reivindicada pela filosofia como de sua competência exclusiva) da "objetividade científica". Trata-se de explicar por que a evidência na classificação dos fatos no sistema do entendimento – o juízo consensual sobre os objetos – assinala a existência de uma "harmonia, tanto entre percepção e pensamento tradicional como entre as mônadas, isto é, os sujeitos individuais do conhecimento".[88]

A solução proposta por Horkheimer destaca a determinação do sujeito e do objeto do conhecimento pela prática social geral. Em suas palavras:

> Os homens são um resultado histórico, em suas roupas e em suas maneiras, em suas feições e sentimentos; o modo como eles veem e ouvem também não é separável do processo vital social. Os fatos que os sentidos nos exibem são pré--formados socialmente de duplo modo: por meio do caráter histórico do objeto percebido e por meio do caráter histórico dos órgãos da percepção.[89]

Essa constatação é expressa na filosofia kantiana de forma invertida, na suposição de que os fenômenos são moldados pela atividade racional, ou melhor, pelo sujeito transcendental. A *Crítica da razão pura* "representa a atividade supraindividual, ignorada pelo sujeito empírico, apenas na forma idealista de uma consciência em si, em uma instância puramente espiritual".[90] O transcendental, porém, enquanto subjetividade universal, reconhece a "unidade profunda" decorrente da ação social.

Essas considerações sobre a filosofia de Kant antecedem e ilustram o modo como Horkheimer avalia a "Teoria tradicional". Exemplos de formas sociais reificadas, as ciências especializadas não precisam ser descartadas. Ao contrário, quando submetidas à crítica que desentranha sua validade parcial, podem ser incorporadas como um segmento da totalidade característica da "Teoria crítica".

A teoria em sua feição tradicional desempenha, portanto, no juízo de Horkheimer, "uma função social positiva".[91] Constitui, "como um instrumento material da produção", uma força produtiva, no sentido amplo do termo.

O conceito de "Teoria crítica" é exposto, no decorrer do texto, por meio de uma contraposição com a "Teoria tradicional" que salienta as diferenças entre essas formas de conhecimento. A comparação avança até a compreensão de como se distinguem na modalidade própria sob a qual cada uma se articula enquanto "teoria".

Horkheimer adverte que o termo "crítica" "não é tanto pensado no sentido idealista da *Crítica da razão pura* quanto no da crítica dialética da economia política".[92] Uma leitura mais imediata, no entanto, permite identificar três substantivos aos quais se acopla esse qualificativo: atitude, pensamento e teoria.

Por "atitude crítica" designa-se a desconfiança em relação às diretrizes estabelecidas na vida social, a recusa em acatar como "naturais" as determinações fundamentais da existência, em especial a divisão do trabalho e a distinção entre as classes sociais. As rebeliões, as insurreições, constituem suas figuras históricas.

O "pensamento crítico" elabora como contradição consciente o "caráter cindido da totalidade social". Reconhece o sistema econômico como produto do trabalho humano; ao mesmo tempo, porém, certifica-se de que "esse mundo não é o seu, mas o do capital".[93]

A condenação das categorias predominantes, a rejeição da ordem vigente, opõe-se ao caráter pragmático do pensamento tradicional, orientado por uma "função profissional socialmente útil".[94] A atitude crítica extrapola, por conseguinte, a prática social corrente. Desprendendo-se das amarras da autoconservação, da consciência reificada, sua práxis é redimensionada como "ação transformadora".

A Teoria crítica resulta de uma condensação da atitude e do pensamento crítico; é o resultado de um acúmulo de experiências históricas. Nessa atualização, o marxismo se autocompreende como "tradição intelectual". Remete-se, assim, à gênese do materialismo histórico apresentada no *Manifesto comunista* como a teoria do movimento político revolucionário do proletariado na década de 1840. Mas também anuncia a especificidade do marxismo desenvolvido no Instituto de Pesquisas Sociais.

Um tópico que Horkheimer realça na distinção entre Teoria crítica e Teoria tradicional é o modo como organizam a relação entre "sujeito, objeto e teoria". Na primeira, o sujeito do conhecimento não é o Eu isolado e pontual à maneira da filosofia cartesiana: "conscientemente tem por sujeito um indivíduo determinado em suas relações reais com outros indivíduos e grupos, em seu confronto com uma determinada classe e, finalmente, no entrelaçamento mediado com a totalidade social e a natureza".[95]

A delimitação do sujeito na Teoria crítica desencadeia uma sucessão de nexos que se desdobram numa tessitura por meio da qual se expõem, simultaneamente, o objeto e, por conseguinte, as determinações da teoria social. Sua exposição completa consiste, assim, em uma espécie de descrição abreviada do presente histórico.

É a partir dessas premissas que Horkheimer configura o papel do proletariado na Teoria crítica. Na fase do capitalismo monopolista de Estado, as alterações no objeto afetam radicalmente o sujeito. A atualização do marxismo como "tradição intelectual" prescinde do suporte do proletariado como fonte decisiva do pensamento contestador e da ação transformadora.

O pensamento crítico não dispensa o recurso à perspectiva do proletariado, tal como configurado historicamente numa tradição intelectual que se estende de Karl Marx a György Lukács:

> Os pontos de vista que a Teoria crítica retira da análise histórica como metas da atividade humana, principalmente a ideia de uma organização social racional correspondente ao interesse de todos, são imanentes ao interesse humano, sem que os indivíduos ou o espaço público os tenham presentes de forma correta. É necessária uma determinada direção do interesse para descobrir e assimilar essas tendências. Que essas são produzidas necessariamente no proletariado, a classe diretamente produtiva, é o que mostram os ensinamentos de Marx e Engels.[96]

A observação da posição do proletariado na sociedade contribui, é quase consenso, para a percepção do antagonismo social. Sua situação, porém, não representa uma garantia de conhecimento correto. Complementa Horkheimer: "uma postura que não estivesse em condições de contrapor-lhe seus verdadeiros interesses, e com isso também os da sociedade como um todo, se colocaria na escrava dependência do existente".[97] A Teoria crítica se movimenta, por consequência, na "tensão entre o teórico e a classe".[98]

A participação do proletariado na formulação do marxismo é, assim, reduzida ao mínimo. Sua ação não configura mais um exemplo vivo e concreto a ser seguido, mas apenas uma possibilidade que, apesar de demonstrada historicamente no passado recente, não apresenta sinais de retomada.[99] O bastão passa novamente às mãos daqueles indivíduos capazes de "opor ao próprio proletariado os seus verdadeiros interesses e com isso também os interesses da sociedade como um todo". O intelectual que persistisse na atitude de veneração da força criativa do operariado, extraindo "sua diretriz dos pensamentos e tendências da massa, cairia numa dependência escrava da situação vigente", correndo o risco de, em período de derrotas, submergir no niilismo.

Sem a âncora do proletariado, sem apoios numa época de "duras derrotas", sem espaços para a ação transformadora, só resta ao teórico crítico aprofundar as determinações da atualização do marxismo como "tradição intelectual". Assim, na parte final do ensaio, Horkheimer encarrega-se de ressaltar não os pontos comuns, mas sobretudo as diferenças entre a Teoria tradicional e a Teoria crítica.

A Teoria crítica tem por meta a emancipação, a constituição de uma "associação de homens livres" orientada para a satisfação das necessidades gerais. Seu critério de verdade não pode ser fornecido, portanto, pela ação pragmática, pela adequação à ordem existente.

Enquanto o modelo lógico da Teoria tradicional, cartesiano, separa conceitos e fatos, sujeito e objeto, estática categorial e dinâmica social, a Teoria crítica segue a metodologia desdobrada por Marx em *O capital*. Emerge do processo dialético a certeza de que

> [...] a Teoria crítica é, no conjunto, um único juízo existencial desdobrado. Este enuncia, em linhas gerais, que a forma fundamental da economia mercantil historicamente dada encerra os antagonismos internos e externos da época moderna, renova-os constante e acirradamente, e, após uma imensa expansão do poder humano sobre a natureza, acaba tolhendo o desenvolvimento ulterior e arrasta a humanidade a uma nova barbárie.[100]

Os resultados pouco animadores das pesquisas desenvolvidas pelo instituto, redimensionados aqui como a emergência de uma nova barbárie, são atribuídos à decomposição do "capitalismo liberal", concorrencial, e à sua substituição pelo "capitalismo monopolista", com a concentração do poder econômico (mas também do Estado e da organização do poder) nas mãos de uma claque de *managers*. Entre as causas dessa transição, Horkheimer destaca tanto o desenvolvimento da ciência e da tecnologia como a contínua concentração e centralização do capital.

Com o predomínio das grandes corporações, os proprietários jurídicos são afastados, e a direção empresarial adquire um poder autônomo. A dominação econômica passa a ser exercida por uma camada restrita de "gerentes", com impactos sobre o poder político. Na nova fase do capitalismo, despontam formas diferenciadas de Estado autoritário, provocando alterações substanciais tanto no aparelho jurídico e político como no funcionamento da ideologia.

"Com a redução do círculo dos efetivamente poderosos", a geração espontânea da ideologia pelo mercado – pelos mecanismos de troca – cede lugar à construção consciente, deliberada. Nesse cenário, a relação entre cultura e sociedade modifica-se significativamente, até mesmo em seus pormenores. Instância decisiva na mediação entre elas, o indivíduo perde sua autonomia relativa e a capacidade de ter "pensamentos próprios". Nas palavras de Horkheimer:

> [...] com a destruição do indivíduo típico, o conceito de "dependência do cultural face ao econômico" há de ser entendido de modo mais materialista vulgar do que antes, por assim dizer. As explicações dos fenômenos sociais tornaram-se, ao mesmo tempo, mais simples e mais complexas. Mais simples, pois o econômico determina os homens de modo mais imediato e mais consciente, uma vez que a relativa força de resistência e a substancialidade das esferas culturais estão desaparecendo; mais complexas, pois a dinâmica econômica desenfreada, na qual a maioria dos indivíduos são degradados a meros instrumentos, matura, em ritmo vertiginoso, novas feições e novos infortúnios.[101]

O diagnóstico do presente histórico, desdobrado nesse ensaio como uma teoria da sociedade, requisita, portanto, uma atualização do marxismo, apoiada numa relação diferenciada entre sujeito, objeto e teoria. A Teoria crítica se propõe, assim, a preservar a linhagem do materialismo histórico, hibernado em "tradição intelectual", em uma época marcada pela contrarrevolução e pela estabilização do capitalismo.

Trata-se de um programa de pesquisas consideravelmente mais elaborado do que aquele enunciado por Horkheimer no discurso de posse. A questão da relação entre a vida econômica da sociedade, o desenvolvimento psíquico dos indivíduos e as transformações culturais é redimensionada em função das modificações do conceito de ideologia e da expansão da reificação – que prolonga a não liberdade característica do espaço da produção para o mundo do consumo e daí para a esfera da vida imediata.[102]

O sujeito do conhecimento absoluto e supra-histórico cede lugar ao "sujeito do instante histórico". Resgata-se, assim, a determinação do marxismo como interpretação do presente histórico. Horkheimer, ao retomar esse princípio constitutivo da doutrina de Marx, não deixa de destacar, entretanto, que esse sujeito, no momento, não é mais o proletariado (na presente situação sequer organizado como classe), nem tampouco "o aparelho de propaganda" (isto é, a versão então reduzida do partido). Os indivíduos capazes de encarnar esse

TRAJETÓRIAS DO MARXISMO EUROPEU

sujeito determinado, consciente da sua inserção no todo social e na natureza, constituem um círculo bastante reduzido. A minoria que mantém ainda o interesse pela transformação social, na ausência de "uma classe social em cujo consentimento se possa basear", "não é estabelecida e mantida por heranças biológicas ou testamentárias, mas pelo conhecimento vinculante", isto é, pela capacidade de conservar a "versão e a utilização corretas da teoria".

Desse modo, Horkheimer restringe a comunidade atual (não necessariamente idêntica à comunidade futura) àqueles poucos que mantêm acesa a linhagem do marxismo enquanto teoria. Com isso provoca uma nova inflexão na autocompreensão dessa doutrina. Impossibilitado de concebê-la como uma "teoria da revolução", Horkheimer acaba transformando-a em "tradição intelectual".

Notas

1 Acerca da controvérsia no interior do SPD, cf. Reberioux, 1982, pp. 312-319.

2 Para um relato sucinto desse processo, cf. Badia, 1975, pp. 41-75.

3 Em dezembro de 1912, no "Prólogo" de *A acumulação do capital*, Rosa Luxemburg já nomeava o imperialismo como o inimigo principal.

4 Luxemburg, 1974, p. 182.

5 O giro definitivo para a segunda posição, tanto no caso de Lênin quanto no de Trotsky, só surge após a elaboração, por Vladimir Lênin, em 1917, das *Teses de abril*.

6 Para um resumo dessas críticas, cf. Getzler, 1982b.

7 Rosa Luxemburg, por exemplo, que em 1914 tinha se posicionado junto com Lênin contra a adesão à guerra e que mesmo antes de 1917 tinha sido favorável à Revolução Russa, tendo inclusive se mobilizado no pós-Guerra para ampliá-la numa revolução europeia, aproxima-se, no debate acerca da forma política desentranhada pela revolução soviética, da posição de Kautsky, que havia defendido a adesão à guerra imperialista e se posicionado contra a oportunidade da revolução na Rússia.

8 Hobsbawm, 1982e, p. 16.

9 Considerando a Revolução de 1917 como fato consumado, não discutem a oportunidade ou o caráter proletário dos acontecimentos do Outubro. Na teoria e na prática, priorizam o que lhes parecia então urgente: a consolidação da Revolução Russa por meio de uma revolução europeia.

10 Em uma passagem, Lukács não hesita em dizer que quando polemiza com Engels é porque "a respeito desses pontos *particulares* o autor representa, contra Engels, o ponto de vista do marxismo ortodoxo" (Lukács, 2003, p. 54).

11 Lukács, 2003, p. 64.

12 Lukács, 1972, p. 36.

13 *História e consciência de classe* procura, de modo geral, desenvolver uma teoria adequada e compatível com a prática revolucionária. Entretanto, quando se trata de entrar em detalhes acerca dessa política, Lukács oscila bastante. No início do livro, procura minimizar as

possíveis divergências entre o encaminhamento proposto por Rosa Luxemburg e a tática do leninismo. Já perto do final, pende francamente para o lado de Lênin. Acerca desse movimento, cf., por exemplo, Loureiro, 1995, pp. 81-90, e Nobre, 1991.

14 Lukács, 2003, p. 65.

15 *Idem*, p. 124.

16 *Idem*, p. 105.

17 *Idem*, pp. 126-127. Desnecessário lembrar que aqui, até mesmo na escolha dos termos, Lukács retoma *Greve de massas, partido e sindicatos*.

18 Merleau-Ponty foi talvez o primeiro a ressaltar que "é [...] aqui, para Lukács, que aparece o essencial e a novidade do marxismo. [...] A consciência de classe não é, no proletariado, estado de alma ou conhecimento, nem é tampouco uma concepção do teórico porque constitui uma práxis" (Merleau-Ponty, 1955, p. 66).

19 Lukács, 2003, p. 191.

20 *Idem*, p. 66.

21 *Idem*, p. 97.

22 No "Prefácio" de 1967, Lukács reconhece que conceber "o proletariado como sujeito-objeto idêntico da verdadeira história da humanidade real não é uma realização materialista que supera as construções do pensamento idealista, mas muito mais um hegelianismo exacerbado" (Lukács, 2003, p. 25).

23 A elaboração de uma teoria da reificação consiste no ponto mais destacado pela parcela da posteridade que atribui a *História e consciência de classe* uma recorrente atualidade (recepção que Lukács nunca cessou de contestar). O livro tornou-se, para essa corrente, a matriz de uma série de diagnósticos que se mostraram adequados às modificações do capitalismo – na ocasião de sua publicação, quase imperceptíveis e consolidadas plenamente somente após os desdobramentos da crise de 1929 (para um relato das controvérsias sobre esse período, cf. Marramao, 1990).

24 Não há como desconsiderar o mérito da interpretação de Lukács quando se considera que, em 1923, ainda não havia sido publicada a maioria dos livros póstumos de Marx, em especial os *Manuscritos econômico-filosóficos* e *A ideologia alemã*.

25 Lukács, 2003, p. 193.

26 *Idem*, p. 194.

27 Cf. Musse, 2010.

28 Lukács, 2003, pp. 201-202.

29 Ponto desenvolvido por Karl Marx no capítulo XXIV do primeiro volume de *O capital*.

30 A primeira edição de *Gemeinschaft und Gesellschaft* se deu em 1887.

31 Georg Simmel apresenta uma síntese desses resultados, desenvolvidos sobretudo em *Filosofia do dinheiro*, sob a luz do exame da experiência urbana, em *As grandes cidades e a vida do espírito*.

32 Lukács, 2003, p. 225.

33 *Idem*, p. 280.

34 *Idem*, p. 174.

35 Korsch, 2008, p. 32.

36 Marx, 2008, p. 131.

37 Korsch, 2008, p. 40.

38 Para se contrapor à crítica de Perry Anderson acerca do predomínio de filósofos no marxismo ocidental, Göran Therborn ressalta que, na década de 1920, "a filosofia permanecia relativamente remota em relação aos poderes e interesses da época, era claramente não paradig-

TRAJETÓRIAS DO MARXISMO EUROPEU

mática. [...] Além do mais, era um meio onde se discutiam os temas mais importantes e gerais da humanidade: a vida, a história, o conhecimento, a moral" (Therborn, 1995, p. 254).

39 Korsch, 2008, p. 61.

40 *Idem*, pp. 62-63.

41 *Idem*, p. 32.

42 Karl Korsch desenvolveu esse ponto em sua obra posterior, especialmente no livro de 1937, publicado na Inglaterra, *Karl Marx*.

43 Korsch, 2008, pp. 96 e 102-103.

44 Para um relato dessa polêmica, cf. Korsch, 2008, pp. 83-85; Merleau-Ponty, 2006; e Boella, 1977.

45 Korsch, 2008, pp. 83-84. Pouco adiante, ele lista e hierarquiza os tais "representantes credenciados": "Todos os argumentos que Bammel, Luppol, Bukhárin, Deborin, Béla Kun, Ruda, Thalheimer, Duncker e outros críticos pertencentes ao Partido Comunista dirigiram contra as minhas ideias, seja diretamente, seja indiretamente, [...] todos esses argumentos tão somente retomam e desenvolvem aqueles que o teórico do Partido Social-Democrata, Karl Kautsky, [...] já havia formulado há algum tempo numa detalhada resenha do meu livro, publicada numa revista da social-democracia alemã" (Korsch, 2008, p. 84).

46 Ao contrário de Korsch, György Lukács optou por não divulgar o manuscrito em que rebate as contestações a *História e consciência de classe*. O volume só foi editado postumamente, na década de 1990, com o título *Reboquismo e dialética: uma reposta aos críticos de* História e consciência de classe.

47 Korsch, 2008, p. 84.

48 Karl Korsch retoma esse tópico, num artigo de 1937 intitulado "O final da ortodoxia marxista" (cf. Korsch, 1976b).

49 Korsch, 2008, p. 92.

50 *Idem*, p. 94.

51 *Idem*, pp. 93-94.

52 *Idem*, p. 93.

53 *Idem*, p. 105.

54 *Idem*, p. 106.

55 *Idem*, p. 104. Esse tópico foi retomado por ele em um artigo de 1937 intitulado "A ideologia marxista na Rússia" (cf. Korsch, 1976a).

56 Korsch, 2008, pp. 103-104.

57 *Idem*, p. 95.

58 *Idem*, p. 98. Korsch não menciona a obra em que Vladimir Lênin demonstra maior domínio filosófico, os *Cadernos sobre a dialética de Hegel*, publicados em Moscou em 1929-1930.

59 Korsch, 2008, p. 96.

60 *Idem*, p. 100. Korsch atribui essa ilusão de ótica à "situação econômica e social particular da Rússia e às tarefas políticas particulares, teóricas e práticas, que parecem se impor, e de fato se impõem, à Revolução Russa num período estritamente delimitado" (Korsch, 2008, p. 100).

61 *Idem*, p. 101.

62 *Idem*, p. 96.

63 Bento Prado Jr. fornece um bem-humorado esboço dessa trajetória: "Mais uma vez topamos com um autor que, *venant du côté de chez Marx*, afirma que o marxismo não dispõe da filosofia que merece. A ambição de Habermas não é muito diferente de outras, como as de Sartre (que queria dar fundamento existencial à dialética), de Althusser (que queria dar-lhe

seu devido fundamento epistemológico), de Giannotti (que lhe oferece a necessária ontologia do social) ou ainda de Lukács (que lhe oferece a mesma coisa)" (Prado Jr., 1985, p. 11).

64 A expectativa da emergência de um processo revolucionário na Europa se faz presente, no entanto, nos aforismas redigidos por Max Horkheimer entre 1926 e 1931, coligidos no volume *Crepúsculo: notas alemãs* (cf. Horkheimer, 2022).

65 O marxismo, na vertente difundida pela Terceira Internacional, também servia de base teórica para os movimentos de libertação nacional da periferia do capitalismo.

66 Horkheimer, 1999, p. 121.

67 *Idem*, p. 122.

68 *Idem, ibidem.*

69 *Idem*, p. 128.

70 *Idem*, p. 130.

71 Além de ser o assunto central do livro de Karl Korsch, significativamente publicado sob os auspícios do Instituto de Pesquisas Sociais, a recepção de *História e consciência de classe* destacou nesse livro a sua revalorização da filosofia.

72 Horkheimer, 1990c, p. 182.

73 *Idem*, pp. 185-186.

74 *Idem*, p. 181.

75 *Idem*, p. 193.

76 *Idem*, p. 207.

77 *Idem*, p. 202.

78 *Idem, ibidem.*

79 *Idem*, p. 217.

80 *Idem*, p. 220.

81 *Idem*, p. 236.

82 Horkheimer, 1980, p. 245.

83 *Idem*, p. 249.

84 *Idem*, p. 250.

85 *Idem*, p. 251.

86 *Idem*, p. 252.

87 *Idem, ibidem.*

88 *Idem*, p. 257.

89 *Idem*, p. 255.

90 *Idem*, p. 258.

91 *Idem*, p. 260.

92 *Idem*, p. 261.

93 *Idem*, p. 262.

94 *Idem*, p. 263.

95 *Idem*, p. 265.

96 *Idem*, p. 134.

97 *Idem*, p. 267.

98 *Idem*, p. 269.

99 A Teoria crítica tampouco pode ser identificada com a compreensão dos estados de ânimo dessa classe. Para Horkheimer, "se a Teoria crítica se restringisse essencialmente a formular sentimentos e representações próprias de uma classe, não mostraria diferença estrutural em relação à ciência especializada" (Horkheimer, 1980, p. 135).

100 *Idem*, p. 279.

101 *Idem*, pp. 287-288.

102 A interconexão de sociologia e psicanálise, no entanto, se mantém. Mais ainda, é alçada a procedimento central nos desenvolvimentos ulteriores da Escola de Frankfurt e também de parcela significativa do assim chamado "marxismo ocidental".

EXCURSO
A CONSTRUÇÃO DO MARXISMO OCIDENTAL

As tentativas de agrupar um determinado conjunto de intelectuais europeus do século XX sob a unidade temática e formal implícita na denominação "marxismo ocidental", pouco importam as premissas ou as perspectivas adotadas, parecem indicar a recorrência de aporias que tendem a colocar em xeque a própria credibilidade desse conceito. Essas dificuldades são ampliadas pelo fato de que esse termo, como se sabe, designa não um grupo ou uma corrente que se nomeou como tal, mas a construção *a posteriori* de um movimento teórico e político.

Primeiro, cabe observar que, na construção conceitual do marxismo ocidental, intensifica-se a tendência, inerente a qualquer objeto histórico (e mais visível no campo da história das ideias), a vincular a interpretação com a delimitação do objeto, o que se explica, em parte, pelo caráter *post hoc* desse conceito. Parta-se de uma definição prévia ou da análise empírica de uma compreensão teórica abrangente do "marxismo ocidental", ou ainda do exame individualizado dos "marxistas ocidentais", de qualquer modo, não há como evitar a interferência da seleção de fatos relevantes na atribuição de sentido ao conjunto.

A inclinação a generalizar uma característica particular – determinante somente para uma parcela do conjunto ou mais visível apenas em uma situação específica –, adotando-a como constante geral, além de influenciar, às vezes de forma decisiva, a metodologia utilizada na investigação, também contribui para modelar e restringir o arco de possibilidades de interpretação do sentido inerente à totalidade.

A disseminação desse procedimento adquiriu tamanha amplitude que tornou factível – adotando como critério de classificação esse hábito frequente de selecionar um aspecto determinado, elevá-lo a paradigma e interpretar o sentido do conjunto a partir da premissa privilegiada – o esboço de um mapa dos principais estudos voltados para a compreensão do marxismo ocidental.

I

Em 1955, ao denominar "ocidental" certa tradição do marxismo, substantivando um adjetivo já utilizado por Karl Korsch em sua "Anticrítica" (1929), Maurice Merleau-Ponty delimitou os contornos desse movimento como a recorrência a uma mesma constante teórica – a incorporação no campo do marxismo do legado de Max Weber.[1] Assim, ele e todos aqueles que o seguiram nessa vereda (numa linhagem cujo nome mais ilustre é o de Jürgen Habermas)[2] tendem a adotar como medida essa incorporação, tomando-a não só como padrão de aferição mais adequado para identificar os componentes do grupo e definir sua extensão temporal, mas também como critério relevante para a determinação da orientação metodológica da investigação e para a compreensão do conjunto.

Em outras palavras, além de seu papel decisivo na delimitação do objeto – restringindo o grupo dos marxistas ocidentais àqueles que sofreram o impacto da obra de Max Weber –, essa escolha teórica, a tendência a adotar como premissa desse movimento a incorporação entre marxistas do legado de Max Weber, instala um campo de forças em torno do qual a investigação quase necessariamente passa a gravitar, o que não deixa de afetar o andamento e o próprio resultado da pesquisa. A ênfase nesse aspecto torna-se o horizonte do método de análise – que tende a recair em uma espécie de comparação estritamente lógica, pois examina e diferencia os autores, sobretudo, em função do seu grau de comprometimento com os "dilemas do weberianismo" – e até mesmo da avaliação "em bloco" do "marxismo ocidental".

A vertente inaugurada por *As aventuras da dialética* opta por uma investigação que privilegia, digamos assim, as determinações lógico-teóricas desse movimento – em sintonia com a especialização acadêmica de Merleau--Ponty e da maioria dos adeptos dessa linha de análise.

Maurice Merleau-Ponty concebeu, de forma positiva, a incorporação do legado de Max Weber sobretudo como uma fonte de renovação filosófica e política.

Apesar de manter a aproximação, iniciada por Merleau-Ponty, que associa o marxismo ocidental (em sua vertente alemã) com o weberianismo, Jürgen Habermas promoveu uma drástica inflexão na noção de marxismo weberiano. Destacou como lugar privilegiado da incorporação do legado de Max Weber por György Lukács, Max Horkheimer e Theodor Adorno a teoria social, mais precisamente a associação entre os conceitos de racionalização e reificação. O livro de Andrew Arato e Paul Breines complementa e corrige esse argumento. Seja ao longo de um acompanhamento dos textos de juventude (em sua fase não marxista), seja por meio de uma exaustiva análise de *História e consciência de classe*, *The young Lukács and the origins of western marxism* apresenta uma reconstrução da trajetória intelectual e da obra de György Lukács que privilegia seu teor sociológico.

II

Perry Anderson redigiu, em 1974, o primeiro balanço relevante do marxismo europeu. Uma das novidades de *Considerações sobre o marxismo ocidental* consiste na narração do itinerário dessa linhagem, desenrolada segundo uma perspectiva não partidária dessa tendência.

O ponto de vista externo atesta a importância adquirida por essa corrente a partir dos anos 1960. A disseminação mundial, concomitante à sua associação e incorporação pelos movimentos políticos da época, possibilitou que os autores do marxismo ocidental superassem o isolamento que marcou essa vertente na primeira metade do século XX. Mas, de certo modo, esses comentários de um não simpatizante indicam também uma mudança de geração na linhagem do marxismo.

As divergências de Perry Anderson em relação ao marxismo ocidental gravitam principalmente em torno das determinações do programa de trabalho intelectual mais adequado àquele momento histórico. Seus questionamentos não podem ser dissociados das controvérsias sobre os rumos da *New Left*, encorpada à época pelos acontecimentos de maio de 1968 e pelas manifestações contra a Guerra do Vietnã.

Segundo Anderson, o marxismo ocidental teria promovido um retorno à estirpe da cultura burguesa, deslocando gradativamente o seu centro de interesse dos temas econômicos e políticos para assuntos filosóficos. Essa alteração consumou-se com o abandono da investigação daquelas que, na sua opinião, seriam as questões fundamentais da teoria marxista: o exame das leis econômicas da progressão histórica do capitalismo como modo de produção, a análise das estruturas econômicas e políticas do Estado burguês e a determinação das estratégias mais eficazes para derrubá-lo.

Seu ensaio sobre Antonio Gramsci, redigido em 1976 para o número 100 da *New Left Review*, depois recolhido em livro, esclarece um pouco as coordenadas do projeto de investigação proposto por Perry Anderson. *As antinomias de Gramsci* apresenta os conceitos de "hegemonia", "Estado" e "sociedade civil" em uma constelação cujo fulcro consiste na diferença entre a forma adquirida pelo Estado nos países centrais e na periferia (na linguagem da época, entre Ocidente e Oriente). Trata-se de discrepâncias fortes o suficiente para demandar o uso de táticas e políticas distintas na conquista do poder. Perry Anderson delimita, em sua reconstituição, três caminhos aventados por Gramsci, ressaltando tanto as suas oscilações sobre o melhor modo de encaminhar a questão como a recepção dessas posições pelo marxismo da época, tendo como pano de fundo o debate anterior no âmbito da Segunda e da Terceira Internacionais.

Além disso, nesse ensaio, Anderson reafirma alguns tópicos de sua crítica ao marxismo ocidental. Acusa Gramsci, por exemplo, de aproximação com o idealismo de Benedetto Croce; logo, com a cultura burguesa. Procura refutar o que avalia como a supervalorização da cultura, em detrimento do papel da coerção, nas análises do Estado desenvolvidas nos *Cadernos do cárcere*. Mas também, de certo modo, se aproxima dessa corrente não só por encetar o diálogo com a obra de um de seus fundadores, mas também por destacar o ponto que se tornou decisivo na determinação da trajetória desse movimento: o "fenômeno do consentimento popular institucionalizado em relação ao capital no Ocidente".

Desde os anos 1960, Perry Anderson e seus colegas de geração dedicam seus esforços intelectuais, num registro historiográfico, à execução de um programa de pesquisas alternativo ao delineado pelos autores do marxismo ocidental. Em *Linhagens do Estado absolutista* (1974), Anderson aborda o tema das diferentes construções do Estado no Ocidente, examinado anteriormente por Barrington Moore Jr. em *As origens sociais da ditadura e da democracia* (1966) e retomado, nos anos 1990, por Charles Tilly em

Coerção, capital e Estados europeus. A transição entre os modos de produção tornou-se assunto de Anderson, em *Passagens da antiguidade ao feudalismo* (1976), e de Robert Brenner, cujos ensaios na *New Left Review* acerca da passagem do feudalismo para o capitalismo geraram uma polêmica coligida em *The Brenner debate*.

Embora a maior parte da obra de Perry Anderson nesse período esteja concentrada na investigação das estruturas do poder capitalista, ele desenrolou simultaneamente outra linha de trabalho, dedicada à inquirição das coordenadas do debate intelectual na tradição marxista no decorrer do século XX. Nessa série podem ser incluídos os ensaios sobre o marxismo na Inglaterra, reunidos posteriormente em *English questions*, os livros *Considerações sobre o marxismo ocidental* e *As antinomias de Gramsci*, e ainda o opúsculo *Nas trilhas do materialismo histórico* (1983), no qual examina os desdobramentos do marxismo na década de 1970, a partir de seu confronto com o pós-estruturalismo francês.

A reação conservadora, hegemônica desde o início da década de 1980, promoveu a desaparição, quase sem deixar vestígios, do ambiente histórico vivenciado por Perry Anderson em seus primeiros 40 anos de vida. As esperanças suscitadas pela revolta de maio de 1968, na França, e pela Revolução dos Cravos, em Portugal (1974), dissiparam-se logo.

A estabilização do capitalismo desde então, ainda que num modelo diferente do "capitalismo organizado" do pós-Guerra, conduziu Perry Anderson a uma inflexão inesperada. Os artigos reunidos em *A zone of engagement* (1992) tratam sobretudo de questões filosóficas e culturais, enfoque e assuntos cuja prevalência ele recriminara em sua análise dos autores do marxismo ocidental.[3] Essa convergência completa-se, em seguida, com *As origens da pós-modernidade* (1998). Nesse livro, o acompanhamento, histórico e geográfico, dos percalços da ideia de pós-modernismo – de Venturi, Lyotard e Habermas a Callinicos, Jameson e Harvey – serve como preâmbulo para expor sua posição acerca do significado estético, político e social da arte contemporânea.

Considerações sobre o marxismo ocidental (1974) procura compreender o marxismo historicamente. Retoma a proposta apresentada por Karl Korsch em *Marxismo e filosofia* (1923) e esboçada parcialmente em sua "Anticrítica" (1930).[4] Quase meio século depois, Perry Anderson incorpora à história dessa linhagem outra geração, sucessora das que foram contempladas nos textos de Karl Korsch. Anderson consolida, assim, a denominação utilizada por Merleau-Ponty em *As aventuras da dialética* (1955), para nomear o bloco configurado pelo agrupamento dos principais marxistas europeus a partir dos anos 1920.

O termo "marxismo ocidental" nunca foi passível de uma determinação unívoca. Cada autor compõe à sua maneira as características principais do objeto, ora alterando o conjunto dos componentes, ora a abrangência temporal ou geográfica do conceito. Preocupados excessivamente em delimitar constantes e traços definidores, poucos atentaram para o enigma da sua fundação, apesar da inesperada unanimidade quando se trata de elaborar a lista dos pioneiros.

Parece, portanto, inevitável que tais estudos tenham privilegiado nas obras de György Lukács, Karl Korsch e Antonio Gramsci os temas e os conceitos que foram retomados por essa tradição, deixando na sombra os momentos mais afinados com o marxismo anterior ou mesmo pouco desenvolvidos pela posteridade. Desse modo, focados como partes de uma mesma peça granítica, os "pais fundadores do marxismo ocidental" quase nunca foram examinados enquanto autores de transição, o que obscureceu em muito a singularidade desse momento inaugural.[5]

Não é de espantar, por conseguinte, que o primeiro esforço bem-sucedido de compreensão histórica desse conceito, o livro *Considerações sobre o marxismo ocidental* de Perry Anderson, não se preocupe em ressaltar ou compreender essa metamorfose. Afloradas parcialmente e explicitamente deixadas de lado, as questões suscitadas por essa mudança de referencial teórico e prático não deixam de permear seu texto (ainda que de forma pouco nítida). Quando se procura uma resposta para o problema dessa fundação, o que se observa é um emaranhado de paradoxos e contradições.[6]

Os propósitos gerais de Perry Anderson, nesse livro, podem ser resumidos sucintamente como uma peça em dois movimentos. Inicialmente, ele busca determinar as coordenadas gerais, isto é, as estruturas formais que permitiriam definir o marxismo ocidental como uma tradição intelectual comum, a despeito de suas divergências e contraposições internas. Em seguida (uma vez estabelecidas as coordenadas estruturais) cabe então fazer um balanço histórico, confrontando as premissas e o legado do marxismo ocidental com o trabalho das gerações anteriores.

Cada um desses alvos (obviamente, eles não se encontram separados assim como se fossem formas estanques, mas estão entrelaçados no decorrer do livro), seja a determinação de uma unidade formal, seja a confrontação entre grandes blocos, tende a pender a ótica e o esforço de Perry Anderson

EXCURSO – A CONSTRUÇÃO DO MARXISMO OCIDENTAL

na direção oposta a uma exploração da singularidade dessa passagem ou transição.

Antes mesmo de tentar qualquer tipo de comprovação da veracidade de uma provável unidade teórica ou formal subjacente ao marxismo ocidental, ele se vê forçado (pelo próprio tipo de exposição que adota) a adiantar os nomes dos componentes. Nessa antecipação (construída de forma a não comprometer o seu posterior esforço em destacar constantes estruturais), apoia-se no critério geográfico embutido no próprio nome (ocidental) para selecionar autores apenas entre os alemães, franceses e italianos.

Na verdade, mais que a determinação dos locais onde se efetuaram a formação e a atuação política desses intelectuais, o fator principal privilegiado por Perry Anderson foi a data de nascimento ou tudo aquilo que contribui para a constituição de uma nova "geração" no seio do marxismo. Afinal, sua escolha dos componentes (separada da determinação formal do conceito de marxismo ocidental) só se torna factível por se inserir numa série que expõe de forma breve e instigante a evolução do materialismo histórico (desde Marx e Engels) sob a forma de uma sucessão de gerações.

O deslocamento produzido por essa nova configuração intelectual (nos termos de Perry Anderson, a mudança do eixo da análise econômica e política para a crítica filosófica e cultural), entretanto, parece muito mais profundo que as tentativas de explicação geracional ou geográfica. Consciente da insuficiência de uma interpretação assentada apenas na origem (sociofamiliar, cronológica ou territorial) de seus membros, Perry Anderson aduz outra consideração, que logo prepondera sobre as demais: o divórcio dessa geração com a prática política.

Essa primazia, além de tornar mais verossímil sua seleção, justifica-se não só pelo caráter, eminentemente histórico, da explicação, mas também porque resulta de uma comparação, em bloco, do marxismo ocidental com a geração anterior.[7] Assim, a tese de que essa linhagem se definiu por meio de uma ruptura entre a teoria e a prática legitima-se aí como uma antecipação do balanço histórico que Perry Anderson se propõe a levar a cabo em seu livro. Entretanto, independentemente das premissas e da veracidade desse balanço histórico, uma objeção impõe-se aqui: como agrupar no mesmo bloco autores avessos à vida e à luta partidária – como Max Horkheimer, Lucien Goldmann ou Theodor Adorno – e importantes dirigentes políticos (participantes ativos e até mesmo organizadores de derrotadas insurreições revolucionárias) como os progenitores Lukács, Korsch e Gramsci?

193

TRAJETÓRIAS DO MARXISMO EUROPEU

Perry Anderson não ignora essa questão, embora, como veremos, não se dê conta da sua amplitude e importância. Para respondê-la, divide o conjunto dos membros do marxismo ocidental em dois grupos. Um, composto pelos intelectuais que se formaram politicamente ou se radicalizaram por efeito da Primeira Guerra Mundial e das insurreições que lhe seguiram (1917-23), teria entre seus integrantes György Lukács, Karl Korsch, Herbert Marcuse, Walter Benjamin e Antonio Gramsci. Outro, agrupando aqueles que atingiram a "maturidade" bastante mais tarde e foram, por conseguinte, formados politicamente pelo avanço do fascismo e pela Segunda Guerra Mundial, conteria os demais membros, ou seja, Max Horkheimer, Galvano Della Volpe, Henri Lefebvre, Theodor Adorno, Jean-Paul Sartre, Lucien Goldmann, Louis Althusser e Lucio Colletti.

Diga-se em favor de Perry Anderson e de um acompanhamento histórico da questão, que o livro não elude o fato de que a ruptura entre a teoria e a prática foi se processando, lenta e progressivamente, por meio de pressões e contingências históricas incontornáveis, nem ignora que o surgimento e o sentido das obras fundantes de Lukács, Korsch e Gramsci não podem ser compreendidos sem a referência ao contexto político. Destaca, em sua narração, que, em contraposição ao período heroico das revoltas europeias, o cárcere e a morte de Gramsci na Itália, o isolamento e o exílio de Korsch e Lukács (respectivamente, nos Estados Unidos e na União Soviética), o suicídio de Walter Benjamin, bem como as consequências dessas derrotas, devem-se primordialmente à emergência do

> [...] fascismo e do stalinismo, as duas grandes tragédias que, de maneiras tão diferentes, se abateram sobre o movimento operário europeu no período entreguerras, se somaram para dispersar e destruir os potenciais expoentes de uma teoria marxista autóctone vinculada à prática das massas do proletariado ocidental. A solidão e a morte de Gramsci na Itália, o isolamento e o exílio de Korsch e de Lukács nos Estados Unidos e na URSS, respectivamente, marcaram o fim da fase em que o marxismo ocidental ainda estava próximo das massas. A partir daquele momento, passaria a falar sua própria linguagem, cifrada, cada vez mais distante da classe que formalmente procurou servir ou articular.[8]

Pertinente e verdadeiro, o relato histórico esboçado por Perry Anderson, em vez de resolver, apenas contorna a questão levantada acima. Afinal, se, por um lado, a referência aos acontecimentos históricos do período deve ser considerada vital para a compreensão das trajetórias individuais e mesmo

EXCURSO – A CONSTRUÇÃO DO MARXISMO OCIDENTAL

para a elucidação das dificuldades que impediram essa geração de estabelecer vínculos concretos entre a teoria e a prática política, por outro lado, é essa mesma mutação das condições históricas, é o próprio rompimento do fio que ainda ligava a teoria desses autores às massas que torna inaceitáveis tanto a solução proposta por Perry Anderson quanto sua tentativa de conceituar o marxismo ocidental como uma totalidade homogênea.

O relato histórico esboçado por Perry Anderson, embora pertinente e verdadeiro, apenas contorna a questão levantada acima. Se, por um lado, a referência aos acontecimentos do período é vital para a compreensão das trajetórias individuais e para elucidar as dificuldades que impediram essa geração de estabelecer vínculos concretos entre a teoria e a práxis, por outro lado, sua argumentação é enfraquecida precisamente quando se considera a mutação das condições históricas.

Afinal, uma vez que as obras fundadoras do marxismo ocidental, como ele próprio não deixa de reconhecer, estavam imersas na prática política concreta, como inseri-las numa tradição intelectual que, nos seus termos, foi moldada precisamente pela ruptura entre a teoria e a prática? Ou então, como justificar a presença de constantes formais e temáticas num movimento marcado pela alteração histórica das condições de existência da ação política efetiva?

Parece evidente que a magnitude das mudanças históricas no decorrer do século XX dificulta em muito as tentativas de apreender o marxismo ocidental como um conjunto homogêneo. O livro de Perry Anderson não permanece imune a esse embaraço, já que estabelece como objetivo principal delimitar as constantes estruturais dessa vertente, premissa de um posterior confronto dos protagonistas desse movimento com as demais gerações da tradição marxista.

Na demarcação promovida por Perry Anderson, todos os participantes do marxismo ocidental – independentemente do momento em que se deu sua atuação pública – foram incluídos numa mesma geração, a quarta. Seus teóricos são então comparados, em bloco, não com Marx e Engels, os formuladores originais do materialismo histórico, mas com os militantes da geração anterior – Lênin, Rosa Luxemburg, Trotsky, Bukharin etc. –, privilegiada por ter elaborado uma teoria política das estruturas do Estado burguês.

Essa alteração no padrão de medida é justificada por Anderson com a alegação de que as obras de Marx e Engels tiveram seu ritmo moldado pelas ações de um proletariado ainda inexperiente. Desse modo, ao nomear como "marxismo clássico" a geração de revolucionários das duas primeiras décadas do século XX – descartando tanto os fundadores do materialismo histórico como a segunda geração, de Labriola, Mehring, Kautsky e Plekhánov, que viveu num período de calma relativa, marcado pelas tarefas de construção da Segunda Internacional –, *Considerações sobre o marxismo ocidental* pratica, ainda que involuntariamente, uma análise comparativa.[9]

Quando estabelece as insuficiências do marxismo europeu a partir de sua variação em relação a um paradigma, elevado à condição de guia e baliza, Perry Anderson não deixa de atribuir a essa corrente uma imagem de incompletude. No entanto, parece óbvio que o marxismo ocidental é apenas distinto do modelo que ele escolheu como canônico.

A recusa de Perry Anderson em conduzir uma análise imanente do marxismo ocidental não deixa de afetar sua interpretação, obscurecendo aspectos próprios dessa nova configuração intelectual. A crítica da concepção de partido e das estratégias da Segunda e da Terceira Internacionais, o repúdio do socialismo realmente existente, a constatação do refluxo do processo revolucionário com a integração do proletariado e a própria crise do marxismo desdobram questões centrais da história do século XX que foram deixadas de lado ao longo de *Considerações sobre o marxismo ocidental.*

O lugar das produções espirituais no materialismo histórico tem sido objeto de controvérsias permanentes no campo do marxismo. Não se trata apenas de discordâncias acerca das relações entre a estrutura econômica e a ideologia. Em muitos casos, o polo das divergências consiste na própria compreensão da obra e da doutrina de Marx.

Assim, quando avalia negativamente o giro do marxismo ocidental para a filosofia, Perry Anderson apoia-se menos numa análise da conjuntura intelectual do marxismo ocidental do que numa avaliação do itinerário de Marx. Segundo ele,

> [...] a trajetória do desenvolvimento do próprio Marx foi paradoxalmente invertida pelo marxismo ocidental como um todo. Enquanto o fundador do materialismo histórico moveu-se progressivamente da filosofia para a política e então para a economia como terreno central de seu pensamento, os herdeiros da tradição que apareceram depois de 1920 gradualmente afastaram-se da economia e da política para se aproximar da filosofia, abandonando o envolvimento direto com aquelas que foram as grandes preocupações do Marx da maturidade, quase tão completamente como este tinha abandonado o exame direto das questões filosóficas que o tinham interessado na juventude.[10]

Trata-se, no entanto, de uma interpretação da trajetória de Marx bastante contestada. Em *Marxismo e filosofia*, Korsch já advertia que *O capital* configura apenas a transição para uma forma mais profunda e radical de crítica das relações materiais de produção e das formas de consciência prevalecentes na sociedade burguesa. Herbert Marcuse, num artigo de 1932 em que comenta os recém-publicados *Manuscritos econômico-filosóficos*, é mais direto. Diz ele:

> Se, então, o ajuste de contas com a base da problemática filosófica de Hegel entra na própria fundamentação da teoria de Marx, não mais cabe a afirmação de que essa fundamentação seria apenas uma transposição do terreno filosófico para o econômico, no sentido de que em sua forma ulterior (econômica) a filosofia estaria superada e liquidada de uma vez por todas. Ao contrário, a fundamentação, em todas as suas fases, traz consigo a base filosófica, e isso em nada é alterado pelo fato de que seu sentido e objetivo não mais sejam puramente filosóficos e sim prático-revolucionários.[11]

Muitos autores do marxismo europeu, durante o século XX, conscientes tanto da necessidade de atualizar a tradição do materialismo histórico como da impossibilidade de restaurar a unidade sistêmica dessa doutrina, direcionaram seus esforços para a compreensão do método de Marx. Em geral, a decantação dos pressupostos e das consequências metodológicas dos textos inaugurais dessa linhagem tornou-se uma premissa indispensável à compreensão seja da história do marxismo, das determinações conceituais do materialismo histórico ou mesmo das questões do presente histórico.

Nesses termos, a discussão metodológica tornou-se, ao longo do marxismo ocidental, um tópico essencial. Desconsiderando sua importância para a atualização do materialismo histórico ou mesmo para a sua sobrevivência, hibernado em teoria, Perry Anderson julga que se trata apenas de uma descabida "preocupação epistemológica":

> Nenhum filósofo da tradição do marxismo ocidental jamais afirmou que o objetivo principal ou final do materialismo histórico fosse uma teoria do conhecimento. No entanto, o pressuposto comum de quase todos era que a tarefa preliminar da pesquisa teórica do marxismo consistia em discernir as regras de investigação social descobertas por Marx, ainda escondidas na particularidade temática de sua obra – e, se necessário, completá-las. O resultado disso foi que uma significativa parcela da produção do marxismo ocidental se constituiu em um prolongado e intricado Discurso sobre o Método.[12]

A atribuição ao marxismo ocidental de uma ênfase exagerada na exegese da obra de Marx ou em sua dimensão filosófica mostra-se, no entanto, muito mais pertinente quando são salientados outros aspectos. É o caso, por exemplo, da consideração que destaca a tendência dessa vertente em complementar o pensamento de Marx com a adição de uma doutrina filosófica.

Num artigo em que comenta criticamente a obra do primeiro Habermas, Bento Prado Jr. desenvolveu uma reflexão que lhe pareceu passível de ser aplicada ao conjunto do marxismo ocidental:

> Mais uma vez topamos com um autor – essa longa série – que, *venant du côté de chez Marx*, afirma que o marxismo não dispõe da filosofia que merece. A ambição de Habermas não é muito diferente de outras, como as de Sartre (que queria dar fundamento existencial à dialética), de Althusser (que queria dar-lhe seu devido fundamento epistemológico), de Giannotti (que lhe oferece a necessária ontologia do social) ou ainda de Lukács (que lhe oferece a mesma coisa).[13]

III

Não são muitas as tentativas de compreender o marxismo ocidental a partir do instrumental teórico desenvolvido pela sociologia do conhecimento. Entre elas, a mais abrangente e pertinente talvez seja *Marxism and totality*, de Martin Jay, que incorpora explicitamente parte das reflexões de seus predecessores Alvin Gouldner e Michael Löwy.[14]

Alvin Gouldner não trata especificamente do marxismo ocidental, mas a associação que promove entre marxismo e intelectuais parece mais apropriada a esse movimento. Segundo ele, a visão de mundo global que o marxismo se propõe a elaborar – em seus termos, a pretensão de abarcar e dar conta do todo social, a preferência por (e a busca de) universais – seria própria (mas também exclusividade) de uma "camada social", os intelectuais, cujos membros, além de disporem do ócio necessário para refletir sobre assuntos que ultrapassam em larga medida suas referências materiais imediatas, foram educados para se comportar como representantes da maioria da sociedade e da nação.

Michael Löwy, em um livro dedicado sobretudo ao acompanhamento da trajetória intelectual de György Lukács, indaga pelas condições de um possível alinhamento de setores da "pequena-burguesia" com o proletariado. A resposta que fornece a essa questão,[15] no entanto, foi prejudicada (além

EXCURSO – A CONSTRUÇÃO DO MARXISMO OCIDENTAL

da tendência, ressaltada pelo próprio autor no "Prefácio à segunda edição brasileira", a valorizar demasiadamente os acontecimentos conjunturais) pela tentativa de estabelecer generalizações sociológicas unicamente a partir de considerações teóricas e lógicas, deixando em segundo plano as variações históricas desse fenômeno. A exceção fica por conta do exame de um caso particular, o percurso de Lukács, bastante representativo e exemplar, mas por si só insuficiente para estabelecer as causas gerais, sociais e ideológicas da conversão dos intelectuais à política revolucionária.

Na nova edição brasileira, Löwy inclui apenas uma modificação, não inteiramente secundária: um novo título distinto da edição brasileira original. A primeira edição, vertendo (quase) literalmente o título do original francês, chamava-se *Para uma sociologia dos intelectuais revolucionários*. No "Prefácio" à nova edição, Löwy justifica tal metamorfose com uma simples frase, nem por isso menos peremptória: "Trata-se, na verdade, de um livro sobre Lukács e não de uma sociologia dos intelectuais revolucionários".

A questão do nome não é tão bizantina quanto parece. A oscilação do autor acerca do que seria mais importante em seu livro revela, além de uma mudança no "espírito do tempo", os problemas de estruturação da obra. Esta se compõe em três blocos bem delimitados: um esboço de uma sociologia dos intelectuais revolucionários (na metade inicial do primeiro capítulo e na conclusão); uma breve história das ideias anticapitalistas na Alemanha e na Hungria no início do século; e um acompanhamento da trajetória intelectual de Lukács entre 1909 e 1929, a partir dos seus textos mais importantes.

A descontinuidade, evidente na mera enumeração dos assuntos ali tratados, não se deve apenas à tenuidade do fio que articula as diversas partes: a suposição de que o exame de um caso particular daria aval a algumas generalizações acerca das causas sociais e ideológicas da passagem dos intelectuais tradicionais às fileiras do movimento operário. A heterogeneidade entre os blocos deriva basicamente da variação do método de acordo com o assunto (em última instância, por uma adequação convencional ao gênero) em cada um dos três movimentos.

A tentativa de compreensão da conversão dos intelectuais à política revolucionária, examinada em dois momentos-chave, após 1917 e em torno de 1968, como o título original indica, é feita no registro sociológico, mais precisamente como um caso particular de um possível alinhamento de setores da "pequena-burguesia" com o proletariado (em situações em que a burguesia nacional desistiu de seu papel revolucionário). A análise marxista das classes, no entanto, insere-se, desde a determinação inicial do objetivo da investigação, num diálogo com a sociologia do conhecimento de Karl Mannheim e com a versão francesa dessa disciplina, capitaneada por Lucien Goldmann. Deriva daí talvez a subordinação da explicação histórica do fenômeno à busca de generalizações sociológicas, o que acarretou um envelhecimento precoce da pesquisa – admitida, no "Prefácio", pelo próprio Löwy.

No segundo bloco – um estudo sobre a *intelligentsia* radical na Alemanha e na Hungria nas duas primeiras décadas desse século –, a sociologia cede lugar à história das ideias. Acompanham-se aí, em breves exposições, as críticas (em geral, apenas culturais) ao capitalismo dos membros dos círculos pelos quais passou Lukács (uma lista que quase se confunde com a enumeração dos intelectuais burgueses mais importantes da época): Ferdinand Tönnies, Theodor Storm, Max Weber, Georg Simmel, Paul Ernst, Robert Michels, Ernst Toller, Ernst Bloch (na Alemanha), Endre Ady, Ervin Szabó e Karl Mannheim (na Hungria).

Aqui já se manifesta a preocupação de Löwy com a recorrência romântica, tema que se tornará uma das preocupações centrais da sua obra subsequente.[16] Por romantismo, ele entende não a escola literária do século XIX, mas "o grande movimento de protesto contra a civilização capitalista/industrial moderna", geralmente feito em nome de valores do passado, numa linhagem que se estende de Jean-Jacques Rousseau ao surrealismo, denunciando as "desolações da modernidade burguesa: desencantamento do mundo, mecanização, reificação, quantificação, dissolução da comunidade humana".

Em *A evolução política de Lukács*, Michael Löwy ainda tomava a trajetória do pensador húngaro e, de certo modo, do próprio Marx como uma passagem do anticapitalismo romântico para a tradição oposta, iluminista e democrática. Posteriormente tendeu a relativizar cada vez mais (e até mesmo a inverter) esse juízo, como fica claro em *Romantismo e messianismo*.

Ao renomear seu livro privilegiando a descrição do itinerário de Lukács, Michael Löwy não deixa de fazer justiça à superioridade do terceiro bloco, já reconhecida aliás pela recepção internacional do livro. Trata-se de uma apresentação, bem amarrada e executada, da obra de Lukács desde *A história da evolução do drama moderno* (1909) até "Teses de Blum" (1928), passando pelos clássicos *A alma e as formas* (1910), *A teoria do romance* (1916) e *História e consciência de classe* (1923).

Nessa parte, o modelo já não é mais a sociologia do conhecimento, nem a história das ideias, mas a tradicional exposição da trajetória intelectual de um pensador importante. O mérito do livro, aqui, reside na riqueza de

EXCURSO – A CONSTRUÇÃO DO MARXISMO OCIDENTAL

informações, no domínio e no manejo de conhecimentos de diversas áreas e também na clareza, isto é, na facilidade de Löwy em destacar e explicar o que há de mais importante e decisivo em obras geralmente pouco acessíveis (para não dizer quase herméticas) ao leitor não especializado. Trata-se, em suma, de uma aplicação bem realizada dos valores próprios da visão educacional do Iluminismo.

Martin Jay incorpora tanto a preocupação de Alvin Gouldner em destacar a origem social dos mais destacados representantes do marxismo, oriundos predominantemente da "camada dos intelectuais" (restringindo-a ao âmbito da corrente dita "ocidental"), quanto o cuidado de Michael Löwy em salientar, diante de seus pares, a especificidade dos intelectuais marxistas – sinalizada na restrição embutida no adjetivo "revolucionários". A junção de resultados de pesquisas anteriores possibilitou a Martin Jay estabelecer uma exposição singular do marxismo ocidental, concentrando-se no exame pormenorizado das diferentes variantes do conceito de totalidade desenvolvidas pelos membros dessa tendência, mas mostrou-se pouco útil seja para delimitar o conjunto de autores, seja para induzir uma compreensão do conjunto desse movimento.

Para mapear seus contornos ou estabelecer uma interpretação geral do marxismo ocidental, Jay teve de recorrer ao modelo consagrado por Perry Anderson. Tanto assim que reencontramos lá, com o acréscimo de algumas nuances, as mesmas constantes estabelecidas em *Considerações sobre o marxismo ocidental:* a determinação geográfica (privilegiando também os europeus continentais), o recorte em gerações (ampliado pela incorporação de autores contemporâneos como Lucio Colletti e Jürgen Habermas), o confronto com as tradições marxistas concorrentes, a ênfase no afastamento das massas e no isolamento político etc.

Em *Marxism and totality*, Martin Jay, mesclando resultados de pesquisas anteriores, configura uma exposição singular do marxismo ocidental, concentrada no exame das diferentes variantes do conceito de totalidade utilizadas pelos membros dessa tendência. Esse recorte, no entanto, pouco ou nada contribuiu para a superação das dificuldades inerentes à delimitação do grupo de teóricos ou à interpretação geral desse movimento.

De certo modo, Jay mostra-se mais preocupado que Anderson em matizar as diferenças internas do marxismo ocidental. Uma vez destacada alguma característica geral dessa corrente, procura relacionar em subgrupos posições divergentes ou alternativas. Opta por apresentar e comentar individualmente os autores. Exibe suas dúvidas acerca do melhor modo de mapear esse movimento etc. Apesar dessas providências, *Marxism and totality* – ainda preso ao modelo estabelecido em *Considerações sobre o marxismo ocidental* (mesmo ciente da necessidade de se diferenciar) – acaba recaindo nos mesmos impasses.

Mimetizando o vezo cronológico de Perry Anderson, Martin Jay subdivide o marxismo ocidental em gerações. Dilata, no entanto, os contornos desse movimento com a adição de teóricos nascidos após a Primeira Guerra, como é o caso de Lucio Colletti e Jürgen Habermas. Essa discrepância na periodização decorre, de certo modo, de uma divergência acerca do término desse movimento. Enquanto Anderson, em seu balanço de 1974, sentenciava que se tratava de uma experiência encerrada, Jay julga, a partir de seus frutos recentes na Inglaterra e nos Estados Unidos, que a trajetória e a tradição dessa vertente ainda não podem ser consideradas como concluídas.

Marxism and totality traz ao primeiro plano teóricos que, embora mencionados, se encontram destituídos de qualquer destaque em *Considerações sobre o marxismo ocidental* – Ernst Bloch, Maurice Merleau--Ponty e Jürgen Habermas.[17] Além disso, também insere entre os protagonistas dessa corrente outros intelectuais sequer citados no livro de 1974 – Bertolt Brecht, Wilhelm Reich e Leo Lowenthal. Da lista de Perry Anderson apenas Walter Benjamin, estranhamente, é relegado a segundo plano.[18]

A ampliação do número de participantes e do arco geracional e a consequente intensificação da fragmentação e da dispersão próprias desse movimento não impediram Martin Jay de delinear também constantes estruturais, numa direção, aliás, bem próxima daquela sinalizada por Perry Anderson. Sua preocupação principal consistiu em demarcar os principais aspectos formais ou intelectuais dessa corrente. Mas também não deixou de (sobre)determinar a identidade do marxismo ocidental, confrontando-o em bloco não com as gerações precedentes, mas com tradições concorrentes ou rivais, a social-democracia, o austromarxismo, o stalinismo, o trotskismo, o maoísmo etc.[19]

Em diversos momentos, Martin Jay – que, diga-se de passagem, avalia de forma bastante favorável o marxismo ocidental – se contrapõe à interpretação ou às hipóteses histórico-conceituais de Perry Anderson. Discorda, por exemplo, da condenação dos protagonistas desse movimento por terem incorporado elementos das ciências e das filosofias burguesas. Justifica esse procedimento – e em especial a recorrência à teoria psicanalítica – ressaltando a necessidade de buscar explicações adicionais para a hegemonia e o crescente poder do capitalismo.

EXCURSO – A CONSTRUÇÃO DO MARXISMO OCIDENTAL

Martin Jay também procura explicar a prática política dos marxistas ocidentais. Instados a escolher entre os métodos das correntes leninistas e suas alternativas à esquerda, eles preferiram evitar a adesão aos modelos de partido que rejeitavam. Mantiveram, no entanto, suas convicções revolucionárias depositando suas expectativas na emergência de um novo sujeito histórico.[20] Essa ressalva, porém, logo é esquecida e, uma vez que se trata (seguindo o paradigma instalado por Perry Anderson) de buscar constantes, *Marxism and totality* não hesita em definir e criticar o marxismo ocidental por seu afastamento da ação política, adotando como padrão a prática – muitas vezes deturpada e ilusória – de seus concorrentes diretos, o stalinismo, o trotskismo, a social-democracia etc.[21]

Essa observação, aparentemente apenas pontual, adquire, no decorrer do livro, um papel crucial. Indeciso acerca do melhor modo de delimitar os contornos do marxismo ocidental, Martin Jay lista uma série de coordenadas formais, sem atribuir a nenhuma delas peso decisivo. Quando se trata, entretanto, de justificar teoricamente o projeto de *Marxism and totality* – o exame pormenorizado da noção de totalidade em cada uma de suas versões individuais ao longo do marxismo ocidental –, ele recorre novamente às determinações firmadas em *Considerações sobre o marxismo ocidental*, vinculando estreitamente seu programa à tese da existência de um divórcio, no interior dessa corrente, entre a teoria e a prática. Destaca então que a relação "inorgânica" dos marxistas ocidentais com as massas se manifesta não só no esoterismo de seus textos (aspecto destacado por Anderson), mas também na recorrência sistemática por parte desses teóricos ao conceito de "totalidade".[22]

Martin Jay argumenta que a tendência a pensar globalmente não constitui uma perspectiva exclusiva do marxismo, como Lukács pretendia, mas antes uma tentação própria dos intelectuais, como denuncia Alvin Gouldner.[23]

O perfil do marxismo ocidental delineado por Martin Jay, resultante em parte da premissa que considera a questão da totalidade como um dos polos unificantes desse movimento, privilegia, portanto, o fato de seus protagonistas pertencerem à "camada dos intelectuais".[24] Ocupando uma posição marginal em relação à sua classe de origem ou mesmo ante a classe em torno da qual gravitam, esses teóricos se comportariam como autênticos "cavaleiros da totalidade", arrogando-se a "missão teológica de falar do todo".

Os participantes do marxismo ocidental inscrevem-se, assim, numa disposição híbrida. Por um lado, mantêm a propensão, comum à "camada" dos intelectuais, a pensar de forma holística. Sua inserção, por outro lado, numa tradição, o marxismo, preocupada essencialmente com a práxis, diferencia-os dos demais membros desse conjunto. Esse estatuto ambíguo, sintetizado no termo "intelectuais revolucionários", constitui a verdadeira bússola que orienta o mapeamento do marxismo ocidental desenrolado em *Marxism and totality*.

Embora privilegie um enfoque sociológico da questão "marxismo ocidental" – em detrimento, por exemplo, da compreensão político-histórica encetada por Perry Anderson –, Martin Jay se distancia muito pouco das premissas de *Considerações sobre o marxismo ocidental*. Recai nas mesmas dificuldades decorrentes da tentativa de ancorar em bloco a definição do marxismo ocidental numa prática política que assumiu ao longo do tempo características bem diferenciadas. Contorna-se novamente, no esforço de *Marxism and totality* para estabelecer constantes, a singularidade de Lukács, Korsch e Gramsci, militantes considerados unanimemente os fundadores do marxismo ocidental.

A premissa geral de um engajamento político constitui um solo pouco firme ou homogêneo para alicerçar uma superação dos dilemas decorrentes do paradigma instaurado pela interpretação de Perry Anderson. Martin Jay acaba, assim, recaindo na mesma aporia de *Considerações sobre o marxismo ocidental*. Afinal, como situar num mesmo conjunto (a partir de uma definição tão restritiva) intelectuais cuja militância assumiu formas tão díspares?

IV

No artigo "Dialética da modernidade: a Teoria crítica e o legado do marxismo do século XX", Göran Therborn apresenta o marxismo como a principal manifestação da dialética da modernidade. Quer como fenômeno social e histórico, quer como tradição intelectual, ele se caracteriza por sua postura bifronte, sua demonstrada capacidade de combinar, ao mesmo tempo, a saudação com a crítica à modernidade.

Na aplicação dessa definição teórico-histórica, o figurino nem sempre, no entanto, se mostra adequado. Ainda que involuntariamente, Therborn não deixa de atribuir "juízos de valor" à diversidade de partidos e correntes marxistas. Considera, por exemplo, a "corrente puramente intelectual da Teoria crítica" – isto é, uma parte considerável do marxismo ocidental – como a mais consoante com o caráter contraditório e negativo da modernidade, destacando-a explicitamente das parcialidades inerentes à Segunda e à Terceira Internacionais.[25]

Além da tendência valorativa que lhe é subjacente, essa construção conceitual, no afã de tentar preencher a exigência de contemplar tanto a enorme variedade de vertentes dessa tradição – de Marx e Engels à sua variante nacionalista e anticolonialista no Terceiro Mundo – como a totalidade de sua história, mostra-se pouco produtiva. Trata-se de uma base bastante precária para quem almeja estabelecer delimitações nítidas e precisas.

À luz dessa perspectiva abrangente, Therborn também se candidata a delimitar as balizas específicas da reconstituição do marxismo ocidental, estabelecendo um diálogo crítico com as topografias elaboradas anteriormente por Merleau-Ponty, Perry Anderson e Martin Jay. Numa primeira aproximação, descreve o marxismo ocidental como uma corrente intelectual politicamente autônoma que prosperou nos países capitalistas avançados, depois da Revolução de Outubro de 1917, distinta tanto dos marxismos de outras partes do mundo como da prática institucionalizada dos partidos políticos europeus.

A seu favor, convém ressaltar que, diferentemente de seus predecessores, ele destaca o caráter *post hoc* do conceito de marxismo ocidental, isto é, o fato de que se trata de uma construção intelectual, não de um grupo que se constituiu como tal. Reconhece, assim, a arbitrariedade e o teor discricionário inerente às tentativas de formular uma lista definitiva de seus membros.

Therborn atribui, por exemplo, a observação de Perry Anderson sobre a preponderância da filosofia no interior do marxismo ocidental – seja enquanto profissão de origem de seus componentes ou como modalidade acadêmica predominante – a um círculo. Essas considerações, segundo ele, não podem ser apreciadas como um fato histórico inegável, pois se apoiam, em parte, no fato de os filósofos serem predominantes entre os intelectuais marxistas por volta de 1917 (devido ao caráter menos especializado da filosofia de então), mas sobretudo na intenção do historiador, que privilegia, em sua seleção dos participantes desse movimento, precisamente os filósofos.[26]

A cautela, o cuidado em não se aventurar a demarcar mais um mapeamento do marxismo ocidental, não exime Therborn da pretensão de determinar as características e o sentido próprio do marxismo ocidental. Abandona a discussão sobre a delimitação de seus participantes, acerca de sua abrangência (temporal ou geográfica), e minimiza ainda o sempre mencionado divórcio entre a teoria e a prática política. Contrapondo-se a seus predecessores, Therborn debruça-se sobre as teses que, segundo aqueles, permitiriam definir o marxismo ocidental como uma tradição intelectual comum, ou seja, sobre as coordenadas estruturais definidoras de sua unidade formal.

Entre elas, contesta especialmente a hipótese de Perry Anderson, que delimita como contexto e "marco distintivo" do marxismo ocidental a derrota das insurreições revolucionárias. Numa inversão completa da avaliação apresentada em *Considerações sobre o marxismo ocidental*, Therborn descreve essa tendência como o resultado da "recepção intelectual europeia da Revolução de 1917".

Sua argumentação traz à tona, portanto, a questão da "gênese" desse movimento, procurando identificar os fatores que permitiram à posteridade enxergar uma ruptura de *História e consciência de classe*, de *Marxismo e filosofia* e dos *Cadernos do cárcere* com a tradição socialista anterior.

Na investigação dessa metamorfose, retoma a discussão sobre o itinerário intelectual de György Lukács, refazendo, sob um novo ângulo, um percurso bastante estudado. A comparação de *História e consciência de classe* (1923) com o artigo "O bolchevismo como problema moral" (1918), segundo Therborn, comprova uma mudança significativa. A cisão entre a sociologia (a proeminência da luta de classes) e a filosofia da história (o postulado utópico do socialismo) marxistas teria sido superada, em 1923, com a ajuda da dialética hegeliana da consciência de classe.

Karl Korsch, em *Marxismo e filosofia*, ao definir o materialismo histórico como uma "teoria unitária da revolução social", também teria feito do combate a essa separação – típica da época da Segunda Internacional e exacerbada no austromarxismo – um de seus alvos principais. Por fim, depois de adicionar a esse cenário o fato de Gramsci ter defendido – num célebre artigo de janeiro de 1918, "A revolução contra *O capital*" – que a Revolução Russa foi materializada mais por ideologias que por fatos, Therborn conclui:

> O marxismo ocidental surgiu como uma recepção intelectual europeia da Revolução de Outubro. Esta foi interpretada como um "atalho" vitorioso do pensamento marxista, contra *O capital* e os fatos, de acordo com Gramsci, e superando tanto os problemas científicos quanto os morais, de acordo com Lukács e Korsch.[27]

A ênfase de Therborn no impacto da Revolução de 1917 sobre as diretrizes do marxismo ocidental não se limita – diferentemente da sua menção nos livros de Perry Anderson e de Martin Jay – a uma mera observação de caráter histórico. Além de destacar a influência da Revolução de Outubro na gênese do marxismo ocidental, Therborn apresenta a repercussão do triunfo do partido bolchevique na Rússia como uma fonte irradiadora, potente o suficiente para iluminar toda a trajetória do marxismo ocidental.

EXCURSO – A CONSTRUÇÃO DO MARXISMO OCIDENTAL

Ao manter em seu horizonte as expectativas geradas pela Revolução Russa, essa tendência incorporou uma referência histórica que avalizou, por exemplo, a superação da separação corrente entre estudos científicos e adoção de posição política, entre ciência e ética. Esse esforço, segundo Therborn, possibilitou que os marxistas ocidentais se aproximassem da dialética original de Marx e Engels acerca da modernidade.

Nesse diapasão, ao vincular estreitamente a formação dos marxistas ocidentais com a recepção da Revolução de 1917 – procedimento concomitante à diminuição do peso da influência de outros eventos históricos como a ascensão ou a resistência ao nazifascismo –, Therbon erige o impacto do Outubro russo em critério de definição dos limites temporais dessa vertente. Segundo ele, autores nascidos depois da geração descrita por Perry Anderson – como é o caso, por exemplo, de Jürgen Habermas – não devem ser considerados como protagonistas desse movimento.[28]

Assim, embora Göran Therborn prescinda da tarefa de elaborar uma lista de participantes, não deixa de esboçar, mesmo que a contrapelo, um mapeamento do marxismo ocidental. Nesse processo, adota uma estratégia oposta às metodologias de Perry Anderson e Martin Jay. Primeiro determina o conceito e só então procura delinear, ainda que de maneira pouco nítida, alguns contornos dessa corrente. Esse desdobramento, no entanto, não o conduz a determinações muito diferentes daquelas estabelecidas em *Considerações do marxismo ocidental*. Retoma, por exemplo, ainda que sob ressalvas – em parte, por conta de sua crítica da exclusividade concedida aos filósofos –, os nomes aí selecionados, valendo-se dessa lista para verificar a sua hipótese de que todos eles teriam se convertido ao marxismo ao encarar a revolução soviética como um evento histórico-mundial de importância decisiva.

Therborn também recusa expressamente o método de promover confrontações entre os blocos, seja por meio do cotejo das premissas do marxismo ocidental com o legado das gerações anteriores ou de uma avaliação de suas diferenças em relação às tradições rivais e concorrentes. Nem por isso deixa de efetuar uma comparação implícita entre as diversas vertentes, sustentando que o marxismo deva ser definido por sua postura perante a modernidade.

Por conseguinte, não é inteiramente descabido afirmar que Göran Therborn não conseguiu realizar efetivamente o seu propósito de suplantar o modelo estabelecido por Perry Anderson e reciclado por Martin Jay. O ponto principal de suas divergências com *Considerações sobre o marxismo ocidental* consiste então na escolha do momento a ser destacado como paradigmático do marxismo ocidental. Enquanto o livro de 1974 ressalta a época de expansão e consolidação dessa corrente, isto é, os anos que sucederam à Segunda Guerra, Therborn privilegia a década de 1920, marcada pelo impacto recente da Revolução Russa. Mesmo aí, porém, Therborn não escapa da armadilha da repetição, ao preservar o hábito de extrapolar para a totalidade do percurso características que são próprias apenas de determinado período.

A parcialidade inerente a esse procedimento torna-se ainda mais evidente quando se observa o caráter complementar das duas análises. Uma visada histórica do marxismo ocidental, por mais panorâmica que seja, tende a reconhecer com facilidade a veracidade de ambos. Afinal, dependendo do período enfocado, ora a vitória, ora a derrota da revolução proletária ocupou o horizonte do marxismo ocidental.

Convém observar ainda, nessa polêmica, para além da inversão quase especular da tese principal, a insistência de Anderson e Therborn em fornecer uma avaliação histórica que apresenta o marxismo ocidental como um conjunto homogêneo. Desse modo, tendem a minimizar, apesar de alusões esparsas, as inúmeras divergências e contraposições internas que permeiam esse movimento.

Deparamos assim, novamente, apesar das precauções adotadas por Göran Therborn em seu ensaio, com as mesmas dificuldades detectadas em *Considerações sobre o marxismo ocidental* e *Marxism and totality*. Independentemente das premissas ou das perspectivas adotadas, as tentativas de reconstruir o marxismo ocidental como um bloco monolítico parecem fadadas a recair em parcialismos e aporias.

IV

Neste livro procurou-se estudar o marxismo ocidental desdobrando-o em módulos históricos. Uma das vantagens dessa metodologia é a possibilidade de escapar da falsa dicotomia entre a abordagem generalizante – que se concentra na determinação das constantes do marxismo ocidental – e a descrição individualizada – que, apesar de tentar apresentar os marxistas ocidentais um a um, mantém a exigência de cobrir esse movimento de forma integral. Num caso como no outro, adota-se (seja enquanto ponto de partida ou como pressuposto) uma interpretação do conjunto que muitas vezes destaca um aspecto ou um momento determinado como fonte irradiadora de sentido na tentativa de torná-la apta a iluminar a totalidade desse movimento. A preferência pelo módulo histórico, uma unidade por definição secionada e restrita, tende a inibir e a dificultar tanto essa tendência a estabelecer constantes gerais quanto a excessiva fragmentação das análises que se propõem a estudar individualmente os teóricos marxistas.

A delimitação do arco de cada módulo histórico auxilia na redução da arbitrariedade (sem eliminar a importância da iniciativa do pesquisador) e da parcialidade que dominam os comentários acerca do marxismo ocidental. A inclusão em um mesmo módulo de autores e posições que se contrapõem, polarizados por intermédio da adesão a uma mesma conexão teórica, abre a possibilidade seja para o manejo, em uma mesma totalidade, de aspectos que frequentemente são tratados de forma isolada, seja para acompanhar com mais acuidade as oscilações e inflexões inerentes à trajetória e aos desdobramentos do marxismo europeu.

A configuração do marxismo alemão nas décadas de 1920 e 1930, por exemplo, dito de forma sintética, permite: (a) expor a evolução do debate teórico em uma mesma tradição intelectual, numa época em que a discussão entre os marxistas pouco ultrapassou os limites da nação (seja devido à ausência de uma organização supranacional, à maneira das Internacionais Socialistas, seja devido à peculiaridade dos procedimentos econômicos e políticos com que cada país enfrentou os dilemas do período); (b) destacar a modificação do lugar e do papel atribuído aos intelectuais pela teoria marxista (derivada em parte de uma alteração de expectativas acerca da ação política do proletariado), implícita na transição de uma autodefinição que compreendia o marxismo como teoria da ação revolucionária para outra identidade que o concebe como prática intelectual e patente na inflexão que avalia o proletariado não mais enquanto classe revolucionária, mas como prestes a se integrar no mundo burguês; (c) acompanhar a transição de uma análise econômica assentada na tese do imperialismo e da iminência da revolução para outra análise, que destaca a passagem do capitalismo da fase concorrencial à monopolista; (d) observar, tendo em vista a discrepância no diagnóstico acerca do presente histórico, as providências que cada teórico julga mais adequadas para levar adiante essa tradição política e intelectual; (e) explicar, pelas mudanças do horizonte histórico e político, as inflexões que distanciam os artigos de Max Horkheimer publicados nos anos 1930 da obra de que são tributários, isto é, de *História e consciência de classe*.

Notas

1 Cf. Merleau-Ponty, 2006.

2 Cf. Habermas, 2022.

3 Quatro dos artigos de *A zone of engagement* foram traduzidos no Brasil em 1995, em Anderson, 1995. Os demais foram editados em 2002, em Anderson, 2002. Para um comentário desses ensaios cf. Musse, 2002.

4 Ainda hoje, a principal tentativa de implementar esse projeto consiste na monumental *História do marxismo*, organizada por Eric Hobsbawm. Todavia, a fragmentação dos desdobramentos do marxismo em partes pouco conectadas entre si e a opção de convidar para a redação dos capítulos uma equipe vasta e heterogênea (apesar de bastante representativa) impediram a elaboração de uma visão unificada da história do marxismo. Além disso, em seus 12 volumes, embora alguns artigos abordem individualmente alguns autores representativos do marxismo ocidental, o movimento em seu conjunto é solenemente ignorado.

5 Essa questão, naturalmente, não existe para a vertente que identifica o marxismo ocidental com a incorporação ao marxismo do weberianismo. Tanto, num extremo cronológico, para Maurice Merleau-Ponty em *As aventuras da dialética*, quanto, na outra ponta, para o Jürgen Habermas de *Teoria do agir comunicativo*, o marxismo ocidental inicia-se no momento em que György Lukács associa (em *História e consciência de classe*) Karl Marx e Max Weber.

6 Com certeza, seria demasiado dizer que Perry Anderson ignora esse problema, já que abre seu livro assim: "A história do marxismo desde seu início, há pouco mais de um século, ainda está por ser escrita. Seu desenvolvimento, ainda que relativamente breve, tem sido complexo e irregular. As causas e formas de suas sucessivas metamorfoses e transferências permanecem em larga medida inexploradas" (Anderson, 2004a, p. 23).

7 Os russos Eugênio Preobrajensky (1886-1937) e Nikolai I. Bukharin (1888-1938) nasceram depois de György Lukács (1885) e no mesmo ano, 1886, ou depois de Karl Korsch. Como o corte meramente cronológico não coincide com sua escalação, Perry Anderson complementa-a com explicações geográficas e históricas (cf. Anderson, 2004a, pp. 47-48).

8 Anderson, 2004a, p. 52.

9 Talvez seja interessante observar que Karl Korsch repudia, na interpretação materialista da história do marxismo, qualquer avaliação comparativa. Segundo ele, não devemos investigar "dogmaticamente, graças a não se sabe qual cânone abstrato de uma 'doutrina pura e autêntica', a concordância maior ou menor das diversas variantes em matéria de teoria marxista; cabe considerar, ao contrário, todas essas ideologias marxistas passadas ou presentes, de modo unicamente histórico, materialista e dialético, como produtos do desenvolvimento histórico" (Korsch, 2008, pp. 86-87).

10 Anderson, 2004a, p. 72.

11 Marcuse, 1972, p. 10.

12 Anderson, 2004a, pp. 72-73.

13 Prado Jr., 1985, p. 11.

14 Cf. Gouddner, 1980, e Löwy, 1998 (o original francês, de 1976, intitulava-se significativamente *Pour une sociologie des intellectuels révolutionnaires*).

15 O recorte da investigação – além de nos informar acerca das interrogações de uma geração que viveu os acontecimentos do "Maio de 68" como uma utopia revolucionária –, por si só, já nos esclarece acerca das fontes teóricas com as quais Löwy dialoga: a sociologia do conhecimento de Karl Mannheim e a versão francesa dessa disciplina, capitaneada por Lucien Goldmann.

16 Cf., por exemplo, Löwy & Sayre, 1995.

17 Cada um desses autores é objeto de um capítulo específico em *Marxism and totality*.

18 Cf. Jay, 1984, p. 4.

19 A ruptura com a geração precedente reaparece, ainda que mascarada, na atribuição ao marxismo ocidental de um repúdio coletivo ao legado da Segunda Internacional, seja de sua visão de mundo cientificista e determinista ou do nexo que estabeleceu entre teoria e práxis.

20 Cf. Jay, 1984, p. 4.

21 *Idem*, p. 8.

22 *Idem*, p. 12.

23 Embora a referência imediata de Jay seja o livro de Gouldner, podem-se reconhecer aqui, contudo, algumas das teses de Karl Mannheim, presentes em sua obra desde *Ideologia e utopia*.

24 Martin Jay deixa bem claro que o ponto comum é somente a atração exercida pelo conceito de totalidade sobre os membros do marxismo ocidental, o que não quer dizer que eles compartilhem, de alguma forma, da mesma posição acerca dos múltiplos significados embutidos nesse termo.

25 Segundo Therborn, a Teoria crítica consiste na reflexão sobre a elaboração da crítica da economia política de Marx mais adequada ao contexto dos traumas do curto século XX (1914-1989), ou ainda, nas suas palavras: "apesar das suas limitações esotéricas, ocidentalistas e elitistas, a Teoria crítica tem sido a neta de Marx que vem expressando de forma mais explícita, persistente e corajosa a quintessência do marxismo: sua reflexão sobre a dialética da modernidade" (Therborn, 1995, pp. 247-248).

26 Cf. Therborn, 1995, p. 254.

27 *Idem*, p. 253.

28 Therborn aplica o epíteto de "neomarxistas" a essa franja final, objeto de controvérsias acerca de sua inclusão no marxismo ocidental. Segundo ele, apesar de o materialismo histórico ter se tornado, durante os anos 1960 – sobretudo devido ao impacto da guerra do Vietnã, da revolução cultural chinesa e das rebeliões estudantis –, "tanto a linguagem política quanto a perspectiva teórica para uma ampla geração de radicais", os intelectuais desse período não conseguiram reeditar a "espetacularidade" característica do marxismo ocidental.

REFERÊNCIAS BIBLIOGRÁFICAS

Artigos

ADORNO, Theodor W. "O ensaio como forma". *In*: COHN, Gabriel (org.). *Theodor W. Adorno*. São Paulo, Ática, 1986, pp. 167-187.

ANDREUCCI, Franco. "A difusão e a vulgarização do marxismo". *In*: HOBSBAWM, Eric J. *História do marxismo*, vol. 2. São Paulo, Paz e Terra, 1982, pp. 15-73.

ARANTES, Paulo Eduardo. "Um capítulo brasileiro do marxismo ocidental". *Folha de S.Paulo*. Folhetim, 19/6/1983, pp. 2-5.

ARATO, Andrew. "A antinomia do marxismo clássico: marxismo e filosofia". *In*: HOBSBAWM, Eric J. *História do marxismo*, vol. 4. São Paulo, Paz e Terra, 1982, pp. 85-148.

BADIA, Gilbert. "Social-democracia alemã e imperialismo". *In*: LOUREIRO, Isabel & VIGEVANI, Tullo (org.). *Rosa Luxemburg. A recusa da alienação*. São Paulo, Editora Unesp, 1991, pp. 53-60.

BENJAMIN, Walter. "Eduard Fuchs, der Sammler und der Historiker". *Heft* 2, 1937, pp. 346-381.

_____. "Sobre o conceito de história". *Magia e técnica, arte e política*. São Paulo, Brasiliense, 1985, pp. 222-232 (Obras Escolhidas, vol. 1).

_____. *O anjo da história*. Belo Horizonte, Autêntica, 2012.

BERTELLI, Antonio Roberto. "Uma introdução polêmica". *In*: MARX, Karl. *As lutas de classes na França (1848-1850)*. São Paulo, Global, 1986, pp. 9-27.

BORON, Atilio. "Friedrich Engels e a teoria marxista da política". Revista *Praxis*. Belo Horizonte, n. 9, 1997, pp. 95-126.

BOTTOMORE, Tom. "Introdução". *In*: HILFERDING, Rudolf. *O capital financeiro*. São Paulo, Abril, 1985, pp. 9-24.

ENGELS, Friedrich. "Zur Kritik des sozialdemokratischen Programmentwurfs 1891". *In*: MARX, Karl & ENGELS, Friedrich. *Werke*, vol. 22. Berlin, Dietz Verlag, 1963, pp. 225-243.

ENGELS, Friedrich. "Prefácio de 1892". *In*: MARX, Karl & ENGELS, Friedrich. *Textos*, vol. 1: *A situação da classe operária na Inglaterra*. São Paulo, Edições Sociais, 1977, pp. 121-134.

_____. "Prefácio à edição inglesa". *In*: MARX, Karl. *O capital*, vol. 1. São Paulo, Abril Cultural, 1983, pp. 31-34.

_____. "Prefácio de 1895". *In*: MARX, Karl. *As lutas de classes na França de 1848 a 1850*. São Paulo, Boitempo, 2012, pp. 9-31.

FETSCHER, Iring. "Bernstein e o desafio à ortodoxia". *In*: HOBSBAWM, Eric J. *História do marxismo*, vol. 2. São Paulo, Paz e Terra, 1982, pp. 257-298.

GARCIA, Marco Aurélio. "A questão da revolução e Rosa Luxemburg". *In*: LOUREIRO, Isabel & VIGEVANI, Tullo (org.). *Rosa Luxemburg. A recusa da alienação*. São Paulo, Editora Unesp, 1991, pp. 61-68.

GETZLER, Israel. "Gueórgui V. Plekhánov: a danação da ortodoxia". *In*: HOBSBAWM, Eric J. *História do marxismo*, vol. 3. São Paulo, Paz e Terra, 1982a, pp. 105-133.

_____. "Outubro de 1917: o debate marxista sobre a revolução na Rússia". *In*: HOBSBAWM, Eric J. *História do marxismo*, vol. 5. São Paulo, Paz e Terra, 1982b, pp. 25-74.

GRAMSCI, Antonio. "A revolução contra *O capital*". *In*: COUTINHO, Carlos Nelson. *Gramsci*. Porto Alegre, L&PM, 1981, pp. 135-138.

HAUPT, Georges. "Marx e o marxismo". *In*: HOBSBAWM, Eric J. *História do marxismo*, vol. 1. São Paulo, Paz e Terra, 1982, pp. 347-375.

HOBSBAWM, Eric. "A fortuna das edições de Marx e Engels". *História do marxismo*, vol. 1. São Paulo, Paz e Terra, 1982a, pp. 423-443.

_____. "Aspectos políticos da transição do capitalismo ao socialismo". *História do marxismo*, vol. 1. São Paulo, Paz e Terra, 1982b, pp. 301-346.

_____. "Marx, Engels e o socialismo pré-marxiano". *História do marxismo*, vol. 1. São Paulo, Paz e Terra, 1982c, pp. 33-66.

_____. "A cultura europeia e o marxismo entre o século XIX e o século XX". *História do marxismo*, vol. 2. São Paulo, Paz e Terra, 1982d, pp. 75-124.

_____. "Apresentação". *História do marxismo*, vol. 3. São Paulo, Paz e Terra, 1982e.

HORKHEIMER, Max. "Teoria tradicional e Teoria crítica". *In*: BENJAMIN, Walter *et al*. *Textos escolhidos*. São Paulo, Abril Cultural, 1980, pp. 117-154.

_____. "Observações sobre ciência e crise". *Teoria crítica*, I. São Paulo, Perspectiva, 1990a, pp. 7-12.

_____. "Da discussão do racionalismo na filosofia contemporânea". *Teoria crítica*, I. São Paulo, Perspectiva, 1990b, pp. 95-137.

_____. "Autoridade e família". *Teoria crítica* I. São Paulo, Perspectiva, 1990c, pp. 175-236.

_____. "A presente situação da filosofia social e as tarefas de um instituto de pesquisas sociais". Revista *Praga*, n. 7. São Paulo, Hucitec, 1999, pp. 121-132.

KAUTSKY, Karl. "O que é uma revolução social?". *In*: MILLS, C. Wright. *Os marxistas*. Rio de Janeiro, Zahar, 1968, pp. 169-186.

KORSCH, Karl. "A ideologia marxista na Rússia". *In*: BUEY, F. Fernández. *Crítica del bolchevismo*. Barcelona, Editorial Anagrama, 1976a.

_____. "O final da ortodoxia marxista". *In*: BUEY, F. Fernández. *Crítica del bolchevismo*. Barcelona, Editorial Anagrama, 1976b.

KORSCH, Karl. "Estudo atual do problema (anticrítica)". *Marxismo e filosofia*. Rio de Janeiro, Editora UFRJ, 2008.

REFERÊNCIAS BIBLIOGRÁFICAS

LEO MAAR, Wolfgang. "*História e consciência de classe*, setenta anos depois". Revista *Novos Estudos Cebrap*, n. 36. São Paulo, jul. 1993, pp. 179-194.

LOUREIRO, Isabel Maria. "Democracia e socialismo em Rosa Luxemburg". Revista *Crítica Marxista*, n. 4, São Paulo, Xamã, maio 1997, pp. 45-57.

LUKÁCS, György. "O bolchevismo como problema moral". *In*: LÖWY, Michel. *A evolução política de Lukács (1909-1929)*. São Paulo, Cortez, 1998a, pp. 314-319.

_____. "Prefácio a *Greve de massas, partido e sindicatos*". *In*: LÖWY, Michel. *A evolução política de Lukács (1909-1929)*. São Paulo, Cortez, 1998b, pp. 320-326.

MARCUSE, Herbert. "Novas fontes para a fundamentação do materialismo histórico". *Ideias sobre uma teoria crítica da sociedade*. Rio de Janeiro, Zahar, 1972, pp. 9-55.

_____. "Filosofia e Teoria crítica". *Cultura e sociedade*, vol. 1. São Paulo, Paz e Terra, 1997, pp. 137-160.

MARX, Karl & ENGELS, Friedrich. "Natureza e significado do materialismo histórico". *In*: FERNANDES, Florestan (org.). *Marx e Engels*. São Paulo, Ática, 1989, pp. 406-481.

MATTHIAS, Erich. "Kautsky e o kautskismo". *In*: BERTELLI, Antonio Roberto. *Karl Kautsky e o marxismo*. Belo Horizonte, Oficina de Livros, 1988, pp. 33-76.

MATTICK, Paul. "Karl Kautsky. De Marx a Hitler". *In*: BERTELLI, Antonio Roberto. *Karl Kautsky e o marxismo*. Belo Horizonte, Oficina de Livros, 1988, pp. 13-32.

MERLEAU-PONTY, Maurice. "Marxismo e filosofia". *Textos selecionados*. São Paulo, Abril Cultural, 1980, pp. 71-82.

MUSSE, Ricardo. "Lukács e o racionalismo moderno". Revista *Discurso*. São Paulo, FFLCH-USP, n. 21, 1993, pp. 137-149.

_____. "Herdeiros do idealismo alemão". Revista *Trans/form/ação*. São Paulo, Unesp, n. 17, 1994, pp. 31-37.

_____. "Um marxismo renovado". *In*: NASCIMENTO, Milton Meira (org.). *Jornal de Resenhas*, vol. III. São Paulo, Discurso, 2002, pp. 2.512-2.514.

NEGT, Oskar. "O marxismo e a teoria da revolução no último Engels". *In*: HOBSBAWM, Eric J. *História do marxismo*, vol. 2. São Paulo, Paz e Terra, 1982a, pp. 125-200.

_____. "Rosa Luxemburg e a renovação do marxismo". *In*: HOBSBAWM, Eric J. *História do marxismo*, vol. 3. São Paulo, Paz e Terra, 1982b, pp. 11-51.

NETTO, José Paulo. "Lukács e o marxismo ocidental". *In*: ANTUNES, Ricardo & Leão RÊGO, Walquiria (org.). *Lukács. Um Galileu no século XX*. São Paulo, Boitempo, 1996, pp. 7-15.

NOBRE, Marcos Severino. "Lênin e Rosa Luxemburg em *História e consciência de classe*". *In*: LOUREIRO, Isabel & VIGEVANI, Tullo (org.). *Rosa Luxemburg. A recusa da alienação*. São Paulo, Editora Unesp, 1991, pp. 119-122.

PLEKHÁNOV, Gueórgui V. *O vigésimo quinto aniversário da morte de Karl Marx*. Moscou, Progresso, 1987, pp. 358-361 (Obras Escolhidas).

PROCACCI, Giuliano. "Introdução a *A questão agrária* de Karl Kautsky". *In*: BERTELLI, Antonio Roberto. *Karl Kautsky e o marxismo*. Belo Horizonte, Oficina de Livros, 1988, pp. 77-156.

REBERIOUX, Madeleine. "O debate sobre a guerra". *In*: HOBSBAWM, Eric J. *História do marxismo*, vol. 4. São Paulo, Paz e Terra, 1982, pp. 279-319.

SALVADORI, Massimo. "Kautsky entre ortodoxia e revisionismo". *In*: HOBSBAWM, Eric J. *História do marxismo*, vol. 2. São Paulo, Paz e Terra, 1982a, pp. 299-339.

_____. "A social-democracia alemã e a Revolução Russa de 1905". *In*: HOBSBAWM, Eric J. *História do marxismo*, vol. 3. São Paulo, Paz e Terra, 1982b, pp. 243-290.

_____. "Premissas e temas da luta de Karl Kautsky contra o bolchevismo". *In*: BERTELLI, Antonio Roberto. *Karl Kautsky e o marxismo*. Belo Horizonte, Oficina de Livros, 1988, pp. 157-181.

SARTRE, Jean-Paul. "Matérialisme et révolution". *Situations*, III. Paris, Gallimard, 1949, pp. 135-225.

SCHELLING, Friedrich Von. *Exposição da ideia universal da filosofia em geral e da filosofia-da-natureza como parte integrante da primeira*. São Paulo, Abril, 1980, pp. 45-55 (Obras Escolhidas).

SCHERRER, Jutta. "Bogdánov e Lênin: o bolchevismo na encruzilhada". *In*: HOBSBAWM, Eric J. *História do marxismo*, vol. 3. São Paulo, Paz e Terra, 1982, pp. 189-242.

SOCHOR, Lubomír. "Lukács e Korsch: a discussão filosófica dos anos 20". *In*: HOBSBAWM, Eric J. *História do marxismo*, vol. 9. São Paulo, Paz e Terra, 1982, pp. 13-75.

STEDMAN JONES, Gareth. "Retrato de Engels". *In*: HOBSBAWM, Eric J. *História do marxismo*, vol. 1. São Paulo, Paz e Terra, 1982, pp. 377-421.

STEINBERG, Hans-Josef. "O partido e a formação da ortodoxia marxista". *In*: HOBSBAWM, Eric J. *História do marxismo*, vol. 2. São Paulo, Paz e Terra, 1982, pp. 201-221.

THERBORN, Göran. "Dialética da modernidade: a Teoria crítica e o legado do marxismo no século XX". Revista *Dados*. Rio de Janeiro, Iuperj, vol. 38, n. 2, 1995, pp. 237-275.

WALDENBERG, Marek. "A estratégia política da social-democracia alemã". *In*: HOBSBAWM, Eric J. *História do marxismo*, vol. 2. São Paulo, Paz e Terra, 1982, pp. 223-255.

WEBER, Max. "O Estado Nacional e a política econômica". *In*: COHN, Gabriel (org.). *Weber*. São Paulo, Ática, 1982, pp. 58-78.

WILLIAMS, Raymond. "Você é marxista, não é?". Revista *Praga*, n. 2. São Paulo, Boitempo, 1997, pp. 123-133.

Livros

ADORNO, Theodor W. *Philosophische Terminologie*, vol. 2. Frankfurt am Main, Suhrkamp, 1974.

_____. *Negative Dialektik*. Frankfurt am Main, Suhrkamp, 1982.

ANDERSON, Perry. *Linhagens do Estado absolutista*. São Paulo, Brasiliense, 1985.

_____. *A crise da crise do marxismo*. São Paulo, Brasiliense, 1987a.

_____. *Passagens da antiguidade ao feudalismo*. São Paulo, Brasiliense, 1987b.

_____. "The light of Europe". *English questions*. London, Verso, 1992, pp. 302-352.

_____. *Zona de compromisso*. São Paulo, Editora Unesp, 1995.

_____. *Afinidades seletivas*. São Paulo, Boitempo, 2002.

_____. *Considerações sobre o marxismo ocidental*. São Paulo, Boitempo, 2004a.

_____. *Nas trilhas do materialismo histórico*. São Paulo, Boitempo, 2004b.

ARANTES, Paulo Eduardo. *Ressentimento da dialética*. São Paulo, Paz e Terra, 1996.

REFERÊNCIAS BIBLIOGRÁFICAS

ARATO, Andrew & BREINES, Paul. *The young Lukács and the origins of western marxism.* New York, The Seabury Press, 1979.

ARENDT, Hannah. *Homens em tempos sombrios.* São Paulo, Companhia das Letras, 1987.

ARRIGHI, Giovanni. *O longo século XX. Dinheiro, poder e as origens de nosso tempo.* Rio de Janeiro, Contraponto/Editora Unesp, 1996.

_____. *A ilusão do desenvolvimento.* Petrópolis, Vozes, 1997.

ASTON, T. H. & PHILPIN, C. H. E. (ed.). *The Brenner debate: agrarian class structure and economic development in pre-industrial Europe.* Cambridge, Cambridge University Press, 1987.

BADIA, Gilbert. *Histoire de l'Allemagne contemporaine,* tome premier: *1917-1933.* Paris, Éditions Sociales, 1975.

BERNSTEIN, Eduard. "Os pressupostos do socialismo e as tarefas da social-democracia". *Las premisas del socialismo y las tareas de la socialdemocracia.* Mexico, Siglo Veintiuno, 1982a.

_____. "Problemas do socialismo". *Las premisas del socialismo y las tareas de la socialdemocracia.* Mexico, Siglo Veintiuno, 1982b.

BLACKBOURN, David & ELEY, Geoff. *The peculiarities of German history. Bourgeois society and politics in nineteenth-century Germany.* Oxford/New York, Oxford University Press, 1984.

BOELLA, Laura (org.). *Intellettuali e coscienza di classe. Il dibattito su Lukács 1923-24.* Milano, Feltrinelli, 1977.

BRUM TORRES, João Carlos. *Valor e forma do valor.* São Paulo, Símbolo, 1979.

CARONE, Edgard. *A Segunda Internacional. Pelos seus congressos (1889-1914).* São Paulo, Anita/Edusp, 1993.

COLLETTI, Lucio. *Ideología y sociedad.* Barcelona, Fontanella, 1975.

_____. *Il marxismo e Hegel,* tomo I. Roma, Laterza, 1976.

CORNU, Auguste. *Karl Marx et Friedrich Engels (1818/1820-1844),* tomo I. Paris, Presses Universitaires de France, 1955.

_____. *Karl Marx et Friedrich Engels (1842-1844),* tomo II. Paris, Presses Universitaires de France, 1958.

COUTINHO, Carlos Nelson. *Gramsci.* Porto Alegre, L&PM, 1981.

DOBB, Maurice. *A evolução do capitalismo.* Rio de Janeiro, Zahar, 1977.

DROZ, Jacques *et al. Os partidos socialistas europeus. História geral do socialismo,* vol. 4. Lisboa, Horizonte Universitário, 1972.

DUARTE, Rodrigo de Paiva. *Marx e a natureza em* O capital. São Paulo, Loyola, 1986.

ENGELS, Friedrich. "Prefácio de 1892". *A situação da classe trabalhadora na Inglaterra.* São Paulo, Global, 1986.

_____. *Do socialismo utópico ao socialismo científico.* São Paulo, Sundermann, 2008.

_____. *Sobre a questão da moradia.* São Paulo, Boitempo, 2015a.

_____. *Anti-Dühring. A revolução da ciência segundo o Sr. Eugen Dühring.* São Paulo, Boitempo, 2015b.

_____. *A origem da família, da propriedade privada e do Estado.* São Paulo, Boitempo, 2019.

_____. *Dialética da natureza.* São Paulo, Boitempo, 2020a.

_____. *Ludwig Feuerbach e o fim da filosofia clássica alemã.* São Paulo, Hedra, 2020b.

ENGELS, Friedrich. *Esboço para uma crítica da economia política e outros textos de juventude*. São Paulo, Boitempo, 2021.

ETTINGER, Elzbieta. *Rosa Luxemburg: uma vida*. Rio de Janeiro, Zahar, 1996.

FETSCHER, Iring. *Karl Marx e os marxismos*. São Paulo, Paz e Terra, 1970.

FREDERICO, Celso & TEIXEIRA, Francisco. *Marx, Weber e o marxismo weberiano*. São Paulo, Cortez, 2010.

GERAS, Norman. *A atualidade de Rosa Luxemburg*. Lisboa, Antídoto, 1978.

GERRATANA, Valentino. *Ricerche di storia del marxismo*. Roma, Riuniti, 1972.

GOULDNER, Alvin. *The two marxisms: contradictions and anomalies in the development of theory*. New York, Seabury Press, 1980.

GOUREVITCH, Peter. *Politics in hard times. Comparative responses to international economic crises*. Ithaca/London, Cornell University Press, 1986.

GRUPPI, Luciano. *O pensamento de Lênin*. Rio de Janeiro, Graal, 1979.

GUÉRIN, Daniel. *Rosa Luxemburg e a espontaneidade revolucionária*. São Paulo, Perspectiva, 1982.

GUSTAFSSON, Bo. *Marxismo y revisionismo*. Barcelona, Grijalbo, 1975.

HABERMAS, Jürgen. *Zur Rekonstruktion des Historischen Materialismus*. Frankfurt am Main, Suhrkamp, 1976.

_____. *Técnica e ciência como ideologia*. Lisboa, Edições 70, 1992.

_____. *Teoria da ação comunicativa*, vol. 1. São Paulo, Unesp, 2022.

HEGEL, Georg W. F. *Ciencia de la lógica*. Buenos Aires, Solar, 1968.

_____. *Enciclopédia das ciências filosóficas em epítome*, vol. 1. Lisboa, Edições 70, 1988.

_____. *Fenomenologia do espírito*. Petrópolis, Vozes, 1992.

_____. *Linhas fundamentais da filosofia do direito*. São Paulo, Ed. 34, 2022.

HILFERDING, Rudolf. *O capital financeiro*. São Paulo, Nova Cultural, 1985.

HOBSBAWM, Eric. *A era dos impérios (1875-1914)*. São Paulo, Paz e Terra, 1992.

HOOK, Sidney. *La genesis del pensamiento filosofico de Marx: de Hegel a Feuerbach*. Barcelona, Barral, 1974.

HORKHEIMER, Max. *Crepúsculo: notas alemãs*. São Paulo, Unesp, 2022.

HORKHEIMER, Max & ADORNO, Theodor. *Dialética do esclarecimento*. Rio de Janeiro, Jorge Zahar, 1985.

JACOBY, Russell. *Dialectic of defeat: contours of western marxism*. Cambridge, Cambridge University Press, 1981.

JAY, Martin. *Marxism and totality. The adventures of a concept from Lukács to Habermas*. Cambridge/Oxford, Polity Press/Basil Blackwell, 1984.

KANT, Immanuel. *Crítica da razão pura*. São Paulo, Nova Cultural, 1987.

KAUTSKY, Karl. *O marxismo*. São Paulo, Unitas, 1933.

_____. *A ditadura do proletariado*. São Paulo, Ciências Humanas, 1979a.

_____. *O caminho do poder*. São Paulo, Hucitec, 1979b.

_____. *As três fontes do marxismo*. São Paulo, Centauro, 2002.

KORSCH, Karl. *Marxismo e filosofia*. Rio de Janeiro, Editora UFRJ, 2008.

LÊNIN, Vladimir Ilitch. *Materialismo e empirocriticismo*. Lisboa, Editorial Estampa, 1971.

_____. "Karl Marx". *O que é o marxismo*. Lisboa, Editorial Estampa, 1973.

_____. *A revolução proletária e o renegado Kautsky*. São Paulo, Ciências Humanas, 1979.

_____. *O Estado e a revolução*. São Paulo, Hucitec, 1986.

REFERÊNCIAS BIBLIOGRÁFICAS

LEO MAAR, Wolfgang. *A formação da teoria em história e consciência de classe*. São Paulo, Universidade de São Paulo, 1988 (Tese de Doutorado).

LICHTHEIM, George. *Lukács*. São Paulo, Cultrix, 1973.

LOUREIRO, Isabel M. *Rosa Luxemburg. Os dilemas da ação revolucionária*. São Paulo, Editora Unesp, 1995.

_____. *Rosa Luxemburgo: vida e obra*. São Paulo, Expressão Popular, 2003.

LÖWY, Michael. *Para uma sociologia dos intelectuais revolucionários*. São Paulo, Ciências Humanas, 1979.

_____. *Romantismo e messianismo*. São Paulo, Perspectiva/Edusp, 1990.

_____. *A evolução política de Lukács (1909-1929)*. São Paulo, Cortez, 1998.

LÖWY, Michael e SAYRE, Robert. *Revolta e melancolia: o romantismo na contramão da modernidade*. Petrópolis, Vozes, 1995.

LUKÁCS, Georg. *Tactics and ethics: political writings 1919-1929*. London, Verso, 1972.

_____. *História e consciência de classe*. São Paulo, Martins Fontes, 2003.

_____. *Reboquismo e dialética: uma reposta aos críticos de história e consciência de classe*. São Paulo, Boitempo, 2015.

LUXEMBURG, Rosa. *A crise da social-democracia*. Lisboa, Presença, 1974.

_____. "Reforma social ou revolução?". *Reforma, revisionismo e oportunismo*. Rio de Janeiro, Civilização Brasileira, 1975, pp. 7-101.

_____. *A acumulação do capital*. Rio de Janeiro, Zahar, 1976.

_____. *Greve de massas, partido e sindicatos*. São Paulo, Kairós, 1979.

_____. *A revolução russa*. Petrópolis, Vozes, 1991.

MANNHEIM, Karl. *Ideologia e utopia*. Rio de Janeiro, Zahar, 1972.

MARCUSE, Herbert. *Marxismo soviético: uma análise crítica*. Rio de Janeiro, Saga, 1969.

_____. *Razão e revolução*. São Paulo, Paz e Terra, 1978.

MARRAMAO, Giacomo. *O político e as transformações: crítica do capitalismo e ideologias da crise entre os anos vinte e trinta*. Belo Horizonte, Oficina de Livros, 1990.

MARX, Karl. "A guerra civil na França". *In*: MARX, Karl & ENGELS, Friedrich. *Textos*, vol. 1. São Paulo, Edições Sociais, 1977a.

_____. "Crítica ao programa de Gotha". *In*: MARX, Karl & ENGELS, Friedrich. *Textos*, vol. 1. São Paulo, Edições Sociais, 1977b.

_____. *O 18 Brumário de Luís Bonaparte*. São Paulo, Paz e Terra, 1997.

_____. *Para a crítica da economia política*. São Paulo, Abril Cultural, 1978.

_____. "Prefácio". *As lutas de classes na França de 1848 a 1850*. São Paulo, Boitempo, 2012.

_____. *Miséria da filosofia*. São Paulo, Boitempo, 2017.

_____. *Manuscritos econômico-filosóficos*. Lisboa, Edições 70, s.d.

MARX, Karl & ENGELS, Friedrich. *A sagrada família*. São Paulo, Moraes, 1987.

_____. *Manifesto do partido comunista*. Petrópolis, Vozes, 1988.

_____. *A ideologia alemã*. Lisboa, Presença, s.d.

MAYER, Gustav. *Friedrich Engels: uma biografia*. São Paulo, Boitempo, 2020.

McLELLAN, David. *As ideias de Engels*. São Paulo, Cultrix, 1979.

MERLEAU-PONTY, Maurice. *Les aventures de la dialectique*. Paris, Gallimard, 1955.

_____. *As aventuras da dialética*. São Paulo, Martins Fontes, 2006.

MOORE JR., Barrington. *As origens sociais da ditadura e da democracia: senhores e camponeses na construção do mundo moderno*. São Paulo, Martins Fontes, 1983.

MUSSE, Ricardo. "Introdução". *In*: MARX, Karl & ENGELS, Friedrich. *Manifesto do partido comunista*. São Paulo, Hedra, 2010.

PLEKHÁNOV, Gueórgui V. *Os princípios fundamentais do marxismo*. São Paulo, Hucitec, 1978a.

_____. "Dialética e lógica". *Os princípios fundamentais do marxismo*. São Paulo, Hucitec, 1978b, p. 91-101.

_____. *Ensaio sobre o desenvolvimento da concepção monista da história*. Moscou, Progresso, 1987a (Obras Escolhidas).

_____. *Ensaios sobre a história do materialismo*. Moscou, Progresso, 1987b (Obras Escolhidas).

_____. "A concepção materialista da história". *O papel do indivíduo na história*. São Paulo, Expressão Popular, 2010a, pp. 51-98.

_____. "Da filosofia da história". *O papel do indivíduo na história*. São Paulo, Expressão Popular, 2010b, pp. 13-49.

PRADO JR., Bento. *Alguns ensaios*. São Paulo, Max Limonad, 1985.

PRZEWORSKI, Adam. *Capitalismo e social-democracia*. São Paulo, Companhia das Letras, 1991.

SCHMIDT, Alfred. *Der Begriff der Natur in der Lehre von Marx*. Frankfurt am Main, Europäische Verlagsanstalt, 1962.

SCHÜTRUMPF, Jörn. *Rosa Luxemburg ou o preço da liberdade*. São Paulo, Expressão Popular, 2006.

TILLY, Charles. *Coerção, capital e estados europeus (990-1992)*. São Paulo, Edusp, 1996.

WEBER, Max. *Ciência e política. Duas vocações*. São Paulo, Cultrix, 1972.

Título	Trajetórias do marxismo europeu
Autor	Ricardo Musse
Coordenador editorial	Ricardo Lima
Secretário gráfico	Ednilson Tristão
Preparação dos originais	Lúcia Helena Lahoz Morelli
Revisão	Clarissa Penna
Editoração eletrônica	Ednilson Tristão
Design de capa	Ana Basaglia
Formato	16 x 23 cm
Papel	Pólen natural 80 g/m^2 – miolo
	Cartão supremo 250 g/m^2 – capa
Tipologia	Garamond Premier Pro
Número de páginas	224

ESTA OBRA FOI IMPRESSA NA GRÁFICA CS
PARA A EDITORA DA UNICAMP EM JUNHO DE 2023.

COLEÇÃO MARX 21

Explicação e reconstrução do Capital
Jacques Bidet

Tradução
Lara Christina de Malimpensa

352 páginas
ISBN 978-85-268-0901-7
1ª edição, 2010

O marxismo encontra Bourdieu
Michael Burawoy

Tradução, referências bibliográficas e notas
Fernando Rogério Jardim

184 páginas
ISBN 978-85-268-0868-3
1ª edição, 2010

O valor de Marx: economia política para o capitalismo contemporâneo
Alfredo Saad Filho

216 páginas
ISBN 978-85-268-0926-0
1ª edição, 2011

Sobre a estrutura lógica do conceito de capital em Karl Marx
Helmut Reichelt

Tradução
Nélio Schneider

272 páginas
ISBN 978-85-268-1035-8
1ª edição, 2013

A teoria da história de Karl Marx: Uma defesa
Gerald A. Cohen

Tradução
Angela Lazagna

504 páginas
ISBN 978-85-268-1034-1
1ª edição, 2014

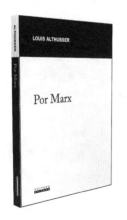

Por Marx
Louis Althusser

Tradução
Maria Leonor F. R. Loureiro

216 páginas
ISBN 978-85-268-1232-1
1ª edição, 2015

Teoria, política e história: Um debate com E. P. Thompson
Perry Anderson

Tradução
Marcelo Cizaurre Guirau

248 páginas
ISBN 978-85-268-1453-0
1ª edição, 2018

Poder político e classes sociais
Nicos Poulantzas

Tradução
Maria Leonor F. R. Loureiro

368 páginas
ISBN 978-85-268-1488-2
1ª edição, 2019

Fascismo e grande capital
Daniel Guérin

Tradução
Lara Christina de Malimpensa

328 páginas
ISBN 978-65-86253-93-1
1ª edição, 2021